Jens Schröter

Nehmt – esst und trinkt

Das Abendmahl verstehen und feiern

unter Mitarbeit von Nina Schumann

www.bibelwerk.de

ISBN 978-3-460-30024-8
Alle Rechte vorbehalten.
© 2010 Verlag Katholisches Bibelwerk GmbH, Stuttgart
Umschlag: Finken & Bumiller, Stuttgart
Umschlaggestaltung: Abb. oben: Gerstenfeld © photocase.com/keg11;
unten: Weintrauben © photocase.com/mys
Gestaltung: Technisches Büro Michael Hallenberger, Langenzenn
Gedruckt in der Tschechischen Republik.

Inhaltsverzeichnis

Vorwort 7

I. Einführung 11

   1. Zum Anliegen dieses Buches. 11
   2. Abendmahl – Kultmahl – Gemeinschaftsmahl:
      Erste Annäherungen.................................. 19

II. Deutungen des Abendmahls in Texten des frühen
    Christentums: Von Paulus bis zur Traditio Apostolica 26

   1. Paulus. 26
   2. Das letzte Mahl als Passahmahl: Die Berichte des
      Markus-, Matthäus- und Lukasevangeliums 40
   3. Apostelgeschichte 52
   4. Johannesevangelium................................. 54
   5. Didache... 59
   6. Ignatius von Antiochia............................... 71
   7. Justin 77
   8. Irenäus von Lyon.................................... 86
   9. Philippusevangelium................................ 91
   10. Johannes- und Thomasakten 98
   11. Cyprian von Karthago.............................. 105
   12. Traditio Apostolica 109

III. Zu Herkunft und Bedeutung der Einsetzungsworte........ 118

   1. Überblick über die verschiedenen Fassungen 120
   2. Was bedeuten die Einsetzungsworte?................... 122
   3. Stammen die Einsetzungsworte von Jesus? 126
   4. Ergebnis... 128
      Synopse der Einsetzungsworte 130

IV. Das Abendmahl im Kontext: Religiöse Gemeinschaftsmähler in der jüdischen und griechisch-römischen Antike... 131

1. Gemeinschaftsmähler als soziales Phänomen 131
2. Inschriften griechisch-römischer Vereine 135
3. Mähler im Rahmen von Mysterienkulten 136
4. Mähler in jüdischen Gemeinschaften 141
5. Joseph und Aseneth 146
6. Zusammenfassung 149

V. Das Abendmahl im frühen Christentum: Ein Resümee 152

1. Das Abendmahl als sakramentales Mahl des frühen Christentums 152
2. Woher stammt das Abendmahl? 153
3. Wie nannten die frühen Christen das Abendmahl? 157
4. Was bedeutete den frühen Christen das Abendmahl? 159
5. Wann und wie feierten die frühen Christen das Abendmahl? 160

VI. Das Abendmahl in Antike und Gegenwart: Impulse aus den frühchristlichen Texten für gegenwärtiges Verständnis und gegenwärtige Praxis des Abendmahls 164

VII. Anhang 172

1. Texte aus der Geschichte des Abendmahls 172
2. Bibliographie 218
3. Anmerkungen 229
4. Stellenregister 241
5. Personen- und Sachregister 245
6. Glossar 251

Vorwort

Das Abendmahl gehört zu den wichtigsten und zugleich zu den umstrittensten Bestandteilen des christlichen Gottesdienstes. Was geschieht da, wenn gebrochenes Brot als Leib Christi gegessen und Wein als Blut Christi getrunken wird? Die ersten Christen haben über diese Frage intensiv nachgedacht und verschiedene Antworten auf sie formuliert.

Dabei war nie zweifelhaft: Das Abendmahl gehört ins Zentrum des christlichen Glaubens. In der Feier des gemeinsamen Mahles finden Grundlage und Gestalt christlicher Gemeinschaft sichtbaren Ausdruck. Seit es christliche Gemeinde gibt, gehört darum die Mahlfeier zu den konstitutiven Bestandteilen ihres Zusammenkommens.

Wenn das Wesen des christlichen Glaubens, seine zentralen Inhalte und Ausdrucksformen, zur Diskussion stehen, geht es deshalb immer auch um das Abendmahl. Wenn die christlichen Konfessionen ihr Verständnis des christlichen Glaubens formulieren, gehört das Abendmahl unbedingt dazu. Anders als bei der Taufe ist dabei das Verständnis des Abendmahls bis in die Gegenwart zwischen den christlichen Konfessionen umstritten. Eine Gemeinschaft im Abendmahl ist zwischen den reformatorischen Kirchen erst mit der Leuenberger Konkordie von 1973 realisiert worden, mit der römisch-katholischen Kirche gibt es dagegen bis zum heutigen Tag keine Abendmahlsgemeinschaft.

Was hat es auf sich mit diesem Mahl? Warum spielt es für das Selbstverständnis des Christentums aller Konfessionen eine derart herausragende Rolle und ist als eines der zentralen Sakramente aller Konfessionen zugleich Zeichen der nicht vollendeten Einheit der Christen? Lässt sich seine Bedeutung in einem Satz oder gar in einem Begriff zusammenfassen oder gibt es verschiedene Möglichkeiten, das Abendmahl zu verstehen? Gibt es theologische Deutungen und liturgische Elemente, die für die Feier des Abendmahls unverzichtbar sind? Und nicht zuletzt: Stehen hinter der noch immer nicht verwirklichten Abendmahlsgemeinschaft der christlichen Kirchen Differenzen, die eine solche Gemeinschaft dauerhaft unmöglich machen, oder handelt es sich bei genauerem Hinsehen um Kontroversen aus einer speziellen historischen Situation, welche die Mahlgemeinschaft als sichtbaren Ausdruck der einen Christenheit heute nicht mehr hindern sollten?

Die hier vorgelegte Darstellung wendet sich mit diesen Fragen an die ältesten christlichen Texte über das Abendmahl. Dadurch soll zum einen ein Beitrag zu den Entstehungszusammenhängen dieses Mahles, seinen Deutungen und den Formen seiner Feier im frühen Christentum geleistet werden. Zum anderen soll die Frage nach gegenwärtigen Zugängen zum Abendmahl vor dem Hintergrund der frühchristlichen Texte in den Blick genommen werden. Als historisch verankerte Religion weiß sich das Christentum seinen Ursprüngen verpflichtet. Auch für die gegenwärtig über die Konfessionsgrenzen hinweg wieder sehr lebendige Diskussion über das Abendmahl können darum von einer Beschäftigung mit den frühchristlichen Texten wichtige Impulse ausgehen.

Die Arbeit an diesem Projekt begann im Umfeld des Ökumenischen Kirchentages 2003 in Berlin. Der Rat der Evangelischen Kirche in Deutschland hatte in Vorbereitung auf dieses Ereignis eine Ad-hoc-Kommission ins Leben gerufen, die eine Orientierungshilfe zum Verständnis des Abendmahls aus evangelischer Perspektive erarbeitet hat.[1] Ein Referat vor dieser Kommission am 27. April 2002 bildete zugleich die Grundlage für mehrere Lehrveranstaltungen zu diesem Thema, die am Fachbereich Evangelische Theologie der Universität Hamburg und an der Theologischen Fakultät der Universität Leipzig durchgeführt wurden. Als Ergebnis wurde eine Studie zum Abendmahl vorgelegt, die im Jahr 2006 als Band 210 der Reihe Stuttgarter Bibelstudien erschienen ist und noch im selben Jahr eine zweite Auflage erfuhr.[2]

Das hiermit vorgelegte Buch basiert auf dieser Studie und steht wiederum im Zeichen eines bevorstehenden Ökumenischen Kirchentages, nunmehr desjenigen im Jahr 2010 in München. Herr Tobias Dulisch vom Verlag Katholisches Bibelwerk hat in diesem Zusammenhang die Initiative ergriffen, aufgrund der Bedeutung und ökumenischen Brisanz des Abendmahlsverständnisses eine modifizierte Neuausgabe des Buches anzuregen. Die vorliegende Publikation eignet sich dabei stärker als die damalige, auf Theologiestudierende und Pfarrer zugeschnittene Studie für einen breiteren Leserkreis. Darum sind die griechischen und lateinischen Texte weggefallen, theologische Fachausdrücke sowie vor allem für die innertheologische Diskussion relevante Literatur und Anmerkungen wurden auf ein Mindestmaß reduziert. Die ursprüngliche Idee, die Zugänge zum Abendmahl anhand der frühchristlichen Texte darzustellen und für heutiges Abendmahlsverständnis fruchtbar zu machen, bildet dagegen weiterhin die Grundidee, die sich auch in der Anlage des Buches widerspiegelt. Auf diese Weise ist die nunmehr vorliegende Fassung all denen zugänglich, die sich mit den Grundlagen des christlichen Abendmahlsverständnisses in den Texten des Neuen

Testaments und des frühen Christentums vertraut machen und davon ausgehende Impulse für gegenwärtige Zugänge bedenken wollen.

Nina Schumann, die über das Abendmahlsverständnis in urchristlichen Texten promoviert, hat bereits zu der 2006 erschienenen Studie wichtige Gedanken beigesteuert. Für die hier vorliegende Ausgabe hat sie das damalige Manuskript komplett durchgesehen und zahlreiche sprachliche wie inhaltliche Vorschläge unterbreitet, von denen das Buch in maßgeblicher Weise profitiert hat.

Friederike Kunath, Mitarbeiterin an meinem Berliner Lehrstuhl, hat zu einzelnen Teilen des Buches ebenfalls sprachliche und inhaltliche Vorschläge unterbreitet und sich um Anhang, Bibliographie und Korrektur des Manuskripts gekümmert. Juni Hoppe und Konrad Schwarz, studentische Hilfskräfte in Berlin, und meine Mitarbeiterin Ines Luthe haben das Manuskript ebenfalls sorgfältig Korrektur gelesen. Allen sei für ihre konzentrierte und sachkundige Kooperation herzlich gedankt.

Berlin, September 2009 *Jens Schröter*

I. Einführung

1. Zum Anliegen dieses Buches

Das Abendmahl ist ein zentraler Bestandteil des christlichen Gottesdienstes. Ungeachtet der Bekenntnisunterschiede zwischen den Konfessionen bringt es dadurch die Verbundenheit aller Christen im Glauben an Jesus Christus zum Ausdruck. Seine Bedeutung reicht jedoch darüber hinaus: Im gottesdienstlichen Mahl feiert die Gemeinde ihre in Jesus Christus begründete Gemeinschaft und erhält Anteil an dem von Gott durch ihn gewirkten Heil. Beim Abendmahl handelt es sich deshalb um einen Vollzug des Glaubens, bei dem menschlicher und göttlicher Bereich unmittelbar miteinander in Verbindung treten. Darum ist dieses Mahl eine sakramentale Handlung. Wir bezeichnen es in diesem Buch als *sakramentales Mahl der Christen*.[3] Allgemeiner kann auch von einer *Symbolhandlung* gesprochen werden: einem Vollzug des Glaubens, durch den eine transzendente Dimension der Wirklichkeit in der Versammlung der christlichen Gemeinde erfahrbar wird. Die Handlungen und Worte des Abendmahls sind in dieser Terminologie ein Symbol, welches den göttlichen Bereich repräsentiert und in der irdischen Welt erfahrbar macht.[4]

Wie bezeichnen wir dieses Mahl? Martin Luther übersetzte den von Paulus in 1 Kor 11,20 verwendeten griechischen Ausdruck mit „des Herrn Abendmahl". Das ist insofern treffend, als es sich sowohl bei dem Mahl der korinthischen Gemeinde als auch beim letzten Mahl Jesu um die nach antiker Sitte später am Tag eingenommene Hauptmahlzeit handelte. Im Anschluss an Luther wird in der protestantischen Tradition gern der Begriff „Abendmahl" für das sakramentale Mahl der christlichen Gemeinde verwendet. Die Tatsache, dass es sich dabei in der Regel gar nicht um ein tatsächliches *Abend*mahl handelt, hebt den Bezug zum *letzten Mahl Jesu* als einem Abendmahl hervor. Damit wird die Verbindung des von der Gemeinde gefeierten Mahles zu dem von Jesus selbst eingesetzten Mahl betont. Dass dieser Aspekt bereits im frühen Christentum von grundlegender Bedeutung war, wird durch die Einsetzungsberichte bezeugt, die eben diese Verbindung herausstellen.

Auf katholischer Seite wird dagegen die Bezeichnung „Eucharistie" für besonders sachgemäß gehalten. Diese ist ebenfalls in den frühen Quellen belegt: Am Anfang des 2. Jahrhunderts nennen sowohl die Didache als auch Ignatius von Antiochia das sakramentale Mahl „Eucharistie"

(„Danksagung"). Später treten andere Bezeichnungen hinzu, wie das bereits genannte *sacramentum*, aber auch *mysterium* oder „Opfer". Der Begriff „Eucharistie" jedoch wird zur gängigen Bezeichnung des gottesdienstlichen Mahles bis in die gegenwärtige theologische und liturgische Sprache hinein. Dieser Begriff, der mit „Danksagung" übersetzt werden kann, erfasst ebenfalls einen wichtigen Gehalt des Mahles: Seit dem frühen Christentum wird seine Besonderheit in den Gebeten gesehen, die über den Mahlelementen gesprochen werden und häufig, aber nicht immer, Dankgebete waren. Diese „eucharistischen Gebete" stellen die Verbindung zwischen göttlichem und menschlichem Bereich her und unterscheiden das Mahl dadurch von einem gewöhnlichen Essen. Mit der Bezeichnung „Eucharistie" wird demnach der Dank der Mahl feiernden Gemeinde für Gottes Heilstat in Jesus Christus, an der sie im Mahl Anteil erhält, hervorgehoben.

Die Begriffe „Abendmahl" und „Eucharistie" erfassen demnach wichtige Aspekte des sakramentalen christlichen Mahles, die seit dem frühen Christentum bezeugt sind. Darüber hinaus nehmen sie Anliegen der lutherischen und der katholischen Sicht – den Bezug auf die Einsetzung durch Jesus Christus bzw. den Dank an Gott sowie die in der Mahlfeier vollzogene Gemeinschaft – auf. Ungeachtet sonstiger Differenzen werden beide Begriffe gegenwärtig auf katholischer wie evangelischer Seite als gleichberechtigt betrachtet und entsprechend verwendet. Darin kommt die Überzeugung zum Ausdruck, dass die konfessionsspezifischen Bezeichnungen als einander ergänzend verstanden werden können.[5] Für das ökumenische Gespräch ist dies ein nicht zu unterschätzender Beitrag auf dem Weg zu einem gemeinsamen Verständnis des sakramentalen Mahles.

Wenn – vom Titel angefangen – in diesem Buch der Begriff „Abendmahl" verwendet wird, ist dieser deshalb weder konfessionell verstanden noch soll damit eine bestimmte Deutung des Mahles in den Vordergrund gestellt werden. Vielmehr wird ein eingebürgerter Begriff gebraucht, ohne damit eine Interpretation vorwegzunehmen. Welches Verständnis dieses Mahles aus den frühchristlichen Texten zu erheben ist und welche Impulse sich daraus für die Gegenwart ergeben, wird dagegen anhand der Einzelanalysen dieser Texte entfaltet.

Bei einer Beschäftigung mit dem Abendmahl treffen sich Beobachtungen zu seinem historischen Ursprung, den vielfältigen Deutungen und Kontroversen über seinen theologischen Gehalt mit Erwägungen zu einer seinem Charakter angemessenen liturgischen Gestaltung.

Dabei sind auch für eine gegenwärtige Beschäftigung mit dem Abendmahl einige generelle Aspekte von Bedeutung.[6]

- Wie ist die Gegenwart Jesu Christi beim Abendmahl genau vorzustellen? War im antiken Christentum die Vorstellung einer von Gott gewirkten Vergegenwärtigung Jesu Christi im Mahl leitend, so wurde diese im Mittelalter durch die Konzentration auf den Vorgang der Wandlung der Elemente problematisch. Dieser spielte in Sonderheit in den Abendmahlsstreitigkeiten des 16. Jahrhunderts eine zentrale Rolle. Das wirkt sich bis in die ökumenische Diskussion der Gegenwart aus, betrifft aber auch Verständnis und Feier des Abendmahls überhaupt.[7]
- Wenn beim Abendmahl des Wirkens Jesu gedacht wird, stellt sich die Frage, ob sich dies auf sein Auftreten *insgesamt* bezieht oder ob es vorrangig um eine Erinnerung und Deutung *seines Todes* geht. Damit hängt das Verständnis der sogenannten Einsetzungsworte eng zusammen: Sind diese Worte in erster Linie auf Jesu Tod zu beziehen oder eröffnen sie ein umfassenderes Verständnis seiner Wirksamkeit?
- In welchem Verhältnis stehen die in den meisten Abendmahlsliturgien fest verankerten Einsetzungsworte zu anderen frühchristlichen Deutungen des Abendmahls? Handelt es sich bei den Einsetzungsworten um eine Deutung unter anderen oder wird der Gehalt des Abendmahls in diesen in besonders dichter Weise zum Ausdruck gebracht, sodass sie gewissermaßen eine Leitfunktion für sein Verständnis besitzen?
- Der Begriff des Opfers, eine auf katholischer wie evangelischer Seite zentrale Kategorie zur Deutung des Abendmahls, wird heute des Öfteren als befremdlich oder sogar abstoßend empfunden. Handelt es sich bei dieser Ablehnung um ein Missverständnis, das sich durch eine genauere Reflexion über den Opferbegriff ausräumen ließe? Oder liegt hier eine berechtigte Sachkritik vor, die dazu führen könnte, den Opferbegriff als fragwürdige Deutungskategorie aufzugeben? Dieser Frage wird in dem vorliegenden Buch anhand der Verwendung des Opferbegriffs in den frühchristlichen Texten nachgegangen werden.

Diese skizzenartig umrissenen und keineswegs vollständigen Fragen sollen erste Hinweise auf den Horizont geben, in dem sich eine

Beschäftigung mit dem Abendmahl bewegt. Auf sie wird im letzten Teil dieses Buches vor dem Hintergrund des Durchgangs durch die frühchristlichen Texte zurückzukommen sein.

Ein weiterer Aspekt der Aktualität des Themas lässt sich ausgehend von der Diskussion im Umfeld des 1. Ökumenischen Kirchentages vom 28. Mai bis zum 1. Juni 2003 in Berlin verdeutlichen. Dieses Ereignis war Anlass, intensiv über Möglichkeiten und Grenzen einer gemeinsamen Mahlfeier katholischer und protestantischer Christen nachzudenken.[8] Die Brisanz, die das Thema „Abendmahl" für den Dialog zwischen den Kirchen katholischen und evangelischen Bekenntnisses – aber auch innerhalb dieser Kirchen – in der Gegenwart besitzt, trat dabei nicht zuletzt durch die ablehnende Haltung der römisch-katholischen Kirche gegenüber einer gemeinsamen Abendmahlsfeier römisch-katholischer und evangelischer Christen deutlich vor Augen.[9] Auch wenn seitens der katholischen Kirche diesem von katholischen wie evangelischen Gemeinden häufiger geäußerten Wunsch bislang nicht entsprochen wurde – was auch für den 2. Ökumenischen Kirchentag 2010 in München nicht zu erwarten ist –, bringt gleichwohl der in der Enzyklika „Ut unum sint" formulierte Wunsch Papst Johannes Pauls II. zum Ausdruck, was auch von evangelischer Seite für angemessen erachtet wird: dass nämlich die Unterschiede im *theologischen Verständnis* des Abendmahls kein Hinderungsgrund für eine *gemeinsame Abendmahlsfeier* sein müssen. Johannes Paul II. formuliert dort: „Gewiß ist es wegen der den Glauben berührenden Divergenzen noch nicht möglich, miteinander die Eucharistie zu feiern. Doch haben wir den sehnlichen Wunsch, gemeinsam die eine Eucharistie des Herrn zu feiern, und dieser Wunsch wird schon zu einem gemeinsamen Lob, zu ein und demselben Bittgebet."[10]

Dagegen führten Gespräche über die unterschiedlichen Abendmahlsauffassungen zwischen reformierten, lutherischen und unierten Kirchen zu dem Ergebnis, dass diese Differenzen kein Hinderungsgrund für eine Abendmahlsgemeinschaft sind. Dieses Ergebnis wurde in den Arnoldshainer Abendmahlsthesen von 1957 sowie in der Leuenberger Konkordie von 1973 festgehalten.[11] Seither gewähren sich die aus der Reformation hervorgegangenen Kirchen, ungeachtet je spezifischer Deutungen, uneingeschränkte Gemeinschaft im Abendmahl.

Komplizierter sieht es bei den evangelisch-katholischen Gesprächen aus. Angestoßen durch die liturgischen und ökumenischen Bewegungen vom Anfang des 20. Jahrhunderts und maßgeblich gefördert durch die vom Zweiten Vatikanischen Konzil (1962-1965) ausgegangenen

Impulse, gab es bereits zwischen 1965 und 1971 Gespräche zwischen der römisch-katholischen Kirche und dem Lutherischen Weltbund. Der daraus hervorgegangene sogenannte „Maltabericht" hält das Bemühen um ein gemeinsames Abendmahl als wesentliches Zeichen der Kircheneinheit fest.[12]

Eine weitere wichtige Entwicklung wurde durch eine Begegnung des damaligen Landesbischofs von Hannover, D. Eduard Lohse, mit dem inzwischen verstorbenen Papst Johannes Paul II. am 17. November 1980 in Mainz ausgelöst. In der Folge dieser Begegnung hat sich der bereits seit den vierziger Jahren des 20. Jahrhunderts existierende „Ökumenische Arbeitskreis evangelischer und katholischer Theologen" in den Jahren 1981-1985 mit der Aufarbeitung der Lehrverurteilungen des 16. Jahrhunderts befasst. Dabei standen – neben Rechtfertigung und Amt – auch die Sakramente, und hier natürlich nicht zuletzt die Eucharistie/das Abendmahl zur Diskussion. Leitend war die Überzeugung, die die beiden Vorsitzenden der Kommission, Landesbischof D. Eduard Lohse und Erzbischof Joseph Kardinal Ratzinger, in einem gemeinsamen Brief zum Ausdruck brachten: „Diese sogenannten Verwerfungen [des 16. Jahrhunderts] treffen nach allgemeiner Überzeugung nicht mehr den heutigen Partner."[13] Die Ergebnisse dieses Prozesses wurden unter dem Titel „Lehrverurteilungen – kirchentrennend?" veröffentlicht.[14]

Diese Entwicklungen machen deutlich, dass die grundlegenden Konstellationen, in denen zwischen den Kirchen der Reformation und der römisch-katholischen Kirche über das Abendmahl diskutiert wird, noch immer durch die Auseinandersetzungen des 16. Jahrhunderts geprägt sind. In den aus der Reformation hervorgegangenen Kirchen entwickelten sich im Zusammenhang der konfessionellen Kontroversen nicht zuletzt in der Frage des Abendmahls eigene theologische Auffassungen, die neben diejenige der katholischen Kirche traten.

Eine wichtige Differenz betraf dabei die bereits genannte Frage nach der Gegenwart Jesu Christi im Mahl. Martin Luther kritisierte die Auffassung einer vom Priester zu vollziehenden Wandlung von Brot und Wein in Leib und Blut Christi (die sogenannte Transsubstantiation), durch die eine materiale Anwesenheit Jesu Christi herzustellen sei, hielt in der Auseinandersetzung mit Huldrych Zwingli jedoch an der Präsenz Christi *in*, *mit* und *unter* den Mahlelementen fest. Zwingli sah in Brot und Wein dagegen Zeichen, die zwar auf eine über sie hinausgehende Wirklichkeit verwiesen, lehnte ihre unmittelbare Identifizierung mit Leib und Blut Christi jedoch ab. Zu diesen Auffassungen tritt dann noch diejenige Johannes Calvins, der eine körperliche Anwesenheit Jesu Christi in den Mahlelementen ablehnte, eine durch den Geist vermittelte Realpräsenz jedoch durchaus für sachgemäß hielt.[15]

Hinter diesen Standpunkten standen verschiedene Auffassungen über die Interpretation der Heiligen Schrift und das Verhältnis von göttlicher und menschlicher Natur in Jesus Christus. Diese lassen sich auf unterschiedliche philosophische Konzepte zurückführen, in denen das eingangs angesprochene Verhältnis von Symbol und Wirklichkeit ausgedrückt wurde.[16]

Im 20. Jahrhundert sind diese Positionen in den genannten Gesprächen und den daraus hervorgegangenen Publikationen unter veränderten geistes- und theologiegeschichtlichen Prämissen auf neue Weise miteinander ins Gespräch gebracht worden. Es sollte geprüft werden, ob an der kirchentrennenden Wirkung der damaligen Kontroversen und Verurteilungen immer noch festzuhalten ist oder ob, bei Respektierung unterschiedlicher Bekenntnistraditionen und theologischer Standpunkte, eine Abendmahlsgemeinschaft gleichwohl vertretbar erscheint. Neben den bereits genannten Dokumenten, die zur Einigung auf protestantischer Seite geführt haben, wurden dabei vom Ökumenischen Rat der Kirchen die Konvergenzerklärungen von Lima sowie die ökumenische Limaliturgie (1982) verabschiedet. Darin wird der Charakter der Eucharistie als „Sakrament der Gabe", als „Danksagung an den Vater", als „Anamnese Christi", als „Anrufung des Geistes" und als „Gemeinschaft der Gläubigen" festgehalten.[17]

Die genannten Kontroversen und Konsensbemühungen zeigen den Stellenwert an, den das Abendmahl als Höhepunkt gottesdienstlichen Lebens und sichtbarer Ausdruck der Einheit des Christentums für die Kirchen besitzt. Dabei stand auf allen Seiten nie infrage, dass die theologische Grundlage einer gemeinsamen Abendmahlsfeier der Konfessionen nur durch Orientierung an den biblischen und frühchristlichen Zeugnissen erarbeitet werden könne. Für ein vor den Anfängen des Christentums verantwortetes Verständnis des Abendmahls ist deshalb eine Beschäftigung mit diesen Zeugnissen unerlässlich.

Vor diesem Hintergrund ist es das Anliegen des vorliegenden Bandes, einen Überblick über wichtige frühchristliche Texte zum Abendmahl zu geben. Auf diese Weise soll der Tatsache Rechnung getragen werden, dass sich das Christentum aller Konfessionen den Anfängen im Wirken Jesu von Nazaret und dessen Rezeption in den frühchristlichen Schriften verpflichtet weiß. Der Bezug auf die frühchristlichen Texte ist deshalb unverzichtbar, weil er im eigentlichen Sinn *grundlegend* auch für heutige Zugänge zum Abendmahl ist. Durch die historischen Analysen sollen so zugleich Anstöße für gegenwärtige Diskurse vermittelt werden.

Neben den neutestamentlichen Zeugnissen werden dabei auch frühkirchliche und apokryphe Texte aus dem 2. und 3. Jahrhundert besprochen. Dem liegt die Überzeugung zugrunde, dass es nicht sinnvoll wäre, sich zur Nachzeichnung einschlägiger Auffassungen über das Abendmahl im frühen Christentum auf die in das Neue Testament gelangten Schriften zu beschränken. Die Entstehung des neutestamentlichen Kanons gehört selbst in den größeren Zusammenhang der theologiegeschichtlichen Entwicklungen des 2. und 3. Jahrhunderts, die auf eigene Weise auch in den Deutungen des Abendmahls Ausdruck gefunden haben. Eine Schrift, die einen gewissen Einschnitt innerhalb der Entstehungsgeschichte des Abendmahls markiert, ist dagegen die – in verschiedenen Versionen überlieferte – sogenannte Traditio Apostolica. Hier wird das Abendmahl im Rahmen von Fragen der Gemeindeverfassung behandelt, was – etwa in Analogie zur Entstehung des Kanons – auf ein fortgeschrittenes Stadium in der Herausbildung und Festigung von Inhalten und Formen des christlichen Glaubens hinweist. Die Traditio Apostolica stellt deshalb den Endpunkt des hier in den Blick genommenen Zeitraums dar.[18]

Die in dem vorliegenden Band behandelte Entwicklung reicht somit über das Neue Testament hinaus. Verfolgt werden Spuren zu späteren Konstellationen, in denen die Fragen nach dem Verhältnis von rechter und abgelehnter, „häretischer" Lehre und diejenige nach organisatorischen und liturgischen Strukturen stärker in den Vordergrund treten. Bei der Untersuchung von Entstehung und Deutungen des Abendmahls im frühen Christentum handelt es sich also um ein Gebiet, auf dem die Zusammenarbeit von Neutestamentler/innen und Patristiker/innen in besonderer Weise notwendig ist und fruchtbar zu sein verspricht. Mit diesem Buch soll nicht zuletzt zu auf diesem Grenzgebiet liegenden Entdeckungen angeregt werden. Dabei können häufig nur erste Anstöße vermittelt werden, die der weiteren Ausarbeitung harren. Die im Anhang abgedruckten Texte verfolgen diese wirkungsgeschichtliche Linie exemplarisch weiter.

Als antike Religionsgemeinschaft hatte das frühe Christentum selbstverständlich auch ein Mahl, zu dem es sich versammelte und in dem es seinem Glauben Ausdruck verlieh. Dabei lieferten die Mahlformen der Umwelt – der jüdischen wie der griechisch-römischen – diejenigen

Formen, an denen sich auch das entstehende Christentum orientierte, die es jedoch mit eigenen Inhalten besetzte. Wie sahen diese Inhalte aus? Was waren für die frühen Christen unaufgebbare Aspekte, wo lassen sich variable Elemente in den Deutungen feststellen? Bei der Beschäftigung mit diesen Themen wird nicht zuletzt deutlich werden, dass Fragen, die bei der Diskussion über die frühchristlichen Texte oft im Mittelpunkt stehen, in diesen selbst nur von untergeordneter Bedeutung sind. Das betrifft zum Beispiel den konkreten Mahl*verlauf*, der in den meisten Texten vorausgesetzt ist, jedoch nur selten eigens thematisiert wird. Ungleich wichtiger war den frühchristlichen Autoren die Frage nach dem inhaltlichen Verständnis des Mahles.

Verwiesen sei schließlich auf die sogenannten „Einsetzungsworte", die seit dem 3. Jahrhundert zum Bestandteil von Abendmahlsliturgien werden. Der Blick auf die Texte des 1. und 2. Jahrhunderts zeigt dagegen ein anderes Bild. Diese Worte geben zwar eine der wichtigsten Deutungen des Abendmahls, indem sie es auf das letzte Mahl Jesu zurückführen und Brot- und Kelchhandlung auf Leib und Blut Jesu beziehen. Dass sie bei der Feier des Mahles durch die Gemeinde auch regelmäßig gesprochen wurden und sogar den Mahlverlauf widerspiegeln, ist dagegen keineswegs eindeutig.

Diese Beispiele zeigen, wie wichtig es ist, angesichts der Wirkungsgeschichte des Abendmahls in christlicher Theologie und Liturgie nach seinem Verständnis in den frühen Texten zu fragen. Ein solcher Blick kann dazu verhelfen, die Entwicklungen, die zu bestimmten Deutungen und Kontroversen geführt haben, besser zu verstehen – und sie gegebenenfalls auch kritisch zu hinterfragen.

Der Band erhebt nicht den Anspruch auf erschöpfende Interpretation der vorgestellten Texte. Die hier vorgelegten Auslegungen sind vielmehr daran orientiert, solche Entwicklungen und Deutungen herauszuarbeiten, die für die Zugänge zum sakramentalen Mahl im frühen Christentum besonders charakteristisch waren.

Auch werden nicht alle Äußerungen zum Abendmahl aus dem in den Blick genommenen Zeitraum besprochen. Im Neuen Testament gibt es einige Passagen – vor allem im Hebräerbrief und in der Offenbarung des Johannes –, die sich über die untersuchten Texte hinaus als Bezugnahmen auf das Abendmahl verstehen lassen könnten. Auch bei Origenes, dem großen alexandrinischen Theologen vom Anfang des 3. Jahrhunderts, finden sich einige Äußerungen zur Eucharistie.[19] Tertullian, der erste lateinische christliche Autor, der etwa zur selben Zeit wie Origenes lebte und wirkte, hat sich gelegentlich zum Mahl der Christen geäußert.[20] Diese (und weitere) Texte werden nicht in eigenen Abschnitten besprochen. Aussagen von Origenes und Tertullian werden jedoch an gegebener Stelle in die Analysen einbezogen und im Anhang dokumentiert.

Ziel des hier vorgelegten Überblicks ist es somit, durch Dokumentation und Besprechung wichtiger Zeugnisse das frühe Christentum selbst zu Wort kommen zu lassen. Dadurch soll der Blick dafür geschärft werden, wie das sakramentale Mahl des Christentums entstanden ist und in den frühen Texten gedeutet wurde. Dabei finden Aspekte, die allen Texten gemeinsam sind, ebenso Berücksichtigung wie Konvergenzen zwischen ihnen und je eigene Akzentsetzungen, die sich in einzelnen Texten mit dem Mahl verbinden konnten. Auf diese Weise tritt die Vielfalt frühchristlicher Zugänge zum Abendmahl vor Augen, die auch für heutiges Nachdenken wertvolle Anstöße bereithält. Zugleich wird damit ein zentraler Bereich frühchristlicher Theologiegeschichte erschlossen, der – gemeinsam etwa mit der Entstehung des Glaubensbekenntnisses und des neutestamentlichen Kanons – zu den wichtigen Entwicklungen bei der Herausbildung des Christentums als einer eigenständigen Religion gehört.

Die im Anhang abgedruckten Texte beleuchten einige wichtige Stationen der weiteren kirchengeschichtlichen Entwicklung. Damit werden Gesichtspunkte aufgenommen, auf die wir bereits zuvor bei der Besprechung der Texte stoßen werden. Die frühchristlichen Texte sollen dadurch – zumindest ansatzweise – in den weiteren Horizont kirchengeschichtlicher Entwicklungen gestellt werden.

2. Abendmahl – Kultmahl – Gemeinschaftsmahl: Erste Annäherungen

Woher stammt der Brauch der christlichen Kirchen, sich im Gottesdienst zu einem sakramentalen Mahl zu versammeln? Welche Deutungen verbinden sich mit diesem Mahl? Eine naheliegende Antwort könnte lauten: Jesus hat am Vorabend seines Todes mit seinen Jüngern ein letztes Mahl gefeiert, dabei gebrochenes Brot und Wein auf seinen bevorstehenden Tod bezogen und seinen Jüngern den Auftrag erteilt, sich nach seiner Hinrichtung zu Mählern zusammenzufinden, bei denen sie dieses Todes gedenken und sich seiner Gegenwart versichern.

Ein genauerer Blick in die frühchristlichen Texte zeigt allerdings, dass diese Antwort unzureichend wäre. Schon die Einsetzungsberichte nötigen zu Differenzierungen: Zwei der vier neutestamentlichen Berichte, die das Abendmahl auf das letzte Mahl Jesu zurückführen,[21] nämlich die des Markus- und Matthäusevangeliums, enthalten keine Anweisung zu seiner Wiederholung, sondern schildern es als Bestandteil der Passionsereignisse, bei dem Jesus auf *sein eigenes* künftiges Mahl in der Gottesherrschaft vorausblickt. Im Lukasevangelium fordert Jesus die Jünger nur zur Wiederholung der Brothandlung auf und unterscheidet diese zugleich ausdrücklich von dem gemeinsamen Mahl mit ihm. Die Apostelgeschichte, das zweite Werk des Lukas, nennt die urchristlichen Mahlfeiern, hieran anknüpfend, „Brotbrechen". Handelt es sich dabei um besondere, von den sakramentalen Abendmahlsfeiern zu unterscheidende Mähler?

Die Einsetzungsworte selbst weisen einige Unterschiede auf: Im Markus- und Matthäusevangelium wird nur das Kelchwort durch eine Erläuterung fortgesetzt. Diese lautet: „Das ist mein Bundesblut, das für viele vergossen wird." Beim Brot heißt es dagegen lediglich „Das ist mein Leib." Die Rede vom *Neuen* Bund begegnet nur im Lukasevangelium und bei Paulus im 1. Korintherbrief, ein expliziter Bezug zur Sündenvergebung findet sich ausschließlich in der Version des Matthäusevangeliums.

Nötigt also bereits der Blick auf die Einsetzungsberichte dazu, genauer nach deren Funktion sowie der Deutung zu fragen, die sie dem Abendmahl geben, so wird die Frage nach Ursprung und Bedeutung dieses Mahles angesichts derjenigen Texte noch drängender, die keinen Einsetzungsbericht überliefern. So enthält der sogenannte „eucharistische Abschnitt" des Johannesevangeliums zwar Anklänge an die Einsetzungsworte, verbindet diese jedoch nicht mit dem letzten Mahl Jesu. Noch signifikanter ist der Befund der Didache, einer Kirchenordnung vom Anfang des 2. Jahrhunderts. Hier wird zwar eine Mahlfeier der Gemeinde vorausgesetzt, die jedoch weder mit dem letzten Mahl Jesu noch mit dabei gesprochenen Einsetzungsworten verbunden wird. Stattdessen werden Gebete angeführt, die über Kelch und gebrochenem Brot gesprochen werden. Gab es im frühen Christentum also verschiedene Formen, das Abendmahl zu feiern – mit Einsetzungsworten und ohne diese?

In den frühchristlichen Texten finden sich verschiedene Deutungen des Mahles. Zwei dabei zentrale Begriffe seien herausgehoben. Um die Mitte des 2. Jahrhunderts spricht Justin zum ersten Mal von einer „Umwandlung", bezieht diese aber, wie sich zeigen wird, nicht auf die Mahlelemente, sondern auf die Mahlteilnehmer. Wenig später nennt Irenäus von Lyon das Abendmahl ein von der Kirche dargebrachtes „Opfer".[22] Damit sind zwei für die weitere Diskussion über das Abendmahl sehr wichtige Begriffe genannt, nach deren Bedeutung genauer zu fragen sein wird.

Eine Beschäftigung mit den frühchristlichen Abendmahlstexten sieht sich also mit verschiedenen Fragen konfrontiert: Welche Rolle spielen die Berichte über die Einsetzung dieses Mahles durch Jesus selbst für die Entstehung der frühchristlichen Mahlfeiern? In welchem Verhältnis stehen diese Berichte zu anderen Deutungen des Abendmahls? Was verbirgt sich hinter der Vorstellung, dass gerade im gemeinsamen Mahl das in Jesus gekommene Heil an die Gemeinde vermittelt wird? Welche Bedeutung hatte die gemeinsame Mahlfeier für die Entstehung des christlichen Gottesdienstes? Und schließlich: Wie verhalten sich die verschiedenen Deutungen des Mahles zu anderen Entwicklungen im frühen Christentum – etwa der Verhältnisbestimmung von Altem und Neuem Testament, der Aufnahme philosophischer Modelle in die Lehre von der Person Jesu Christi oder der Ausdifferenzierung verschiedener frühchristlicher Richtungen in „Orthodoxie" und „Häresie"? Die Beschäftigung mit dem Abendmahl erschließt somit einen wichtigen Bereich der frühchristlichen Theologiegeschichte und erfasst zentrale Aspekte der Entstehung des Christentums.

Die Forschung hat verschiedene Antworten auf die Frage nach Ursprung, Bedeutung und Feier des Abendmahls im frühen Christentum entwickelt. Ein Vorschlag lautet: Das sakramentale Mahl des Urchristentums sei durch kulturelle Einflüsse der Umwelt entstanden – zu denken ist an Opfermähler in öffentlichen, aber auch Vereins- und Kultzusammenhängen – und nicht auf die Einsetzung durch Jesus oder auf die Anknüpfung an die Mahlgemeinschaften während seiner irdischen Wirksamkeit zurückzuführen. Eine besondere Rolle spielten bei dieser Sicht in der älteren Forschung die sogenannten Mysterienkulte, auf die an späterer Stelle zurückzukommen sein wird. Deren Einfluss wird bereits hinter den Ausführungen des Paulus über die rechte Feier des Herrenmahls im 1. Korintherbrief vermutet; sie hätten dann auch auf die weitere Entwicklung eingewirkt.

Diese Theorie hat ein starkes Argument auf ihrer Seite: Im 2. bzw. frühen 3. Jahrhundert wehren zwei frühchristliche Autoren, Justin und Tertullian, Beziehungen zwischen dem christlichen Mahl und den Kultmählern im Mithraskult vehement ab und geben dabei Analogien zwischen beiden zu erkennen. Problematisch ist indes die Weise, in der dieses Verhältnis in der Forschung mitunter beschrieben wurde. Im Hintergrund der genannten, von der Religionsgeschichtlichen Schule an der Wende vom 19. zum 20. Jahrhundert entwickelten Theorie steht die Annahme, die urchristlichen Autoren hätten nicht direkt an das Wirken Jesu angeknüpft, sondern dieses mit Hilfe von Kategorien aus ihrer religiösen Umwelt gedeutet. Richtig gesehen ist hier, dass Entstehung und Entwicklung der urchristlichen Mähler im größeren Kontext der antiken Religionsgeschichte zu betrachten sind und nicht ausschließlich auf das letzte Mahl Jesu zurückgeführt werden dürfen. Problematisch ist das Modell indes zum einen deshalb, weil dabei vor allem an Einflüsse aus dem paganen griechisch-römischen Bereich gedacht, der jüdische Bereich dagegen geradezu sträflich vernachlässigt wurde – obwohl Jesus, ebenso wie seine ersten Nachfolger und auch Paulus Juden waren! Problematisch ist zweitens die zugrunde liegende „Nicht-Sondern"-Konstruktion: Die Entstehung der frühchristlichen Glaubensüberzeugungen sei *nicht* auf die Anknüpfung an das Wirken Jesu, *sondern* auf die Übernahme von Deutungskategorien aus der Umwelt zurückzuführen. Die neuere Diskussion hat dagegen gezeigt, dass eine solche Alternative zu kurz greift und die Aufnahme und Deutung des Wirkens Jesu einen wesentlichen Bereich der frühchristlichen Theologie darstellen. Dies ist entsprechend auch für Entstehung und Deutung des Abendmahls in Anschlag zu bringen. Dies gilt um so mehr, als Jesus selbst natürlich mit den Mahlformen seiner Zeit vertraut war und sie selbst praktizierte.

Geradezu im Gegensatz zum Ansatz der Religionsgeschichtlichen Schule steht die Herleitung des Abendmahls vom letzten Mahl Jesu. Eine besondere Rolle hat dabei die Frage gespielt, ob Jesu letztes Mahl ein Passahmahl gewesen sei. Diese vor allem von Joachim Jeremias mit Nachdruck vertretene These, der sich in neuerer Zeit z.B. Martin Hengel angeschlossen hat, findet Anhalt in den Evangelien des Markus, Matthäus und Lukas, steht allerdings im Widerspruch zur Darstellung des Johannesevangeliums, wo das letzte Mahl bereits einen Tag früher stattfindet. Hierauf wird an späterer Stelle zurückzukommen sein. Ungeachtet der historischen Frage bleibt auf jeden Fall zu beachten, dass für die Beschreibung des kulturellen Milieus des Abendmahls die

Abendmahl – Kultmahl – Gemeinschaftsmahl | 23

jüdischen Einflüsse zu berücksichtigen sind, wie es überhaupt historisch unzulänglich wäre, eine scharfe Trennlinie zwischen paganen und jüdischen Einflüssen ziehen zu wollen.

Eine Weiterführung und Modifikation des religionsgeschichtlichen Ansatzes hat in neuerer Zeit Matthias Klinghardt ausgearbeitet.[23] Ihm zufolge ist der Ursprung des christlichen Gemeinschaftsmahls vornehmlich in der Praxis antiker Vereine zu suchen, sich zu Mählern zu versammeln. Zu seiner Entstehung habe es demzufolge nicht des besonderen Anstoßes durch ein letztes Mahl Jesu bedurft. Die urchristlichen Mähler hätten den Charakter von religiösen Gemeinschaftsmählern, analog zu antiken Vereinsmählern, besessen, erst im 3. und 4. Jahrhundert sei es, zunächst lokal, später dann im gesamten Gebiet des Römischen Reiches, zur Trennung von Sättigungsmahl und eucharistischem Kultmahl gekommen. Letzteres sei dann das allein verbindliche Mahl der christlichen Gemeinde gewesen.

Die religionsgeschichtliche Argumentation Klinghardts ist wesentlich differenzierter als die in den Arbeiten der Religionsgeschichtlichen Schule. Jüdische Analogien – insbesondere in den Mahltexten aus Qumran, den Schilderungen des Therapeutenmahls sowie der (hypothetischen) Rekonstruktion des frühjüdischen Synagogengottesdienstes – werden ausdrücklich berücksichtigt. Eine wichtige Rolle spielen zudem materiale und soziologische, aber auch juristische Aspekte antiker Mahlgemeinschaften, vorrangig der antiken Alltagsreligiosität. Gemeinsam mit dem Ansatz der Religionsgeschichtlichen Schule ist indes, dass weder das letzte Mahl Jesu noch die Mähler während seiner vorausgegangenen Wirksamkeit als konstitutive Impulse der urchristlichen Mahlfeiern beurteilt werden. Im Verlauf dieses Buches wird sich jedoch herausstellen, dass der Mahlpraxis des irdischen Jesus und der Feier seines letzten Mahles in Jerusalem größeres Gewicht im Blick auf die Entstehung und theologische Bedeutung des christlichen Abendmahles beizumessen ist.

Ein wiederum anderer Ansatz rechnet mit mehreren Gestalten urchristlicher Mähler, die auf verschiedene Ursprünge zurückzuführen seien und einige Zeit nebeneinander existiert hätten. Der auf die Einsetzungsworte konzentrierte „Mahltyp" würde dabei *eine* Form frühchristlicher Mahlfeiern darstellen, neben dem zumindest eine weitere Ausprägung existiert habe. Diese These begegnet zuerst bei Hans Lietzmann, der die Auffassung vom doppelten Ursprung des Abendmahls vertrat: Die Jerusalemer Gemeinde habe an die Gemeinschaftsmähler des irdischen Jesus angeknüpft und diese als Agapemähler ohne sakramentalen Charakter gefeiert. Die sakramentalen Mahlfeiern gingen dagegen auf die von Paulus in 1 Kor 11 erwähnte, von Lietzmann als Offenbarung des erhöhten Herrn an Paulus verstandene Weisung zurück, das letzte Mahl Jesu als Erinnerung an den Tod Jesu zu feiern.[24]

Die These mehrerer Ursprünge des Abendmahls wurde verschiedentlich modifiziert und ausgebaut. In neuerer Zeit begegnet sie in der Untersuchung von Bernd Kollmann.[25] Ihm zufolge ist die bei Paulus sowie im Markus-, Matthäus- und Lukasevangelium begegnende, an die Berichte von Jesu letztem Mahl und die dabei gesprochenen Einsetzungsworte anknüpfende Mahlgestalt bereits das Ergebnis eines komplexen theologischen Deutungsprozesses, dessen verschiedene Entwicklungsstufen Kollmann zu rekonstruieren versucht: Am Anfang habe die Fortsetzung der Mahlgemeinschaften des irdischen Jesus gestanden, was sich noch in denjenigen Texten zeige, die keine Einsetzungsberichte überliefern (Apostelgeschichte, Johannesevangelium, Didache, Ignatius). Paulus sowie das Markus-, Matthäus- und Lukasevangelium zeigten demgegenüber bereits ein fortgeschrittenes Stadium, in dem sich Einflüsse jüdischer und paganer Religiosität bemerkbar machten. Dies habe dann auch zur Entstehung der Einsetzungsworte geführt. Die urchristlichen Mähler ließen sich also nicht auf einen historischen Ursprung in einem letzten Mahl Jesu zurückführen, sondern hätten im Laufe der historischen Entwicklung verschiedene Deutungen an sich gezogen, die in verschiedenen Formen frühchristlicher Mahlfeiern konkrete Gestalt gewonnen hätten.

So sehr man dem Bemühen um ein differenziertes historisches Urteil zustimmen wird, wirkt die Gesamtkonstruktion Kollmanns zu hypothetisch, um ein überzeugendes Modell der frühchristlichen Entwicklung des Abendmahls darstellen zu können. Die Aufteilung der frühchristlichen Abendmahlstexte auf verschiedene „Mahltypen" vermag zudem nicht zu überzeugen. Was in diesen Texten zum Ausdruck kommt, sind verschiedene *Deutungen*, die keinesfalls notwendig verschiedene Formen der Mahlfeier widerspiegeln müssen. Die Verbindung zwischen Abendmahlstexten und Mahltypen leuchtet also nicht ein und wird anders zu beschreiben sein.

Solche und weitere Fragen, die sich nicht zuletzt aus der Diskussion in der Forschung ergeben, werden im zweiten, umfangreichsten Teil dieses Buches behandelt. Dabei werden die Texte des frühen Christentums, beginnend bei Paulus und endend bei der sogenannten Traditio

Apostolica, vorgestellt und besprochen (Teil II). Damit soll ein Rahmen abgesteckt werden, der vom ersten christlichen Autor, der sich zum Abendmahl geäußert hat, bis zu dem Zeitraum reicht, in dem liturgische Ordnungen des Abendmahls sowie seine Unterscheidung von anderen Gemeindemählern greifbar werden. Es schließt sich ein eigenes Kapitel zu den Einsetzungsworten an (Teil III). Diese Überlieferung ist seit früher Zeit – wenn auch vermutlich noch nicht im ältesten Christentum – fester Bestandteil der meisten Abendmahlsliturgien. Die Herkunft dieser Überlieferung, das sich mit ihr verbindende Verständnis sowie ihre Bedeutung für die Geschichte des Abendmahls sollen deshalb gesondert besprochen werden. Hieran anschließend wird die Stellung des Abendmahls im Rahmen der antiken Religionsgeschichte in den Blick genommen (Teil IV). Dabei werden sowohl der griechisch-römische wie auch der jüdische Kontext zu berücksichtigen sein. Dazu werden einige Texte besprochen, die diese Kontexte beleuchten und damit das kulturelle und religiöse Milieu vor Augen führen, in dem das Abendmahl entstanden ist und gedeutet wurde. Teil V fasst die Ergebnisse dieser Betrachtungen aus einer systematisierenden Perspektive zusammen. In Teil VI kommen wir auf die einführenden Bemerkungen zurück und fragen nach dem Ertrag, der sich aus der Beschäftigung mit den frühchristlichen Texten für die gegenwärtige Diskussion ergeben könnte. Teil VII dokumentiert schließlich einige wichtige Texte zum Abendmahl aus verschiedenen Epochen der Christentumsgeschichte.

II. Deutungen des Abendmahls in Texten des frühen Christentums: Von Paulus bis zur Traditio Apostolica

1. Paulus

Paulus ist der älteste Zeuge für die Feier eines gemeinsamen Mahles der christlichen Gemeinde. Er erwähnt dieses Mahl, das er „Herrenmahl" – also das durch den Herrn Jesus bestimmte Mahl – nennt, nur in einem seiner Briefe, dem um das Jahr 55 geschriebenen 1. Korintherbrief. Anlass sind verschiedene Vorfälle in der korinthischen Gemeinde, angesichts derer sich Paulus genötigt sieht, auf das in der korinthischen Gemeinde gefeierte Mahl zu sprechen zu kommen. Bemerkenswert hieran ist zunächst, dass Paulus keine grundlegende „Theologie des Herrenmahls" entfaltet, sondern angesichts von Nachrichten und Anfragen aus der korinthischen Gemeinde auf Aspekte, die dieses Mahl betreffen, eingeht. Dabei geht es zum einen um das Verhältnis des Herrenmahls zu anderen Kultmählern, zum anderen um die in Korinth übliche Praxis der Mahlfeier, die Paulus kritisiert. Wir wenden uns zunächst dem ersten Bereich zu.

1.1 1 Kor 10,1-6

In 1 Kor 10 kommt Paulus an zwei Stellen auf das Herrenmahl zu sprechen. Der größere Zusammenhang ist das in 8,1 aufgeworfene Problem des Essens von sogenanntem „Götzenopferfleisch", Fleisch also, das heidnischen Göttern geopfert worden war und anschließend bei Opfermahlzeiten verzehrt bzw. auf dem Fleischmarkt verkauft wurde (vgl. 1 Kor 10,25). Diese in griechisch-römischen Kulten gängige Praxis konnte für eine christliche Gemeinde zum Problem werden: Darf Fleisch, das zuvor in Kulthandlungen heidnischen Göttern geopfert worden war, auch von Mitgliedern der christlichen Gemeinde ohne Bedenken verzehrt werden? Paulus entwickelt hierzu in 1 Kor 8-10 entsprechend dem jeweiligen Argumentationskontext verschiedene Antworten: Prinzipiell ist es unbedenklich, heidnischen Gottheiten – von ihm stets „Götzen" genannt – geopfertes Fleisch zu essen, da es in Wahrheit ohnehin keine Götzen, sondern nur den einen Gott gibt (8,4). Deshalb darf auch alles auf dem Fleischmarkt Angebotene bedenkenlos gekauft und bei Mählern, zu denen man eingeladen wurde, verzehrt werden (10,25-27). Die Grenze hierbei ist die Wirkung, die das Ausleben dieser Freiheit bei anderen hinterlässt. Wenn das Gewissen des schwachen Bruders durch das Essen von Götzenopferfleisch verunsichert wird (8,7-13) bzw. die (vormaligen) Heiden dadurch zu dem Schluss kommen, Christen würden weiterhin die religiöse Bedeutung des Götzen anerkennen (8,7; 10,28f.), ist auf jeden Fall davon Abstand zu nehmen (8,13).

Anders verhält es sich dagegen mit der Teilnahme an heidnischen Opferkulthandlungen selber, mit denen in der Regel ebenfalls ein Kultmahl verbunden war. Auf diese Frage kommt Paulus in 10,1-22 zu sprechen. In diesem Zusammenhang geht er auch auf das Herrenmahl ein.

> 10,1 Ich will euch nämlich nicht in Unkenntnis lassen, Brüder: Unsere Väter sind alle unter der Wolke gewesen und alle durch das Meer hindurchgezogen, 10,2 und sie sind alle auf Mose getauft worden in der Wolke und in dem Meer, 10,3 und sie haben alle dieselbe geistliche Speise gegessen, 10,4 und sie haben alle denselben geistlichen Trank getrunken; sie tranken nämlich aus einem geistlichen Felsen, der ihnen folgte; der Felsen aber war Christus. 10,5 Aber an den meisten von ihnen hatte Gott kein Gefallen, denn sie wurden hingestreckt in der Wüste. 10,6 Auf diese Weise sind sie zu Modellen für uns geworden, damit wir nicht solche seien, die nach Schlechtem streben, so wie jene es taten.

Paulus bezieht sich hier auf die Situation Israels in der Wüste, um daran zu verdeutlichen, dass die Zugehörigkeit zu Gott bzw. zu Christus nicht automatisch Gewähr dafür bietet, in der Heilsgemeinschaft zu verbleiben. Vielmehr kann diese Zugehörigkeit – und damit das Heil selbst – durch unangemessenes Verhalten verspielt werden: Die Israeliten sind durch Unzucht und Götzendienst (vgl. Verse 7f.) von Gott abgefallen und dafür mit dem Tod bestraft worden. Dass Paulus ihr Fehlverhalten, nämlich die in Exodus/2 Mose 32 geschilderte Verehrung des goldenen Kalbs, mit den Ausdrücken „Unzucht" und „Götzendienst" charakterisiert, ist kein Zufall: Es handelt sich um zwei der gravierendsten Gefahren, in denen er auch die korinthische Gemeinde sieht und auf die er in 1 Kor verschiedentlich zu sprechen kommt. Hier geht es besonders um den Götzendienst.

Der Bezug zwischen der Situation Israels und derjenigen der korinthischen Gemeinde wird des Weiteren dadurch hergestellt, dass der Durchzug der Israeliten durch das Rote Meer als „Getauftsein auf Mose" bezeichnet wird, sowie dass das Manna in der Wüste und das Wasser aus dem Felsen „geistliche Speise" und „geistlicher Trank" genannt werden (Verse 2-4). Letzteres wird durch die Gleichsetzung des Wasser spendenden Felsens mit Christus dargelegt. Schon damals also war Christus anwesend und konnte deshalb auch von den Israeliten versucht werden (Vers 9). Hintergrund dieser zunächst eigenwillig anmutenden Behauptung ist die Überzeugung, dass das Christusgeschehen in der Geschichte Israels bereits vorausgebildet ist. Deshalb erschließt sich die „eigentliche" Bedeutung des in den Schriften Israels Berichteten erst dann, wenn man sie im Licht des Christusgeschehens liest. Damit wird deutlich: Wie bereits die Israeliten Speise und Trank göttlicher Herkunft hatten, so haben es nun die Korinther im Herrenmahl. In beiden Fällen handelt es sich also um Nahrung, deren Besonderheit in ihrer Herkunft von Gott besteht. Darum kann die Situation Israels in der Wüste mit derjenigen der korinthischen Gemeinde verglichen werden.

Ein dritter Bezug ergibt sich daraus, dass Paulus die in der Wüste umgekommenen Israeliten und ihr Fehlverhalten als (negative) „Modelle" (Vers 6) bezeichnet. Zugrunde liegt eine Form von Schriftauslegung, die auf dem Grundsatz der Entsprechung basiert: Daraus, wie Gott in früheren Zeiten am Volk Israel gehandelt hat, können Schlüsse auf vergleichbare Situationen der Gegenwart gezogen werden. Die Kunst dieser Exegese besteht demnach darin, Analogien zwischen vergangenen und gegenwärtigen Situationen zu erkennen bzw. herzustellen. Die Schrift erhält auf diese Weise eine unmittelbar aktuelle Bedeutung, denn sie verhilft zur Beurteilung gegenwärtiger Konstellationen. Die Korinther, zu einem wesentlichen Teil ehemalige Heiden, werden auf diese Weise zugleich mit der Geschichte Israels und deren Bedeutung für ihre eigene Situation konfrontiert.

Ziel dieser typologischen Exegese von 1 Kor 10,1-6 ist es, vor einem falschen Vertrauen auf geistliche Speise und geistlichen Trank zu warnen: Die Israeliten hatten beides, dennoch kamen die meisten von ihnen ums Leben. Daraus folgt für Paulus im Blick auf die korinthische Gemeinde, dass der bloße Genuss geistlicher Speise und geistlichen Tranks, also des Abendmahls, noch keine Gewähr dafür bietet, das Heil dauerhaft zu erlangen. Notwendig ist vielmehr ein entsprechendes Verhalten, was hier durch die Warnung, nicht nach Schlechtem zu streben, verdeutlicht wird (Vers 6). Was dies konkret besagt, wird unter anderem durch den nächsten Text deutlich.

1.2 1 Kor 10,14-22

10,14 Darum, meine Geliebten, flieht vor dem Götzendienst! 10,15 Ich rede als zu Verständigen; beurteilt ihr, was ich sage: 10,16 Der Kelch des Segens, den wir segnen – ist er nicht Gemeinschaft des Blutes Christi? Das Brot, das wir brechen – ist es nicht Gemeinschaft des Leibes Christi? 10,17 Weil es *ein* Brot ist, sind wir, die vielen, *ein* Leib, denn wir haben alle Teil an dem *einen* Brot. 10,18 Seht auf das Israel nach dem Fleisch: Sind nicht die, die die Opfer essen, Gemeinschafter des Altars? 10,19 Was sage ich nun (damit)? Dass das Götzenopfer etwas ist? Oder dass der Götze etwas ist? 10,20 (Nein), sondern dass sie das, was sie opfern, Dämonen und nicht Gott opfern. Ich will aber nicht, dass ihr Gemeinschafter der Dämonen werdet. 10,21 Ihr könnt nicht den Kelch des Herrn trinken *und* den Kelch der Dämonen. Ihr könnt nicht am Tisch des Herrn teilhaben *und* am Tisch der Dämonen. 10,22 Oder wollen wir den Herrn herausfordern? Sind wir etwa stärker als er?

Paulus konkretisiert nunmehr den Grund für seine Warnung mit dem Beispiel der Israeliten. Wie diese zu Götzendienern und Unzüchtigen wurden, den Herrn versuchten und murrten (vgl. 10,7-10), so stehen auch die Korinther in der Gefahr, durch Götzendienst das Heil zu verspielen. Durch die aktive Teilnahme an paganen Opfermahlfeiern, die eine derart intensive Beziehung zu den „Götzen" herstellen, dass Paulus sie als „Götzendienst" bezeichnet, gehen die korinthischen Christen ihres in Christus begründeten Heilsguts verlustig. So formuliert bereits die einleitende, den vorangegangenen Abschnitt summierende drastische Aufforderung, vor dem Götzendienst zu fliehen. Die Erwähnungen des Altars (10,18), des Kelches und des Tisches des Herrn sowie der Dämonen (10,21) weisen darauf hin, dass es um Mähler im Rahmen von Kulthandlungen geht: diejenigen Israels (10,18), die heidnischen (10,20f.) sowie das christliche (10,16f.21). Paulus nennt demnach verschiedene Formen von Kultmählern, um damit den Charakter des von der christlichen Gemeinde gefeierten Mahles herauszustellen. Er stellt es in den Kontext religiöser Mähler, bei denen ein besonders enger Bezug zur jeweiligen Gottheit – für die christliche Gemeinde also zu ihrem Herrn – hergestellt wird. Bei den heidnischen Kultmählern wird demzufolge eine auf die heidnischen Gottheiten (die „Dämonen") bezogene Gemeinschaft vollzogen. Diese religiös verdichtete Erfahrung steht in unvereinbarer Konkurrenz mit der auf Jesus Christus bezogenen Mahlgemeinschaft, die im gemeinsamen Trinken des Kelches und der gemeinsamen Teilhabe am Tisch des Herrn besteht.

Ist das Essen von Götzenopferfleisch also an sich unproblematisch, so ist die Teilnahme an heidnischen Kultmählern für Mitglieder der christlichen Gemeinde unmöglich. Diese Mähler sind mit Kulthandlungen verbunden, die Paulus aufgrund der durch sie vermittelten Verbindung mit heidnischen Gottheiten als „Götzendienst" bezeichnet. Diese Argumentation hatte Paulus bereits am Beginn des gesamten Komplexes vorbereitet: In 8,5f. hatte er dargelegt, dass zwar viele Wesen als Götter oder Herren verehrt werden, „für uns" (also für die christliche Gemeinde) dagegen nur der eine Gott und der eine Herr Jesus Christus existieren. Dieses zweigliedrige Bekenntnis zu Gott und dem Herrn Jesus Christus ist für seine Ausführungen deshalb so wichtig, weil sich die christliche Gemeinde in ihrem Kultmahl im Namen des einen Herrn Jesus Christus zusammenschließt, neben dem es für sie keine anderen Herren geben darf.

Um dies zu verdeutlichen, greift Paulus in 10,16 auf eine ältere Überlieferung zurück. Diese unterscheidet sich in einigen Punkten von derjenigen Mahlüberlieferung, die er in der noch zu besprechenden Stelle 11,23b-25 zitiert. Die Sätze über Kelch und Brot in 10,16 sind parallel konstruiert, wogegen diejenigen in 11,23b-25 deutliche Asymmetrien aufweisen; 10,16 spricht vom „Segnen" des Segenskelches, 11,24 dagegen vom „Danken" über dem gebrochenen Brot und dem gemeinsamen Kelch; in 10,16 wird zuerst der Kelch und dann das Brot genannt, in 11,23-25 dagegen zuerst das Brot und dann der Kelch; in 10,16 stehen „Blut" und „Leib" in direkter Analogie zueinander, wogegen sich in 11,24f. „Leib" und „Neuer Bund in meinem Blut" gegenüberstehen.

Diese Unterschiede lassen vermuten, dass in 10,16 eine andere Mahlüberlieferung als die Einsetzungsworte aus 11,23b-25 im Hintergrund steht. Der dortige Bericht ist an der Einsetzung des Mahles durch Jesus orientiert. Hier geht es dagegen um den Vollzug dieses Mahles durch die Gemeinde. Paulus hat die aufgenommene Überlieferung seiner eigenen Argumentation angepasst, was sich schon an der rhetorischen Frageform zeigt. Er nennt das Segensgebet, das über dem Kelch gesprochen wird, der darum „Segenskelch" heißt, sowie die ebenfalls zur Mahlfeier gehörige Handlung des Brotbrechens. Zu dieser letzteren dürften ebenfalls ein Dankgebet sowie das Verteilen des Brotes gehört haben.

Segenskelch und gebrochenes Brot werden als Gemeinschaft des Blutes und Leibes Christi gedeutet. In Vers 17 begründet und charakterisiert Paulus diese Gemeinschaft durch das „Teilhaben" an dem einen gemeinsamen Brot. Das Verb „Teilhaben" wird dann in Vers 21 noch einmal gebraucht. Dort wird das Teilhaben am Tisch der Dämonen als unvereinbar mit dem Teilhaben am Tisch des Herrn bezeichnet. Gemeinschaft und Teilhaben erweisen sich damit als diejenigen Aspekte, auf die es Paulus hier in besonderer Weise ankommt. In Vers 17 wird die zuvor erwähnte Handlung des Brotbrechens (und Brotverteilens) ausgedeutet: Die Teilhabe der Vielen an dem *einen* Brot symbolisiert deren Einheit als *ein* Leib und damit ihre Zugehörigkeit zu Christus.

Die hier von Paulus aufgegriffene Überlieferung besitzt einige bemerkenswerte Gemeinsamkeiten mit der später zu besprechenden Mahlüberlieferung der Didache. Dort werden – in Analogie zu der Erwähnung des Segens über dem Kelch in 1 Kor 10,16 – über Kelch und Brot zu sprechende Dankgebete, jedoch ebenfalls keine „Einsetzungsworte" angeführt. Eine weitere Gemeinsamkeit ist die jeweilige Betonung des *einen* Brotes als Symbol für die *eine* Gemeinschaft in 1 Kor 10,17 und Did 9,4. Auf diese Gemeinsamkeiten ist später zurückzukommen. Die Feier des Mahles durch die korinthische Gemeinde kommt in 1 Kor 10,16 deutlicher zum Ausdruck als in der sogleich zu besprechenden Passage 1 Kor 11,23-26, wo es um die *Einsetzung dieses Mahles durch Jesus*, also um ein zurückliegendes „historisches" Ereignis geht. Darauf weisen nicht zuletzt die Plural-Formulierungen „der Kelch, den *wir* segnen, das Brot das *wir* brechen" hin, wogegen in 11,24f. ausdrücklich von einer *durch Jesus* vorgenommenen Mahlhandlung die Rede ist.

Zusammengenommen zeigen diese Beobachtungen an, dass Paulus in 1 Kor 10,16 eine urchristliche Mahlüberlieferung aufnimmt, die neben den Einsetzungsworten steht. Sind die Einsetzungsworte – die noch genauer zu besprechen sind – auf die Vergegenwärtigung des letzten Mahles Jesu gerichtet, so ist es hier die auf Jesus Christus als ihr Zentrum bezogene Gemeinschaft der Mahlteilnehmer, die in dem gemeinsamen Kelch und dem einen Brot, an dem alle Anteil haben und das deshalb die Gestalt der Gemeinde als „ein Leib" symbolisiert, Ausdruck findet. Diese sich in dem christlichen Kultmahl ausdrückende, durch es symbolisierte und in verdichteter Weise erfahrbare Gemeinschaft des Herrn Jesus Christus ist demnach eine exklusive Gemeinschaft, die in Konkurrenz zu solchen Gemeinschaften steht, die sich auf in Wahrheit gar nicht existente Gottheiten – die sogenannten „Götzen" oder „Dämonen" – beziehen. Wie sich die im christlichen Kultmahl verdichtete religiöse Gemeinschaft konkretisiert und welches Verhalten ihr einzig angemessen ist bzw. wodurch diese Gemeinschaft zerstört zu werden droht, thematisiert der im Folgenden zu besprechende Text.

1.3 1 Kor 11,17-34

> 11,17 Dieses aber kann ich bei dem, was ich anordne, nicht loben, dass ihr nicht zum Nutzen, sondern zum Schaden zusammenkommt. 11,18 Vor allem nämlich höre ich, dass, wenn ihr als Gemeinde zusammenkommt, es Spaltungen unter euch gibt – und zum Teil glaube ich es auch. 11,19 Es muss nämlich auch Parteiungen unter euch geben, damit die Bewährten unter euch offenbar werden. 11,20 Wenn ihr euch nun versammelt, so ist das kein Essen des Herrenmahls. 11,21 Denn jeder nimmt beim Essen sein eigenes Mahl vorweg, und der eine hungert, der andere aber ist betrunken. 11,22 Habt ihr denn keine Häuser zum Essen und Trinken? Oder verachtet ihr die Gemeinde Gottes und beschämt die Nicht-Habenden? Was soll ich euch (dazu) sagen? Soll ich euch loben? Hierin lobe ich euch nicht.
> 11,23 Ich habe nämlich vom Herrn empfangen, was ich euch auch überliefert habe: Der Herr Jesus, in der Nacht, in der er ausgeliefert wurde, nahm er Brot, 11,24 sprach das Dankgebet, brach es und sprach: Dies ist mein Leib für euch. Tut dies zu meiner Vergegenwärtigung. 11,25 Und ebenso den Kelch nach dem Mahl und sagte: Dieser Kelch ist der Neue Bund in meinem Blut. Dies tut, sooft ihr daraus trinkt, zu meiner Vergegenwärtigung. 11,26 Denn sooft ihr dieses Brot esst und den Kelch trinkt, verkündet ihr den Tod des Herrn, bis er kommt.
> 11,27 Folglich wird der, der unwürdig das Brot isst oder den Kelch des Herrn trinkt, schuldig sein am Leib und Blut des Herrn. 11,28 Jeder Mensch aber prüfe sich selbst, und so esse er von dem Brot und trinke aus dem Kelch. 11,29 Wer nämlich isst und trinkt, der isst und trinkt sich selber zum Gericht, wenn er den Leib nicht (angemessen) beurteilt. 11,30 Darum gibt es bei euch auch viele Schwache und Kranke, und etliche sind entschlafen. 11,31 Wenn wir uns selber richteten, würden wir nicht gerichtet. 11,32 Wenn wir aber von dem Herrn gerichtet werden, werden wir gezüchtigt, damit wir nicht zusammen mit der Welt verurteilt werden. 11,33 Darum, meine Brüder, wenn ihr zusammenkommt, um zu essen, wartet aufeinander. 11,34 Wenn jemand Hunger hat, soll er zu Hause essen, damit ihr nicht zum Gericht zusammenkommt. Das andere werde ich ordnen, wenn ich komme.

In Kapitel 11 kommt Paulus ein zweites Mal auf die Mahlfeier der korinthischen Gemeinde zu sprechen. Der Anlass ist ein anderer als in Kapitel 10. War dort die Teilnahme einiger korinthischer Gemeindeglieder an heidnischen Kultmählern das Problem, so ist es hier der Umstand, dass die Art und Weise, in der die korinthische Gemeinde das Herrenmahl feiert, anscheinend zu Kontroversen und sogar zu Spaltungen geführt hat. Diese Spaltungen, die Paulus als eine überaus ernste Bedrohung für die Existenz der Gemeinde beurteilt – sie beschwören die Verurteilung durch Gott herauf –, sind der Anlass des nochmaligen Eingehens auf die Mahlfeier der Gemeinde.

Paulus greift mit seinen Ausführungen also in eine in Korinth offenbar gängige Form des Zusammenkommens zum gemeinsamen Mahl ein. Das Modell hierfür dürften die Mähler abgegeben haben, wie sie in antiken Vereinen und Kultgemeinschaften gepflegt wurden und welche die Korinther bereits vor ihrer Bekehrung zum christlichen Glauben praktizierten. Im Hintergrund von 1 Kor 11 steht dabei vermutlich ein Mahl, zu dem jeder seine eigenen Speisen mitbrachte, um diese während der Mahlfeier alleine zu verzehren. Nach dem Mahl begann, eingeleitet durch Trankspenden für verschiedene Gottheiten, aber auch den Kaiser, das Symposion („das gemeinsame Trinken") mit dem Verzehr des Nachtisches. Analog zu diesem durch die Trankspenden stärker religiös geprägten Teil dürfte in der christlichen Gemeinde von Korinth an dieser Stelle der sakramentale Teil des Mahles begonnen haben. Das lockere Beisammensein bei Gesprächen und Getränken während des Symposions war zudem zentraler Ausdruck des Selbstverständnisses der feiernden Gemeinschaft. Dieser Brauch des gemeinsam getragenen Freundesmahles war im griechisch-römischen Bereich verbreitet und lag deshalb für die Korinther als zum christlichen Glauben bekehrten Heiden auch als Form des Zusammenkommens in der christlichen Gemeinde nahe.[26]

Durch die Zusammensetzung der korinthischen Gemeinde aus sozial unterschiedlichen Schichten entstanden nun allerdings Probleme bei der Mahlfeier: Die meisten Gemeindeglieder gehörten zur sozialen Unterschicht, es gab aber auch einige Wohlhabende und Vornehme (vgl. 1 Kor 1,26). Die letzteren waren es vermutlich auch, welche die Häuser für die Zusammenkünfte zur Verfügung stellen konnten.[27] Zum gemeinsamen Mahl konnten die Reicheren sicherlich mehr und besseres Essen mitbringen als die Armen. Denkbar ist auch, dass sie früher kamen und bereits mit dem Essen begannen, während die Ärmeren länger arbeiten mussten und erst später dazustießen. Dass einer betrunken ist, während ein anderer hungert (so 11,21), könnte demnach auf die Zusammensetzung der Gemeinde aus unterschiedlichen sozialen Schichten hindeuten. Diese Konstellation verbirgt sich vermutlich auch hinter den in Vers 18 erwähnten Spaltungen, die den Anlass für die paulinischen Ausführungen darstellen.

Zusammenkünfte von Menschen aus sozial unterschiedlichen Gruppen waren in der Antike eher ungewöhnlich. Es handelt sich also um ein für die christliche Gemeinde in besonderer Weise charakteristisches Phänomen, das zu dem beschriebenen Problem führte. Paulus zufolge steht die von den Korinthern geübte Praxis in diametralem Widerspruch zum Charakter des Mahles der Gemeinde Jesu Christi. Er spricht den korinthischen Zusammenkünften deshalb rundweg ab, Feier des Herrenmahls zu sein (11,20). Das entscheidende Fehlverhalten sieht er darin, dass kein gemeinsames Mahl gefeiert wird, sondern jeder sein eigenes Mahl zu sich nimmt. Der wichtige begriffliche Gegensatz des Textes besteht deshalb zwischen den Kennzeichnungen der Mähler als „Individualmahl" und „Herrenmahl". Die „Individualmähler" (Vers 21) und das daraus entstehende Ungleichgewicht von Hungernden und Betrunkenen (11,21) sind für Paulus eine Verachtung der Gemeinde Gottes und eine Beschämung der Nicht-Habenden (11,22). Er weist die Korinther deshalb an, die „Individualmähler" in den eigenen Häusern einzunehmen, das Herrenmahl dagegen als Gemeinschaftsmahl zu feiern, bei dem es darauf ankommt, dass man aufeinander wartet, sich als gleichwertig annimmt und die mitgebrachten Speisen miteinander teilt (11,21.33).

Mit seiner Anweisung, die „Individualmähler" in den eigenen Häusern zu genießen, will Paulus nicht, wie in der älteren Forschung mitunter angenommen, eine Trennung von Sättigungs- und Kultmahl einführen. Dagegen spricht schon, dass Paulus die Gemeinde dazu anhält, eine gemeinsame sättigende Abendmahlzeit zu feiern. Dies muss aber als *Herren*mahl geschehen. Paulus geht also – das entspricht ganz dem antiken Verständnis – davon aus, dass ein Gemeinschaftsmahl nicht nur der Sättigung dient, sondern weiterreichende, vor allem religiöse, die Gemeinschaft ihres Grundes versichernde Inhalte besitzt. Für die christliche Gemeinde geht dieser Inhalt aus den gleich im Anschluss zitierten Einsetzungsworten hervor. Die Anweisung des Paulus lässt sich deshalb so paraphrasieren: Wenn ihr einfach nur satt werden wollt, dann esst zu Hause, wenn ihr aber ein Gemeinschaftsmahl feiern wollt, das sich auf Jesus Christus als Grund und Mitte eurer Gemeinschaft bezieht, dann muss dies ein Herrenmahl sein.

Paulus begründet seine Anweisungen mithilfe der sogenannten „Einsetzungsworte", die er den Korinthern bereits früher mitgeteilt hatte und an die er sie nunmehr erinnert. Wie die in 11,23a gebrauchten Termini der Traditionsübermittlung, „empfangen" und „weitergeben"[28], zeigen, handelt es sich um eine geprägte Überlieferung, für die der Bezug des urchristlichen Mahles zum letzten Mahl Jesu eine zentrale Rolle spielte. Wenn Paulus sagt, er habe diese Überlieferung „vom Herrn empfangen", ist damit nicht gemeint, dass er sich auf eine Offenbarung beruft, in der ihm die Einsetzungsworte mitgeteilt worden wären. Darauf weist schon die auffällige Formulierung hin, er habe „vom Herrn empfangen, dass der Herr Jesus in der Nacht, in der er ausgeliefert wurde, das Brot nahm" usw. Diese Wendung zeigt vielmehr, gemeinsam mit den bereits genannten Termini der Traditionsübermittlung, dass Paulus hier aus urchristlicher Überlieferung schöpft, mit der er bereits früher bekannt geworden ist. Mit dem Hinweis auf die Herkunft vom Herrn betont Paulus, dass die Autorität des erhöhten Jesus hinter dieser Überlieferung steht.

Andererseits ist Paulus natürlich der Überzeugung, dass die Einsetzungsworte zu einem Ereignis im Leben des *irdischen* Jesus gehören – eben zum letzten Mahl vor seiner Auslieferung. Von Bedeutung sind sie für ihn aber vor allem deshalb, weil auch der *erhöhte* Herr als Autorität hinter ihnen steht. Dass der irdische Jesus nur als erhöhter Herr für Paulus Bedeutung besitzt, zeigt sich nicht zuletzt an seiner Bezeichnung des Mahles als „*Herren*mahl".

Zur zitierten Überlieferung gehören der Verweis auf die Nacht der Auslieferung Jesu, die Verteilung von Brot und Kelch durch Jesus, einschließlich der dabei gesprochenen Deuteworte, sowie die Anweisung, dieses Mahl zu seiner vergegenwärtigenden Erinnerung zu wiederholen. Dabei ist die „vergegenwärtigende Erinnerung" nicht auf das Gedenken an ein vergangenes Ereignis beschränkt, sondern bedeutet immer zugleich dessen Hereinholen in die Gegenwart, in der dieses Geschehen erneut Bedeutung gewinnt.[29] Diese Aufforderung zur vergegenwärtigenden Wiederholung bezieht sich dabei nicht auf die Einsetzungsworte selbst. Der Inhalt dieser Worte ist selbstverständlich der Auftrag zur erneuten *Feier* des Mahles, nicht zur erneuten Wiederholung der *Einsetzungsworte*. Deren Bezugspunkt ist vielmehr das gemeinsame Essen von dem damals durch den irdischen Jesus und heute durch den auferstandenen Herrn verteilten *einen* gebrochenen Brot und das Trinken aus dem von Jesus bzw. dem Herrn gereichten *einen* Kelch zu seiner Vergegenwärtigung.

Anhand der Überlieferung vom letzten Mahl Jesu stellt Paulus heraus, dass die zum Mahl versammelte Gemeinde in die Gemeinschaft derjenigen eintritt, an die Jesus Brot und Kelch als seinen Leib und sein Blut verteilt hat. Jesus ist also selbst der „Gastgeber", der die Dankgebete spricht und den beim Mahl Anwesenden durch Brechen und Verteilen des Brotes und Herumreichen des Kelches Anteil an der durch ihn hergestellten Gemeinschaft gewährt. Die Teilnahme an diesem Mahl ist deshalb sinnlich erfahrbarer Ausdruck der christlichen Gemeinschaft und der Teilhabe an dem durch Jesu Blut besiegelten Neuen Bund mit Gott. Bei der Feier des Herrenmahls werden Speisen und Getränke also als der vom Herrn selbst verteilte Leib und als sein von ihm verteiltes Blut von allen in gleicher Weise empfangen. Ein „Individualmahl", das jeder für sich selbst genießt, ohne auf andere Mahlteilnehmer zu achten, steht zu dieser an alle gerichteten Einladung Jesu in diametralem Widerspruch und ist deshalb kein Herrenmahl. Paulus entwickelt anhand der Einsetzungsworte also keine „Mahlliturgie" – der Verlauf der korinthischen Mahlfeier kann ruhig so bleiben, wie er ist; worauf es ihm ankommt, ist vielmehr das inhaltliche Verständnis des Mahles als *Herrenmahl* und die daraus folgenden Konsequenzen für den Umgang miteinander bei der Feier dieses Mahles.

Ein weiterer Aspekt geht aus dem von Paulus selbst hinzugefügten Satz in 11,26 hervor, mit dem er die zitierte Überlieferung interpretiert: Beim gemeinschaftlichen Mahl verkündigt die Gemeinde den Tod des Herrn, bis er kommt. Der Leib für die Gemeinde und das Blut des Neuen Bundes werden von Paulus also auf den Tod des Herrn bezogen – eine Deutung, die das „für euch" des Brotwortes für sich genommen nicht notwendigerweise besitzt. Das Herrenmahl ist also für Paulus Verkündigung des Todes des Herrn bis zu seiner Wiederkunft.

Die Gemeinde verbindet sich im Mahl mit den grundlegenden Ereignissen des Geschehens um Jesus Christus: Sie schaut zurück auf das letzte Mahl und den Tod des Herrn und voraus auf seine Wiederkunft. Damit ist auch deutlich, warum für Paulus die Gefahr so überaus groß ist, in welche die Gemeinde durch ihr Verhalten geraten ist. Unwürdiges Feiern des Herrenmahles richtet sich gegen den Leib des Herrn und zieht das Gericht nach sich, weshalb Paulus sogar einen Zusammenhang zwischen der korinthischen Mahlpraxis und den Kranken und Toten unter ihnen herstellen kann (11,27-30). Die Kranken und Toten sind dabei nicht diejenigen, die das Mahl unwürdig gefeiert haben. Vielmehr macht Paulus deutlich, dass unwürdiges Feiern die Gemeinschaft schädigt und es deshalb zu Krankheiten und Todesfällen gekommen ist. Diese Todesfälle werden als eine erzieherische Maßnahme des Herrn (Vers 32) gedeutet, die zu vermeiden gewesen wäre, wenn die Gemeinde ihr Verhalten selbst beurteilen und daraus die nötigen Konsequenzen ziehen würde (Verse 31f.).

Der im Mahl vergegenwärtigte Herr, die Verkündigung seines Todes und die Erwartung seiner Wiederkunft haben für Paulus also unmittelbare Konsequenzen für die Gestalt der dieses Mahl feiernden Gemeinschaft. Entscheidend dabei ist, dass soziale Unterschiede zwischen verschiedenen Mitgliedern dann keine Rolle spielen dürfen, wenn sich die Gemeinde im Namen ihres Herrn versammelt und das Mahl feiert, zu dem der Herr selbst „einlädt" und in dem seine Dahingabe in den Tod verkündigt wird. Wer dem nicht gerecht wird, wer also „den Leib nicht angemessen beurteilt" (11,29), der zieht sich das Gericht zu.

Die Einsetzungsworte sind nicht daran orientiert, den Korinthern einen Mahl*ablauf* zu verordnen. Weder geht Paulus erkennbar davon aus, dass die Einsetzungsworte bei der korinthischen Mahlfeier rezitiert worden wären, noch scheint der Verlauf der Mahlfeier in Korinth demjenigen der Einsetzungsworte entsprochen zu haben bzw. von Paulus auf der Grundlage dieser Worte korrigiert worden zu sein.[30] Diese Worte sind vielmehr ein *Argument*, das Paulus gegen die Art und Weise ins Feld führt, in der die Korinther ihr gemeinsames Mahl feiern. Mit ihrer Hilfe verdeutlicht Paulus die *Bedeutung* dieses Mahles, nicht seinen *Verlauf.*

Paulus geht es also nicht um eine bestimmte liturgische Gestalt des Mahles. Die zitierte Überlieferung spricht – in weitgehender Entsprechung zum jüdischen Mahlablauf – davon, dass am Beginn Dankgebet über dem Brot und Brechen des Brotes standen und nach dem Essen das Gebet über dem Kelch folgte. Dieser Mahlverlauf ist als Schilderung *des letzten Mahles Jesu* zu verstehen und Paulus zufolge nicht für das Mahl der korinthischen Gemeinde verbindlich. Die Einsetzungsworte spiegeln deshalb weder den Ablauf des korinthischen Mahles wider noch werden sie von Paulus dazu zitiert, einen solchen Ablauf festzuschreiben. Dies zeigt sich daran, dass er den Korinthern keine „Liturgie" ihrer Zusammenkünfte verordnet, sondern sie daran erinnert, dass der Herr sich in „seinem" Mahl den Mahlteilnehmern in Brot und Kelch selbst gibt.

Im Zentrum der paulinischen Ausführungen steht demnach der Auftrag an die korinthische Gemeinde, ihr Mahl in der Weise zu feiern, dass es dem vom Herrn selbst eingesetzten Mahl entspricht. Dass dabei auch die Einsetzungsworte gesprochen werden sollen, sagt Paulus nicht. Es ist auch nicht sonderlich wahrscheinlich, dass dies in der korinthischen Gemeinde der Fall war. Die Einsetzungsworte besagen vielmehr etwas über den Charakter des Mahles, in dem der erhöhte Herr die Speisen als „Gastgeber" verteilt und die Mahlteilnehmer zu einer Gemeinschaft zusammenschließt, deren Zentrum er selber ist. Einer solchen Gemeinschaft muss die Gestaltung des Mahles dadurch entsprechen, dass alle in gleicher Weise Anteil an Speisen und Getränken erhalten.

1.4 Auswertung

Paulus kommt im 1. Korintherbrief dreimal auf das Herrenmahl zu sprechen. In 10,3f. stellt er die Mahlelemente als geistliche Speise und geistlichen Trank dar, die jedoch – wie das Beispiel Israels zeigt – nicht automatisch vor Versündigung gegen Gott und darauf folgendem Strafgericht bewahren. In 10,16f. werden Segenskelch und gebrochenes Brot als Gemeinschaft des Blutes und Leibes Christi bezeichnet, die der Beteiligung an Götzenopfermahlzeiten entgegensteht (10,21). In 11,17-34 ermahnt er die Korinther zu einer angemessenen Feier des Herrenmahls, dessen unwürdiger Genuss eine Versündigung an dem im Mahl vergegenwärtigten Herrn bedeuten würde. Mit der Orientierung an Tod und Wiederkunft Jesu Christi sowie der Vorstellung von der Gemeinde als dem einen einheitlichen Leib stehen nicht zufällig zentrale Themen seiner Theologie auch im Mittelpunkt der Interpretation des Herrenmahls.

Paulus entwickelt sein Verständnis von Inhalt und daraus folgender Gestalt des Herrenmahls in Auseinandersetzung zum einen mit vergleichbaren Mahlfeiern in paganen und jüdischen Kontexten, zum anderen mit der korinthischen Mahlpraxis. Hierauf weisen sowohl die Betonung der Bedeutung des christlichen Abendmahls als Gemeinschaft des Blutes und Leibes Christi in 10,16 hin, in der die antike Vorstellung einer im Kultmahl hergestellten Verbindung mit der jeweiligen Gottheit zum Ausdruck kommt, als auch das in Kapitel 11 mithilfe der Einsetzungsworte kritisierte Mahlverhalten der Korinther. Die sakramentale Dimension, die das Gemeinschaftsmahl für Paulus besitzt, kommt dabei in der Bezeichnung von Speise und Trank als „geistlich" (10,3f.) und der damit verbundenen Warnung vor dem Beispiel Israels, der Analogie zu den Kultmählern Israels und der Heiden sowie in dem Verweis auf die vielen Kranken und Gestorbenen der korinthischen Gemeinde zum Ausdruck (11,30), die er auf ein verfehltes Verständnis und eine verfehlte Praxis des Herrenmahls zurückführt. Dies ist für Paulus nicht in einer magischen Vorstellung religiöser Mähler oder Mahlelemente, sondern – wie der Verweis auf das Gericht Gottes über die Wüstengeneration, derjenige auf das Kommen des Herrn in 11,26 sowie die in 11,27-32 gehäuft auftauchende Gerichtsterminologie zeigen – in der Erwartung des kommenden Gerichts begründet: Weil die Gemeinde im Mahl in verdichteter Weise ihre Verpflichtung auf den Herrn zum Ausdruck bringt, handelt es sich um einen für ihre Existenz konstitutiven, zugleich aber um einen besonders gefährdeten religiösen Akt, dessen unangemessener Vollzug ein Vergehen am „Leib des Herrn" selbst darstellt.

An zwei Stellen greift Paulus auf ihm bereits vorausliegende Formen der Herrenmahlsüberlieferung zurück: In 11,23b-25 zitiert er die Einsetzungsworte in einer Form, die sich – wie noch genauer zu zeigen sein wird – von derjenigen im Markus- und Matthäusevangelium unterscheidet. In der 10,16f. zugrunde liegenden Überlieferung wird dagegen auf Gebete angespielt, die über Kelch und Brot gesprochen wurden. Letztere Überlieferung besitzt Gemeinsamkeiten mit derjenigen in der Didache, aber auch mit den Einsetzungsworten im Markus- und Matthäusevangelium. Dieser Befund deutet auf einen komplexen überlieferungsgeschichtlichen Vorgang bereits hinter der ältesten schriftlichen Form einer Mahlüberlieferung hin.

Die gelegentlich vorgetragene These unterschiedlicher Ursprünge des Abendmahls lässt sich dagegen mit diesem Befund kaum vereinbaren. Dass Paulus innerhalb desselben Briefes in zwei eng beieinanderstehenden Abschnitten auf diese Überlieferungen zurückgreift, zeigt vielmehr, dass er dasselbe Mahl – nämlich das in der korinthischen Gemeinde gefeierte – mithilfe zweier verschiedener Überlieferungen interpretieren kann. Diese Überlieferungen sowie die korinthische Mahlpraxis zeigen weiter, dass sich die konkreten Gestaltungen urchristlicher Mähler an bekannte Formen antiker Mahlfeiern anlehnten. Das ist insofern nicht verwunderlich, als die frühen Christen aus eben diesem kulturellen und religiösen Kontext stammten. Bemerkenswert ist, dass Paulus diese Überlieferungen dazu verwendet, den Charakter der korinthischen Mahlfeier herauszustellen. Es geht ihm also um das inhaltliche Verständnis des Abendmahls als des Kultmahls der christlichen Gemeinde.

2. Das letzte Mahl als Passahmahl: Die Berichte des Markus-, Matthäus- und Lukasevangeliums

2.1 Markus- und Matthäusevangelium

Mk 14,12-31

14,12 Am ersten Tag der Ungesäuerten Brote, an dem man das Passah(lamm) schlachtete, sagen seine Jünger zu ihm: Wo willst du, dass wir hingehen und vorbereiten, damit du das Passahmahl essen kannst? 14,13 Und er schickte zwei seiner Jünger voraus und sagte zu ihnen: Geht in die Stadt, und es wird euch ein Mann begegnen, der einen Wasserkrug trägt. Folgt ihm! 14,14 Und wo er hineingeht, sagt zu dem Hausherrn: Der Lehrer spricht: Wo ist mein Raum, in dem ich mit meinen Jüngern das Passah essen kann?
14,15 Und er wird euch ein großes, mit Polstern ausgestattetes Obergemach zeigen, hergerichtet (für das Festmahl). Dort bereitet alles für uns vor.
14,16 Und die Jünger gingen los und kamen in die Stadt und fanden es so, wie er es ihnen gesagt hatte, und bereiteten das Passah vor.
14,17 Und als es Abend geworden war, kommt er mit den Zwölf. 14,18 Als sie zu Tisch lagen und aßen, sagte Jesus: Amen, ich sage euch: Einer von euch wird mich ausliefern, einer, der mit mir isst. 14,19 Da wurden sie betrübt, und einer nach dem anderen fragte ihn: Doch nicht etwa ich? 14,20 Er aber sagte zu ihnen: Einer von den Zwölf, einer, der mit mir in die Schüssel eintaucht.

Mt 26,17-35

26,17 Am ersten Tag der Ungesäuerten Brote gingen die Jünger zu Jesus und sagten: Wo willst du, dass wir dir das Passahmahl zu essen vorbereiten?

26,18 Er sagte: Geht in die Stadt zu dem und dem und sagt zu ihm: Der Lehrer sagt: Meine Zeit ist nahe. Bei dir halte ich mit meinen Jüngern das Passah.

26,19 Und die Jünger taten, wie Jesus ihnen aufgetragen hatte, und bereiteten das Passah vor.

26,20 Als es Abend geworden war, legte er sich mit den zwölf Jüngern zu Tisch. 26,21 Und als sie aßen, sagte er: Amen, ich sage euch: Einer von euch wird mich verraten und ausliefern. 26,22 Da waren sie sehr betrübt, und einer nach dem andern fragte ihn: Doch nicht etwa ich, Herr? 26,23 Er aber antwortete: Der, der mit mir die Hand

Markus, Matthäus, Lukas | 41

14,21 Der Menschensohn geht zwar dahin, wie über ihn geschrieben steht. Doch wehe dem Menschen, durch den der Menschensohn ausgeliefert wird. Es wäre gut für jenen Menschen, er wäre nicht geboren worden.	in die Schüssel eintaucht, wird mich ausliefern. 26,24 Der Menschensohn geht zwar dahin, wie über ihn geschrieben steht. Doch wehe dem Menschen, durch den der Menschensohn ausgeliefert wird. Es wäre gut für ihn, wenn jener Mensch nicht geboren worden wäre. 26,25 Judas, der ihn auslieferte, antwortete und sprach: Doch nicht etwa ich, Rabbi? Er sagt zu ihm: Du hast es gesagt.
14,22 Und als sie aßen, nahm er Brot und sprach den Lobpreis, brach es und gab es ihnen und sagte: Nehmt, dies ist mein Leib. 14,23 Und er nahm einen Kelch, sprach das Dankgebet, gab ihnen den und sie tranken alle daraus. 14,24 Und er sagte zu ihnen: Dies ist mein Blut des Bundes, das für viele vergossen ist. 14,25 Amen, ich sage euch: Ich werde nicht mehr vom Gewächs des Weinstocks trinken, bis zu jenem Tag, an dem ich es von Neuem trinken werde im Reich Gottes.	26,26 Als sie aßen, nahm Jesus Brot und sprach den Lobpreis, brach es und gab es den Jüngern und sagte: Nehmt, esst, dies ist mein Leib. 26,27 Und er nahm einen Kelch, sprach das Dankgebet, gab ihnen den und sagte: Trinkt alle daraus, 26,28 denn dies ist mein Blut des Bundes, das für viele vergossen ist zur Vergebung der Sünden. 26,29 Ich sage euch aber: Ich werde von jetzt an nicht mehr von diesem Gewächs des Weinstocks trinken, bis zu jenem Tag, an dem ich es von Neuem mit euch trinken werde im Reich meines Vaters.
14,26 Nach dem Lobgesang gingen sie zum Ölberg hinaus. 14,27 Da sagt Jesus zu ihnen: Ihr werdet alle Anstoß nehmen; denn es steht geschrieben: Ich werde den Hirten schlagen, und die Schafe werden zerstreut werden. 14,28 Aber nachdem ich auferweckt sein werde, werde ich euch nach Galiläa vorausgehen. 14,29 Petrus aber sagte zu ihm: Auch wenn alle (an dir) Anstoß nehmen werden, ich nicht! 14,30 Und Jesus sagt zu ihm: Amen, ich sage dir:	26,30 Nach dem Lobgesang gingen sie zum Ölberg hinaus. 26,31 Da sagte Jesus zu ihnen: Ihr alle werdet Anstoß an mir nehmen in dieser Nacht; denn es steht geschrieben: Ich werde den Hirten schlagen, und die Schafe der Herde werden zerstreut werden. 26,32 Aber nachdem ich auferweckt sein werde, werde ich euch nach Galiläa vorausgehen. 26,33 Petrus aber erwiderte ihm: Und wenn alle an dir Anstoß nehmen, ich werde niemals an dir Anstoß nehmen! 26,34 Jesus sprach zu ihm:

Noch heute Nacht, ehe der Hahn zweimalkräht, wirst du mich dreimal verleugnen. 14,31 Er aber sagte eindringlich: Wenn ich auch mit dir sterben müsste, werde ich dich nicht verleugnen. In gleicher Weise sprachen auch alle anderen.	Amen, ich sage dir: In dieser Nacht, noch ehe der Hahn kräht, wirst du mich dreimal verleugnen. 26,35 Petrus sagt zu ihm: Und wenn ich mit dir sterben müsste, werde ich dich nicht verleugnen. Das Gleiche sagten auch alle anderen Jünger.

In den Evangelien des Markus, Matthäus und Lukas sind die Abendmahlsberichte Bestandteile der Passionserzählungen. Wenden wir uns zunächst dem vermutlich ältesten dieser Texte, demjenigen des Markusevangeliums, sowie dessen Übernahme im Matthäusevangelium zu, so fällt auf, dass der Mahlbericht einen wichtigen Platz innerhalb der Passionsereignisse einnimmt. Die Gesamtszene ist zwischen der Salbung in Bethanien (Mk 14,1-9) und dem Gebet Jesu im Garten Gethsemane (14,32-42) platziert. Zu ihr gehören die Schilderung der Mahlvorbereitung (14,12-16), die Ankündigung der Auslieferung (14,17-21), die Deuteworte über Brot und Kelch (14,22-25) sowie die Ankündigung der Verleugnung Jesu durch Petrus (14,26-31). Diese erzählerische Einbindung gibt, wie wir unten sehen werden, einen ersten Hinweis auf die Deutung des letzten Mahles. Ein weiteres Indiz ist aus den detaillierten Anweisungen Jesu an seine Jünger zu entnehmen, nach Jerusalem zu gehen und dort den Raum für das gemeinsame Passahmahl vorzubereiten. Das Mahl wird damit ausdrücklich als Passahmahl gekennzeichnet.

Über die Frage, ob diese Einordnung historisch zutreffend ist oder es sich um eine nachträgliche Einbindung des Mahles in den Zusammenhang eines Passahfestes handelt, gibt es eine lange und intensive Diskussion. Das historische Problem entsteht vor allem dadurch, dass das Johannesevangelium eine andere Chronologie überliefert, der zufolge das letzte Mahl bereits am Tag vor dem Beginn des Passahfestes stattfand, also selbst kein Passahmahl war. In beiden Darstellungen wird zudem der Kontext des Passahfestes auf je eigene Weise für die Deutung der Passionsereignisse fruchtbar gemacht: In den Berichten des Markus-, Matthäus- und Lukasevangeliums wird die Szenerie des Passahmahles für Jesu letztes Mahl herausgestellt, im Johannesevangelium fällt vom Passahkontext her Licht auf das Verständnis des Todes Jesu. Die exakte

Chronologie der Passionsereignisse wird zudem bis in die Gegenwart kontrovers diskutiert, was uns hier jedoch nicht weiter beschäftigen soll.

Von Bedeutung ist dagegen, dass die Berichte der Evangelien zwar die Passah*vorbereitungen* schildern, das letzte Mahl selbst dagegen keine spezifischen Merkmale eines Passahmahles aufweist. Der Auftrag zur Vorbereitung des Mahles soll vor allem die Souveränität Jesu sowie die wunderbare Auffindung des Raumes unterstreichen, dem Mahlbericht selbst fehlen entscheidende Bestandteile eines Passahmahles. Ungeachtet der chronologischen Differenzen stimmen die Berichte aller vier Evangelien jedoch darin überein, dass die Passionsereignisse im zeitlichen Umfeld eines Passahfestes stattfanden. Dieser Kontext ist demnach im Urchristentum schon sehr früh als Deutungsrahmen für die Passionsereignisse herangezogen worden. Dabei müssen die verschiedenen Bezüge (letztes Mahl als Passahmahl, Tod Jesu als Tod des Passahlammes) nicht gegeneinander ausgespielt werden. Möglicherweise zeigt sich dies schon bei Paulus, der in 1 Kor 11,23 in dem ausdrücklichen Verweis auf die „Nacht", in der Jesus ausgeliefert wurde, die Überlieferung vom letzten Mahl als Passahmahl voraussetzen könnte, in 1 Kor 5,7 dagegen Christus als „unser Passah(lamm)", das geschlachtet wurde, bezeichnet. Hier in 1 Kor 5 wird also das geschlachtete Passah*lamm* für die Deutung des Todes Jesu fruchtbar gemacht, nicht das von Jesus im Rahmen des Passahfestes eingesetzte *Mahl*. Der Passahkontext konnte also auf verschiedene Weise zur Interpretation der Passionsereignisse herangezogen werden, wobei die genaue historische Zuordnung der einzelnen Ereignisse offenbar nicht im Vordergrund des Interesses der urchristlichen Texte stand.

Die Darstellung des letzten Mahles Jesu als Passahmahl muss demnach vor allem als Bestandteil der oben beschriebenen erzählerischen Konzeptionen der Evangelien interpretiert werden. Das Mahl wird als ein von Jesus bewusst inszeniertes Ereignis beschrieben, bei dem er seine Auslieferung durch einen der Jünger ankündigt, in den auf Brot und Wein bezogenen Handlungen und Worten sein Wirken und seinen Tod deutet und dem die Voraussage des Verrats durch Petrus unmittelbar folgt. Der Bezug zum Passahmahl könnte dabei deshalb eigens betont worden sein, weil es sich beim Passah um ein zentrales jüdisches Fest handelt, in dessen Zentrum die Vergegenwärtigung der Befreiung Israels aus der ägyptischen Gefangenschaft als ein für Existenz und

Selbstverständnis Israels grundlegendes Ereignis steht. Vor diesem Hintergrund könnte in analoger Weise auch das letzte Mahl Jesu als ein für die Entstehung der christlichen Gemeinde grundlegendes Geschehen aufgefasst worden sein.

Ein weiterer Bezug könnte sich von daher ergeben, dass mit dem Passah die Bewahrung der Gemeinschaft durch Gott verbunden ist: Sowohl in Exodus/2 Mose 12 als auch im Jubiläenbuch (einer jüdischen Schrift aus dem 2. Jahrhundert v. Chr., welche die Ereignisse von der Schöpfung bis zum Auszug aus Ägypten midraschartig nacherzählt) Kapitel 49, wird berichtet, dass die Israeliten vor dem Verderber bzw. vor dem Dämonenfürsten Mastema beschützt werden. Von daher fällt Licht auf die auffällige Verknüpfung der Auslieferung Jesu durch Judas mit dem Mahlkontext: Derjenige aus dem Zwölferkreis, der durch seinen Verrat den Begründer der Gemeinschaft dem Tod ausliefert und die Gemeinschaft gefährdet, wird von Jesus im Matthäusevangelium direkt, im Markusevangelium dagegen nicht ausdrücklich identifiziert, bevor die Bedeutung des Mahles für die christliche Gemeinschaft erläutert wird. Damit soll – jedenfalls für die Leser des Markusevangeliums – entweder vor dem Mahl kenntlich gemacht werden, dass der Auslieferer, obwohl er noch anwesend ist, nicht mehr zur Gemeinschaft gehört, oder aber es bedeutet, dass sogar derjenige, der die Gemeinschaft von innen her zu zerstören sucht, auf gleiche Weise an den Heilsgaben des Mahles teilhat. Eventuell lässt sich auch die im unmittelbaren Anschluss erzählte Verleugnung des Petrus in diesem Zusammenhang verstehen. Mit ihr wird – aus nachösterlicher Perspektive – die Gefährdung vor Augen geführt, in der die Gemeinschaft durch Anfechtungen wie diejenigen durch Judas und Petrus steht.

In den das Mahl begleitenden und es deutenden Handlungen und Worten sind ebenfalls die Züge seiner narrativen Einbindung festzustellen. Jesus führt nicht nur die Gesten des Brotbrechens und Segnens durch, es werden auch das Darreichen von Brot und Kelch (14,22f.), die Aufforderung an die Jünger zum Nehmen (Vers 22) sowie das Trinken aller Mahlteilnehmer (Vers 23) erzählt. Dass im Markus- und Matthäusevangelium keine ausdrückliche Anordnung zur Wiederholung des Mahles erfolgt, erklärt sich vor diesem Hintergrund: Die urchristliche Mahlüberlieferung wird im Wirken Jesu verankert, wobei davon auszugehen ist, dass die Feier des Mahles in der Gemeinde natürlich im Hintergrund steht.

Die Verankerung des letzten Mahles Jesu wie auch des Abendmahls der christlichen Gemeinde zeigt sich darüber hinaus in den Anklängen der Szene des letzten Mahles an die Erzählung von der Speisung der 5000:

> „Und er nahm die fünf Brote und die zwei Fische, blickte zum Himmel, sprach das Dankgebet und brach die Brote und gab sie seinen Jüngern …" (Mk 6,41).

Das letzte Mahl wird auf diese Weise in den größeren Zusammenhang derjenigen Mähler gestellt, die Jesus während seiner vorausgegangenen Wirksamkeit gefeiert hatte und die im letzten Mahl, das durch die Darstellung als Passahmahl und die Deuteworte besonders herausgehoben wird, kulminieren.

In den Mahlhandlungen werden gebrochenes Brot und gemeinsamer Kelch in mit 1 Kor 11 vergleichbarerweise auf Leib und Blut Jesu bezogen. Standen sie sich bei Paulus als „mein Leib für euch" und „der Neue Bund in meinem Blut" gegenüber, so wird hier vom gebrochenen und verteilten Brot nur gesagt: „Das ist mein Leib", der herumgereichte Kelch wird als das „für viele vergossene Bundesblut" bezeichnet.

Auf die Einsetzungsworte als eigene Mahlüberlieferung, die in den Evangelien des Markus, Matthäus und Lukas mit den Passionsberichten verbunden wurde, ist an späterer Stelle einzugehen. Hier sei deshalb vermerkt, dass die Deuteworte im Markus- und Matthäusevangelium auf eine mit der von Paulus zitierten sowie im Lukasevangelium belegten eng verwandte Überlieferung zurückzuführen sind. Gemeinsam sind die Deutung von gebrochenem Brot auf den Leib Jesu, die Deutung des gemeinsamen Kelches bzw. seines Inhalts auf das Blut Jesu als Bundesblut sowie die Betonung seiner Heilswirkung („für euch/für viele"). Daneben gibt es einige Unterschiede zwischen den einzelnen Fassungen, auf die zurückzukommen sein wird.

Ein auffälliger Zug im Matthäusevangelium, der bereits an dieser Stelle zu besprechen ist, ist die nähere Ausdeutung des vergossenen Bundesblutes durch die Wendung „zur Vergebung der Sünden" im Kelchwort. Zwar ist davon auszugehen, dass auch bei den anderen Versionen die Vergebung der Sünden zur Erneuerung des Bundes bzw. zu einem neuen Bundesschluss gehört. Gerade dann fällt aber um so mehr auf, dass sie im Matthäusevangelium noch einmal eigens betont wird.

Der Grund hierfür liegt darin, dass das Thema Sünde und Vergebung im Matthäusevangelium insgesamt eine herausgehobene Bedeutung besitzt. Das geht bereits daraus hervor, dass der Name „Jesus" in

Mt 1,21 durch die Erläuterung „Er wird nämlich sein Volk von ihren Sünden retten" gedeutet wird. Die durch das Kommen Jesu in der Gemeinde ermöglichte – und von ihr deshalb auch geforderte – Sündenvergebung spielt im weiteren Verlauf der Jesuserzählung des Matthäusevangeliums eine wichtige Rolle: Jesus lehrt die Jünger, dass sie den Vater im Gebet um den Erlass ihrer Schulden bitten sollen (6,12), es gibt einen engen Zusammenhang zwischen der Vergebungsbereitschaft Gottes und derjenigen der Menschen untereinander (6,14f.; 18,23-35), die Vollmacht Jesu zur Vergebung der Sünden wird ausdrücklich auf alle Menschen übertragen (9,8).

Die ausdrückliche Erwähnung der Sündenvergebung durch das vergossene Bundesblut Jesu in den Einsetzungsworten erklärt sich vor diesem Hintergrund. Die neue, von der Vergebung bestimmte Ordnung der Gemeinde wird hier noch einmal ausdrücklich als Inhalt des Bundes benannt, der durch das Kommen Jesu zwischen Gott und den Menschen geschlossen wurde und der durch sein Blut – also durch seinen Tod – vollendet wurde.

Dem Ausblick auf die Wiederkunft des Herrn im 1. Korintherbrief entspricht in den Einsetzungsberichten der Evangelien das im Anschluss an die Deuteworte gesprochene sogenannte „Verzichtswort" Jesu: Er werde nicht mehr vom Gewächs des Weinstocks trinken, bis zu dem Tag, an dem er von neuem davon trinken werde im Reich Gottes/seines Vaters (Mk 14,25/Mt 26,29). Dieser Ausblick auf die Vollendung der Gottesherrschaft, der hier den zweiten Teil des Kelchwortes bildet, bindet die Deuteworte in die Verkündigung Jesu von der in seinem Wirken anbrechenden Gottesherrschaft ein. Er lässt sich deshalb wesentlich leichter als Bestandteil der auf Jesus selbst zurückgehenden Überlieferung verstehen als die bereits durch den christlichen Überlieferungsprozess geprägten Einsetzungsworte und die Bundesthematik. Jesus könnte mit diesem Wort auf die Vollendung der Gottesherrschaft vorausgeblickt haben, die er in naher Zukunft erwartete. Er könnte zudem angesichts der für ihn bereits brisanten Situation in Jerusalem seinen Tod vor Augen gehabt und ihn zur endgültigen Aufrichtung der Gottesherrschaft in Beziehung gesetzt haben. Bei dem Verzichtswort dürfte man somit bezüglich der historischen Rückführung der Abendmahlsüberlieferung auf Jesus festeren Boden unter den Füßen haben als bei den Einsetzungsworten. Hierauf wird zurückzukommen sein.

Durch den Kontext des Passahmahles wird das letzte Mahl Jesu demnach zum Gründungsdatum der christlichen Gemeinschaft. Die entscheidende Gemeinsamkeit besteht in der jeweiligen Bedeutung des Mahles für die Konstitution der Gemeinschaft. Nähere Analogien zwischen beiden Mählern lassen sich dagegen nicht feststellen. Das letzte Mahl Jesu erhält seinen entscheidenden inhaltlichen Impuls vielmehr durch die Verknüpfung mit seiner Wirksamkeit, die den Hintergrund für das Verständnis dieses Mahles abgibt. Eine in der Forschung mitunter vermutete christliche Neubesetzung des Passahfestes durch das christliche Abendmahl ist dabei im Neuen Testament noch nicht festzustellen. Eine derartige Gegenüberstellung, einschließlich eines damit verbundenen polemischen Akzents gegenüber dem Judentum, begegnet vielmehr erst in der späteren Theologiegeschichte. Sie hat ihren Hintergrund in der Praxis kleinasiatischer Gemeinden des 2. Jahrhunderts, das Osterfest am Datum des Passah zu feiern. Das Passah wurde dabei in typologischer, deutlich antijüdisch akzentuierter Weise dem Passionsgeschehen gegenübergestellt. Ein Beispiel hierfür ist die Passahhomilie des Melito, Bischof der kleinasiatischen Stadt Sardes, aus der zweiten Hälfte des 2. Jahrhunderts. Für die neutestamentliche Überlieferung ist dagegen der Gedanke einer Ersetzung des jüdischen Passah durch das christliche Abendmahl noch nicht im Blick. Die Frage des Verhältnisses von jüdischem Passah und christlichem Abendmahl nehmen wir bei der Besprechung des nächsten Textes, der Abendmahlsüberlieferung des Lukasevangeliums, wieder auf.

2.2 Lukasevangelium

22,7 Es kam der Tag der Ungesäuerten Brote, an dem das Passahlamm geschlachtet werden musste. 22,8 Und er schickte Petrus und Johannes los und sagte: Geht und bereitet das Passah für uns vor, damit wir es essen können. 22,9 Sie fragten ihn: Wo willst du, dass wir es vorbereiten? 22,10 Er antwortete ihnen: Siehe, wenn ihr in die Stadt hineinkommt, wird euch ein Mann begegnen, der einen Wasserkrug trägt. Folgt ihm in das Haus, in das er hineingeht, 22,11 und sagt zu dem Hausherrn: Der Lehrer sagt: Wo ist der Raum, in dem ich das Passah mit meinen Jüngern essen kann? 22,12 Und jener wird euch ein großes, mit Polstern ausgestattetes Obergemach zeigen. Dort bereitet es vor. 22,13 Sie gingen und fanden alles, wie er es ihnen gesagt hatte, und bereiteten das Passah vor.
22,14 Und als die Stunde gekommen war, legte er sich nieder zu Tisch und die Apostel mit ihm. 22,15 Und er sprach zu ihnen: Mich hat sehnlich verlangt, dieses Passahmahl mit euch zu essen vor meinem Leiden. 22,16 Ich sage euch nämlich: Ich werde es nicht mehr essen, bis es vollendet werden wird im Reich

> Gottes. 22,17 Und er nahm einen Kelch, sprach das Dankgebet und sagte: Nehmt diesen und teilt ihn unter euch. 22,18 Ich sage euch nämlich: Ich werde von jetzt an nicht mehr trinken von dem Gewächs des Weinstocks, bis das Reich Gottes kommt. 22,19 Und er nahm Brot, sprach das Dankgebet, brach es und gab es ihnen und sprach: Dies ist mein Leib, der für euch gegeben ist; tut dies zu meiner Vergegenwärtigung. 22,20 Und ebenso den Kelch nach dem Mahl und sagte: Dieser Kelch ist der Neue Bund in meinem Blut, das für euch vergossen ist.

Gegenüber den Berichten im Markus- und Matthäusevangelium weist der Text des Lukasevangeliums etliche Besonderheiten auf: Das letzte Mahl ist als Abschiedsmahl mit Anweisungen an die Zurückbleibenden gestaltet, den eigentlichen Einsetzungsworten geht eine Szene voraus, die das Mahl in den Horizont des endzeitlichen Passahmahles rückt, schließlich liegt der Text in verschiedenen Fassungen vor: dem sogenannten „Kurztext", der nur bis „das ist mein Leib" (Vers 19) reicht, sowie dem sogenannten „Langtext", der oben abgedruckt ist und im Folgenden besprochen wird.[31] Aufgrund dieser Eigenheiten wurde in der Forschung häufiger angenommen, der Text des Lukasevangeliums gehe auf eine Sonderquelle zurück, in der das letzte Mahl als endzeitliche Erfüllung des Passahmahles dargestellt worden sei. Dies erscheint jedoch unnötig, denn der Text lässt sich als Komposition des Verfassers im Kontext seines Gesamtwerkes (Lukasevangelium und Apostelgeschichte) plausibel machen.

Die eigentliche Mahlszene beginnt in Vers 14 und wird in Vers 15 mit einem Wort Jesu über das letzte Passah mit seinen Jüngern vor seinem Leiden eröffnet. Dieser Satz kennzeichnet das folgende Mahl als Passahmahl, das Jesus mit seinen Jüngern vor seinem Leiden feiern wird. Dieses gemeinsame Passah wird im Folgenden näher beschrieben.

Zunächst wird es in den Versen 16-18 in den Horizont der Vollendung des Gottesreiches gerückt. Dabei entsprechen sich in Vers 16 und 18 die Worte über das Essen des Passah und das Trinken des Kelches („Ich sage euch nämlich: Ich werde nicht mehr essen ..." – „Ich sage euch nämlich: Ich werde nicht mehr trinken ..."). Im Zentrum steht jeweils der Ausblick auf das künftige Essen und Trinken Jesu im Gottesreich. Damit steht das letzte Mahl in Korrespondenz zu einem endzeitlichen Passahfest.

Davon abgesetzt sind in den Versen 19f. die eigentlichen Einsetzungsworte über Brot und Kelch, in denen auch der an das Brotwort angefügte Wiederholungsauftrag („Tut dies zu meiner Vergegenwärtigung") begegnet. Die Fassung dieser Worte steht derjenigen bei Paulus in

1 Kor 11 näher als der Version des Markus- und Matthäusevangeliums: Wie bei Paulus findet sich im Lukasevangelium die Wendung „für euch" auch beim Brotwort, der gemeinsam getrunkene Kelch wird bei beiden als „Neuer Bund in meinem Blut" bezeichnet. Schließlich enthält das Lukasevangelium den Auftrag zur Vergegenwärtigung Jesu (22,21). Dieser entspricht der zweimaligen Aufforderung zur vergegenwärtigenden Erinnerung in Brot und Kelch bei Paulus in 1 Kor 11. Der Verfasser des Lukasevangeliums hatte demnach Zugang zu einer Fassung der Einsetzungsworte, die mit derjenigen in 1 Kor 11 verwandt ist, und verbindet diese mit Aspekten der Version des Markusevangeliums. Auf diese Thematik werden wir weiter unten zurückkommen. Hier gehen wir zunächst nur auf die Spezifika der Aussagen der Abendmahlsüberlieferung im Lukasevangelium ein.

Die Darstellung des letzten Mahles im Lukasevangelium zielt darauf, dieses Mahl und das Mahl im Gottesreich in Entsprechung zueinander zu setzen. Zwischen beiden Mählern liegt das von der Gemeinde zu feiernde Mahl, in das Jesus die Jünger bei seinem letzten Mahl einweist. Lukas schafft auf diese Weise einen zeitlichen Rahmen um das Abendmahl der christlichen Gemeinde: Es wird beim letzten Passahmahl Jesu eingesetzt und in der Zeit bis zum Passahmahl im Gottesreich gefeiert. Von diesen Passahmählern ist es zudem als „Brotbrechen" unterschieden.

Letzteres geht auch daraus hervor, dass der auch in 1 Kor 11 begegnende Auftrag zur Vergegenwärtigung Jesu im Lukasevangelium nur beim Brotwort steht. Der Grund dafür ist deutlich: Lukas wird später – sowohl in der Begegnung des Auferstandenen mit den Emmausjüngern als auch in der Apostelgeschichte – nur vom „Brotbrechen" sprechen, wenn er das von der nachösterlichen Gemeinde gefeierte Mahl erwähnt. Dies zeigt, dass er den Ausdruck „Brotbrechen" als Bezeichnung für das urchristliche Mahl kennt und ihn mit den Einsetzungsworten derart verbindet, dass hier das Brechen des Brotes als zu wiederholende Handlung gekennzeichnet wird.

Eine weitere wichtige Facette des lukanischen Textes ist, dass die Darstellung des letzten Mahles als Abschiedsszene mit testamentarischen Verfügungen für die kommende Zeit gestaltet ist. Im Anschluss an die Kennzeichnung des Mahles als letztes Passah, den Auftrag zu seiner Vergegenwärtigung im Brotbrechen und die Ansage der Auslieferung des Menschensohnes durch einen aus der Mahlgemeinschaft erteilt Jesus verschiedene Belehrungen (22,24-38): Er unterweist die Jünger über

Herrschen und Dienen, er verheißt ihnen die zukünftige Teilhabe an der Herrschaft im Gottesreich und er bereitet sie auf die Zeit ohne ihn vor, die von der gemeinsamen Zeit ausdrücklich unterschieden wird.

Die auf diese Weise gestaltete Mahlszene knüpft an frühere Mahlszenen im Lukasevangelium an[32] und blickt zugleich auf die Zeit der Zeugenschaft voraus, die dann in der Apostelgeschichte dargestellt werden wird. Die Einsetzung des Mahles als „Brotbrechen" steht hier also im größeren Zusammenhang des Abschieds Jesu und der Vorbereitung auf die sich daran anschließende Zeit. Lukas greift damit die Gattung der testamentarischen Rede auf, die dann im Johannesevangelium durch den großen Komplex der Abschiedsreden, die ebenfalls im Rahmen des letzten Mahles Jesu mit den Seinen gehalten werden, noch einmal aufgenommen wird.

Schließlich ist auf die Verbindung der Einsetzung des Mahles durch den irdischen Jesus mit dessen erneuter Feier durch den Auferstandenen hinzuweisen. In Lk 24,30-35 erkennen die beiden Emmausjünger Jesus am Segnen und Brotbrechen, was sie sogleich den in Jerusalem versammelten Jüngern berichten. Die entsprechenden Formulierungen weisen deutliche Anklänge an den Bericht vom letzten Mahl auf:

> 24,30: Und als er mit ihnen zu Tisch lag, nahm er das Brot, sprach das Segensgebet und brach es und gab es ihnen;
> 24,35: (Und sie berichteten den Elfen,) wie er von ihnen am Brotbrechen erkannt worden war.

Der Auferstandene erneuert hier also selbst die Mahlgemeinschaft mit seinen Jüngern – nunmehr aber als Brotbrechen, nicht als Passah. Auf diese Weise stellt Lukas heraus, dass Jesus als Auferstandener beim Brotbrechen der Gemeinde anwesend ist. Zugleich wird damit eine Verbindung zu den Mählern der urchristlichen Gemeinde hergestellt. Diese Mähler, von denen Lukas dann in der Apostelgeschichte berichten wird, sind mit dem letzten Mahl in Jerusalem und dem Mahl des Auferstandenen mit den Emmausjüngern durch den in Lk 24,35 zum ersten Mal begegnenden Ausdruck „Brotbrechen" verbunden. Dieser Ausdruck nimmt den Wiederholungsbefehl des letzten Mahles auf und wird in der Apostelgeschichte zur Bezeichnung für das Abendmahl der urchristlichen Gemeinde (Apg 2,42, vgl. 2,46; 20,7). Die Darstellung von Jesu letztem Mahl im Lukasevangelium blickt also auf die urchristlichen Mahlfeiern voraus, die dann in der Apostelgeschichte genannt werden.

2.3 Auswertung

Das Markus-, das Matthäus- sowie das Lukasevangelium führen das christliche Abendmahl auf ein letztes Mahl Jesu zurück, das dieser am Vorabend seines Todes als Passahmahl gefeiert hat. Dieses Mahl nimmt die Berichte über Mahlgemeinschaften während der irdischen Wirksamkeit Jesu auf und verdichtet sie zu einer programmatischen Szene, in der das Wirken Jesu und sein bevorstehender Tod gedeutet werden. Das letzte Mahl Jesu erhält auf diese Weise eine wichtige Brückenfunktion zwischen der Zeit des irdischen Jesus und derjenigen der nachösterlichen Gemeinde. Im Lukasevangelium wird dies besonders deutlich, wenn es in der Emmausepisode von der Erneuerung der Mahlgemeinschaft durch den Auferstandenen berichtet. Die bei Paulus in der kurzen Notiz von der „Nacht, in der der Herr Jesus ausgeliefert wurde" (1 Kor 11,23) anklingende historische Situation wird hier also ins Zentrum der Begründung der christlichen Mahlgemeinschaft gerückt. Dieses Ineinander von historischer Erinnerung und nachösterlicher Deutung ist das Spezifikum dieser Berichte.

Eine weitere Gemeinsamkeit mit Paulus besteht in den Einsetzungsworten, mit denen Brot- und Kelchhandlung auf Leib und Blut Jesu bzw. den Neuen Bund gedeutet werden. Dabei hat der frühchristliche Überlieferungsprozess zu zwei einander nahestehenden Ausprägungen der Einsetzungsworte (einerseits im Markus- und Matthäusevangelium, andererseits bei Paulus und im Lukasevangelium) geführt. Deren jeweilige Merkmale werden weiter unten zu besprechen sein. Anders als bei Paulus wird in den oben besprochenen Berichten der Evangelien der Passahkontext für die Deutung des Mahles fruchtbar gemacht. Zwar sind die direkten Bezüge zur Passahfeier wenig ausgeprägt, jedoch kann eine Analogie darin gesehen werden, dass das Mahl als ein für die Konstitution der nachösterlichen Gemeinschaft grundlegendes Ereignis betrachtet wird. Das Abendmahl wird hier also, veranlasst durch den narrativen Kontext der Passionsereignisse, in Analogie zu einem zentralen jüdischen Mahl gedeutet, wogegen Paulus es aufgrund der spezifischen korinthischen Situation im Gegenüber zu paganen Symposien bzw. Kultmählern interpretiert.

3. Apostelgeschichte

In der Apostelgeschichte, die an das Lukasevangelium anknüpft und es fortsetzt, werden an mindestens zwei Stellen urchristliche Mähler erwähnt.[33] In Kapitel 2 wird innerhalb eines Summariums das Leben der Jerusalemer Urgemeinde geschildert, Kapitel 20 berichtet davon, dass sich die Gemeinde in Troas im westlichen Kleinasien am ersten Wochentag zum Brotbrechen versammelt. An beiden Stellen wird das Mahl mit dem Ausdruck „Brotbrechen" bezeichnet, der auch in Lk 24,35 bei der Begegnung des Auferstandenen mit den Emmausjüngern begegnet war.

> 2,42 Sie verharrten aber bei der Lehre der Apostel und der Gemeinschaft, dem Brotbrechen und den Gebeten.

> 2,46 Und sie verharrten täglich einmütig im Tempel, brachen das Brot in den Häusern, nahmen die Speise zu sich mit Jubel und in Lauterkeit des Herzens.

> 20,7 Am ersten Tag der Woche, als wir versammelt waren, um das Brot zu brechen, redete Paulus zu ihnen, und da er am nächsten Tag weiterreisen wollte, zog er die Rede hin bis Mitternacht. 20,8 Es waren aber viele Lampen in dem Obergemach, in dem wir versammelt waren. 20,9 Ein junger Mann mit Namen Eutychus saß in einer Fensternische, und er fiel in tiefen Schlaf, weil Paulus so lange sprach. Als er in Schlaf gefallen war, fiel er aus dem dritten Stock hinunter, und man hob ihn tot auf. 20,10 Paulus ging hinunter, warf sich über ihn, umarmte ihn und sagte: Beunruhigt euch nicht. Sein Leben ist nämlich in ihm. 20,11 Dann ging er wieder hinauf, brach das Brot und aß und unterhielt sich mit ihnen bis zum Tagesanbruch. Dann verließ er sie. 20,12 Sie führten aber den jungen Mann lebend von dort weg und wurden reichlich getröstet.

Aus diesen Passagen der Apostelgeschichte geht hervor, dass ihr Verfasser urchristliche Versammlungen voraussetzt, zu denen ein als „Brotbrechen" bezeichnetes Mahl gehörte. Mit der Wendung „am ersten Tag der Woche" in 20,7 könnte dabei ein Beleg dafür vorliegen, dass diese Versammlungen am Sonntag, der auch „Herrentag" genannt wurde, stattfanden.[34] Ganz sicher ist diese Deutung allerdings nicht: Im Hintergrund könnte auch die jüdische Tradition stehen, der zufolge der Tag bereits am Vorabend beginnt. Das Mahl könnte deshalb – jedenfalls in der Sicht des Lukas – auch am Samstagabend stattgefunden haben. Näher liegt aber wohl die Deutung auf die Feier am Sonntagabend. Dafür spricht zum einen, dass Lukasevangelium und Apostelgeschichte sonst der römischen Tageseinteilung folgen, nach der ein Tag von Mitternacht bis Mitternacht dauerte, zum anderen der Brief des Plinius an Trajan, der für den Anfang des 2. Jahrhunderts eine Mahlfeier am Sonntagabend bezeugt.

Nicht ganz deutlich ist, ob aus der Erwähnung des ersten Tags der Woche in Apg 20,7 hervorgeht, dass *nur* am Sonntag, also wöchentlich, eine christliche Mahlfeier stattfand. Die Wendung „täglich" in Apg 2,46 könnte in eine andere Richtung weisen: Sie bezieht sich entweder nur auf den Tempelbesuch oder auf Tempelbesuch *und Brotbrechen*. Grammatisch ist die Frage nicht eindeutig zu entscheiden. Wäre letzteres der Fall, würde die Apostelgeschichte „tägliche" Mahlfeiern neben den Tempelgottesdiensten voraussetzen. Aus der Erwähnung des „ersten Tags der Woche" geht demnach nicht zwingend hervor, dass der Sonntag der *einzige* Tag für die urchristliche Mahlfeier war.

Ein weiterer Aspekt, der in Apg 20 mit der Feier des Brotbrechens verbunden ist, ist die Totenauferweckung des Eutychus. Dahinter kann die Vorstellung eines Zusammenhangs der Mahlfeier mit der Vermittlung von Leben vermutet werden, die, wie wir noch genauer sehen werden, verschiedentlich anzutreffen ist. Eine deutlichere Verbindung dieser Themen liegt in den später zu besprechenden Johannesakten vor, in der die Eucharistie ebenfalls mit Totenauferweckungen verbunden ist.

In Apg 2,42.46 wie in 20,7.11 ist zunächst auffällig, dass vom „Brotbrechen" die Rede ist, ohne dass dabei das letzte Mahl Jesu oder die Einsetzungsworte ausdrücklich erwähnt würden. Es ist deshalb vermutet worden, Lukas habe hier ältere Überlieferungen verarbeitet, die auf eine andere Mahlform (ohne Einsetzungsworte) bzw. auf die Fortsetzung der galiläischen Mähler Jesu weisen würden. Auf der Ebene des lukanischen Werkes ist jedoch zunächst deutlich, dass an die Feier desjenigen Mahles gedacht ist, das Jesus am Vorabend seines Todes eingesetzt und an das er als Auferstandener erneut angeknüpft hat. Die Jerusalemer Urgemeinde feiert der lukanischen Konzeption zufolge also dasjenige Mahl, dessen Wiederholung der irdische Jesus als Brotbrechen beim letzten Passah angeordnet hat.

Dass dahinter neben dem gottesdienstlichen Mahl gefeierte zusätzliche Mähler oder solche mit anderem Charakter als den bei Paulus oder in den Evangelien des Markus, Matthäus und Lukas geschilderten erkennbar würden, geht weder aus der Bezeichnung als „Brotbrechen" hervor noch weisen andere Indizien in diese Richtung. Erkennbar wird vielmehr eine variable Terminologie, die sich auch bei Paulus in der

Bezeichnung „Herrenmahl" sowie in dem am Beginn des 2. Jahrhunderts aufkommenden Ausdruck „Eucharistie" zeigt. Hinter diesen Bezeichnungen lassen sich bestimmte Aspekte erkennen, die für das Mahl als besonders charakteristisch angesehen wurden: das Mahl, das dem Herrn zugeschrieben ist, das Brotbrechen als für das Mahl charakteristische Handlung, die Dankgebete als dessen zentraler Inhalt.

Weiter ist bereits deutlich geworden, dass im Urchristentum kein fester Ablauf eines Abendmahls mit Einsetzungsworten existierte, dem hier ein zweiter „Typ" an die Seite treten würde. Lukas denkt offenbar an Mahlfeiern, die durch das Brotbrechen und -verteilen gekennzeichnet waren und in Kontinuität zum letzten Mahl Jesu standen. Möglich ist indes, dass in den Schilderungen des letzten Mahles Jesu im Lukasevangelium sowie den Erwähnungen der urchristlichen Mahlfeiern in der Apostelgeschichte Nachrichten von christlichen Mählern verarbeitet sind, die nur gelegentlich mit Wein gefeiert wurden, oder aber, dass dies die Praxis zur Zeit des Verfassers widerspiegelt.

Die These eines eigenen Typus urchristlicher Mahlfeiern kann sich demnach nicht auf die Apostelgeschichte berufen. Der Befund gibt vielmehr zu erkennen, dass ein urchristliches Mahl beschrieben wird, das – gemeinsam mit Lehre der Apostel, Gemeinschaft und Gebeten (Apg 2,42) – fester Bestandteil der urchristlichen Gemeindeversammlungen war. Erkennen lässt sich weiter, dass diese Versammlungen auf jeden Fall am Sonntag stattfanden, ohne dass damit ausgeschlossen wäre, dass die Gemeinde in der Woche zu weiteren Mahlfeiern zusammenkam. Ein anderes inhaltliches Verständnis als die Orientierung am letzten Mahl Jesu und die Feier der Gemeinschaft der urchristlichen Gemeinde lässt sich weder dem lukanischen Werk noch den darin verarbeiteten Überlieferungen entnehmen.

Einen eigenen Akzent der urchristlichen Mahlfeier setzt dem bisher Besprochenen gegenüber das Johannesevangelium, auf das wir im Folgenden eingehen.

4. Johannesevangelium

Auf eine im Vergleich mit den bislang besprochenen Texten eigenwillige Behandlung der Abendmahlsthematik stoßen wir im Johannesevangelium. Auffällig ist zunächst, dass sowohl das letzte Mahl Jesu mit seinen Jüngern als auch eine mit den Einsetzungsberichten bei Paulus und dem Markus-, Matthäus- und Lukasevangelium verwandte Überlieferung verarbeitet sind, beides jedoch nicht miteinander verbunden wurde. Die Zeichenhandlung beim letzten Mahl ist vielmehr die Fußwaschung in Kapitel 13, wogegen sich ein Bezug auf Fleisch und Blut Jesu, das gegessen und getrunken werden soll, innerhalb der Lebensbrotrede in Kapitel 6 findet.

Im Johannesevangelium ist die sakramentale Deutung des christlichen Abendmahles demnach aus der Situation des letzten Mahles Jesu in Jerusalem herausgelöst. Dieses Mahl wird stattdessen zu einer groß angelegten Abschiedsszene, in der Jesus die Jünger auf die Zeit nach seinem Weggang vorbereitet. Wenn das Johannesevangelium in seiner Endgestalt die Evangelien des Markus, Matthäus und Lukas voraussetzt – was wahrscheinlich ist –, könnte der Verfasser zur Gestaltung dieser Abschiedsszene vor allem durch das Lukasevangelium angeregt worden sein, das, wie gesehen, eine ähnliche Szenerie entworfen hatte. An vergleichbaren Motiven finden sich dabei die vorangestellte Erwähnung der Auslieferung durch Judas (Joh 13,2/Lk 22,3-6), die Belehrung über das Einander-Dienen (Joh 13,14-16/Lk 22,26f.) sowie der Dialog zwischen Jesus und Petrus über dessen herausgehobene Rolle unter den Jüngern und seine Verleugnung (Joh 13,6-10.36-38/Lk 22,31-34). Der Verfasser des Johannesevangeliums baut zudem die im Markus-, Matthäus- und Lukasevangelium angelegte Bedeutung der Mahlszene als Begründung der Gemeinschaft der zu Jesus Gehörenden durch den großen Komplex der Abschiedsreden in den Kapiteln 14-16 aus. Eine besondere Verdichtung erfährt dieses Thema zum einen in der Deutung der Fußwaschung als Anteilhabe an Jesus,[35] zum anderen im Bild von Jesus als Weinstock und den Seinen als den Reben (15,1-8). Die Mahlszene mit der Zeichenhandlung der Fußwaschung und den Abschiedsreden als testamentarischen Verfügungen für die nachösterliche Zeit stellt damit eine spezifisch johanneische Verarbeitung des letzten Mahles Jesu mit seinen Jüngern dar.

Die – möglicherweise durch die Einsetzungsworte inspirierte – Rede über das Essen des Fleisches und das Trinken des Blutes Jesu findet sich dagegen an anderer Stelle, nämlich innerhalb einer früheren Szene der Wirksamkeit Jesu in Joh 6,51-58. Nur an dieser Stelle findet sich im Johannesevangelium eine Deutung des Abendmahles, weshalb dieser Abschnitt, dem wir uns im Folgenden zuwenden, auch der „eucharistische Abschnitt" dieses Evangeliums genannt wird.

56 | Deutungen des Abendmahls im frühen Christentum

> 6,51 Ich bin das lebendige Brot, das vom Himmel herabgekommen ist. Wer von diesem Brot isst, der wird leben in Ewigkeit. Und das Brot, das ich geben werde, ist mein Fleisch für das Leben der Welt.
> 6,52 Da stritten die Juden miteinander und sagten: Wie kann dieser uns sein Fleisch zu essen geben? 6,53 Jesus sprach zu ihnen: Amen, Amen, ich sage euch: Wenn ihr nicht das Fleisch des Menschensohns esst und sein Blut trinkt, habt ihr kein Leben in euch. 6,54 Wer mein Fleisch isst und mein Blut trinkt, hat das ewige Leben, und ich werde ihn auferwecken am Jüngsten Tage. 6,55 Denn mein Fleisch ist die wahre Speise, und mein Blut ist der wahre Trank. 6,56 Wer mein Fleisch isst und mein Blut trinkt, der bleibt in mir und ich in ihm. 6,57 Wie mich der lebendige Vater gesandt hat und ich lebe um des Vaters willen, so wird auch, wer mich isst, leben um meinetwillen. 6,58 Dies ist das Brot, das vom Himmel herabgekommen ist. Es ist nicht wie bei den Vätern, die gegessen haben und gestorben sind. Wer dieses Brot isst, der wird leben in Ewigkeit.

Die Bedeutung des Textes erschließt sich über eine Betrachtung seines größeren Zusammenhangs. Dieser wird eingeleitet durch die Speisung der 5000 (6,1-15) sowie den anschließenden Seewandel (6,16-21). Die zuletzt genannte Episode führt sodann zu einem Dialog Jesu mit den Juden über die Bedeutung der Speisung (6,22-25): Die Menge fragt Jesus, wie er, ohne ein Boot zu benutzen, nach Kafarnaum gelangt sei, woraufhin Jesus sie dafür kritisiert, dass sie ihn nicht wegen der Zeichen suchen, – d.h., weil sie seine Tat nicht als Hinweis auf eine göttliche Wirklichkeit verstehen –, sondern weil sie satt geworden sind (6,26). Daran schließt sich ein Disput an (6,27-59), in dem Jesus die Menge über den Unterschied zwischen gewöhnlichem Brot, dem Manna in der Wüste und dem Brot des Lebens belehrt, der in den Versen 51-58 seinen Höhepunkt erreicht.

An früherer Stelle hatten wir notiert, dass sich im Markus-, Matthäus- und Lukasevangelium innerhalb der Erzählung von der Speisung der 5000 Anklänge an die Einsetzungsworte finden. Dieser Bezug zwischen einer Mahlgemeinschaft Jesu und deren über die Sättigung hinausgehender Bedeutung wird im Johannesevangelium explizit gemacht: Die wunderbare Speisung ist ein Zeichen, dessen eigentliche Bedeutung nicht im physischen Sattwerden der Menge liegt, sondern darin, dass es über die irdische Speise auf Jesus als denjenigen verweist, der Speise für das ewige Leben geben wird (6,27). Nicht zufällig begegnet dann auch innerhalb des Abschnitts mehrfach der stereotyp wiederholte Satz: „Und ich werde ihn auferwecken am letzten Tag." Damit wird der Bezug zwischen Jesus als „Brot des Lebens" und der künftigen Auferweckung desjenigen, der dieses Brot isst, zum Ausdruck gebracht.

Eine weitere Facette ist die durch den Hinweis der Menge auf das Manna in der Wüste veranlasste Gegenüberstellung von Mose und Gott: Nicht das damals von Mose gegebene Manna war, wie es in dem Schriftzitat heißt, „Brot vom Himmel", dieses gibt vielmehr jetzt Gott durch Jesus. Das „Brot des Lebens", von dem man essen muss, um das ewige Leben zu haben (6,48-51), ist nämlich, wie aus dem Ich-bin-Wort in 6,35.48.51 hervorgeht, Jesus selbst.[36] Doch was bedeutet es, von Jesus zu essen? Der Vers 6,35 ist hierfür aufschlussreich: Zu Jesus zu kommen und an ihn zu glauben, stillt Hunger und Durst, ist also Essen und Trinken des Brotes vom Himmel. Die Rede vom Essen und Trinken ist demnach eine Metapher, ein Bild für den Glauben an Jesus. So wie das Brot des Speisungswunders und das Manna Bilder für das wahre Brot vom Himmel sind, so wie die Rede vom „Brot des Lebens" wiederum ein Bild für Jesus ist, der bleibendes, ewiges Leben bringt, so ist auch „Essen" ein Bild für die Annahme Jesu und die bleibende, intensive Verbindung mit ihm.

Mit 6,51 geht der Text jedoch noch einen Schritt weiter: Jesus identifiziert jetzt nicht mehr einfach sich selbst, sondern sein „Fleisch", das er für das Leben der Welt geben wird, mit diesem Brot. Der hier verwendete Ausdruck „Fleisch" stellt einen Bezug zum Prolog des Johannesevangeliums her, wo vom Wort die Rede ist, das „Fleisch" geworden ist (1,14). Dieser Vers beschreibt die Annahme eines geschöpflichen und damit hinfälligen, sterblichen Lebens des Wortes Gottes in Jesus. Er verweist damit bereits in subtiler Weise auf den Tod als Erfüllung seines irdischen Weges voraus. Ebenso meint auch das „Geben" seines Fleisches für das Leben der Welt in 6,51 sein Sterben, das geheimnisvollerweise Heil schafft. In äußerst provokanter Weise verbindet Jesus schließlich die Rede vom Essen und Trinken mit dem Begriffspaar „mein Fleisch – mein Blut": Nur wer Jesu Fleisch isst und sein Blut trinkt, hat das ewige Leben (6,53-56). An diesem Punkt endet Jesu Rede und zugleich auch die Bereitschaft vieler Jünger, ihm zuzuhören. Sie empfinden Jesu Worte als „harte Rede" (6,60) und wenden sich von ihm ab (6,66).

Was ist mit diesem anstößigen Bild gemeint? Zunächst ist zu beachten, dass wir uns weiterhin innerhalb der Lebensbrotrede befinden, die oben erwähnte Deutung des Essens und Trinkens von Jesu Fleisch und Blut als Glauben an ihn also auch hier Geltung hat, ein tatsächliches Mahl dagegen nirgendwo erwähnt wird. Weiter steht das Begriffspaar Fleisch – Blut wie schon vorher für Jesus selbst. Gut zu erkennen ist dies in 6,57, wo statt von Fleisch und Blut Jesu von „ihm" die Rede ist.

Der Fokus liegt gerade bei diesen Begriffen (vgl. 1,14) auf dem Tod Jesu, seinem Sterben als Lebenshingabe, die anderen zugutekommt. Dies gilt es im Glauben anzunehmen, um an dem Leben, das er bringt, Anteil zu gewinnen, um „in ihm" zu bleiben (6,56).

Vor diesem Hintergrund ist nunmehr die Frage aufzuwerfen, was dieser Text speziell mit dem Abendmahl zu tun hat. Es wurde schon gesagt, dass von einem Mahl überhaupt nicht die Rede ist, und das „Brot des Lebens" ist ein Bild, dem in der vorgestellten Szenerie keinerlei „Mahlelemente" entsprechen. Der Text hat ausdrücklich die Person Jesu Christi zum Thema und nicht die Eucharistie.

Dennoch ist es kein Zufall, dass Joh 6,51-58 auch der „eucharistische Abschnitt" genannt wird. Besonders das Gegenüber von Fleisch und Blut, von Essen und Trinken sowie das Motiv des „Gebens" Jesu (6,51) erinnern deutlich an die Abendmahlsüberlieferungen bei Paulus und den drei anderen Evangelien. Es sind gewissermaßen eucharistische „Obertöne" zu hören, mit denen dieser Abschnitt, der Wirken, Wesen und Geschick Jesu Christi zum Inhalt hat, auch das Verständnis des Abendmahls vertieft, das zweifellos auch in der Gemeinde gefeiert wurde, die Adressatin des Johannesevangeliums ist. Das Johannesevangelium benutzt die Bildwelt des Abendmahls, um von dessen christologischem Zentrum zu sprechen: der lebendigen Beziehung zu Jesus. Blickt man von der Gestalt der Abendmahlsfeier her auf diesen Text, so kann man eine Konzentration auf die Elemente Brot und Wein entdecken, die ja tatsächlich verzehrt werden, während die weiteren Mahlhandlungen und -gebete in den Hintergrund treten.

Charakteristisch für das Johannesevangelium ist demnach, dass die in den Einsetzungsworten zum Ausdruck kommende Deutung der Mahlhandlungen auf die Person Jesu in den Gesamtentwurf des Evangeliums eingezeichnet wird. Die Beziehung zu Jesus wird dabei durch die Formulierung vom Essen des Fleisches und Trinken des Blutes Jesu intensiviert. Damit kommt ein zentrales Thema des Johannesevangeliums – die Gemeinschaft zwischen Jesus und den Seinen – zur Sprache.

In der Betonung des Fleisches Jesu kann ein Charakteristikum des Christusbildes des Johannesevangeliums gesehen werden, zu der auch die eigene Verarbeitung der Mahlüberlieferung gehört. Dieses Bild der Person Jesu Christi steht am Schnittpunkt zweier gewichtiger Einwände gegen die göttliche Natur Jesu: Von jüdischer Seite wurde gegen die Behauptung seiner Göttlichkeit auf seine menschliche Natur hingewiesen, wogegen eine bestimmte Richtung frühchristlicher Lehre genau umgekehrt das Menschsein Jesu bestritt und nur seine Göttlichkeit betonte. Das Johannesevangelium stellt dagegen heraus, dass das Menschsein Jesu nicht gegen seine Herkunft von Gott spricht, sondern gerade sein wahres Wesen erschließt.

Kennzeichnend ist somit zum einen, dass im Johannesevangelium die Gabe von Fleisch und Blut Jesu aus dem unmittelbaren Bezug der Passionsereignisse herausgelöst und stattdessen mit seiner vorausgegangenen Wirksamkeit – konkret: den durch Jesus ermöglichten Mahlgemeinschaften – verknüpft wird. Kennzeichnend ist weiter, dass die Verbindung mit Jesus bildhaft durch das Aufnehmen seines Fleisches und Blutes beschrieben wird, jedoch nicht an eine Mahlsituation gebunden ist. Eine hiermit verwandte Auffassung wird dann wieder bei Ignatius begegnen. Zu beachten ist vor allem, dass in Joh 6 nicht von einem *speziellen Mahl* berichtet wird, sondern in metaphorischer Weise von der Anteilhabe an Jesus *überhaupt* die Rede ist.

Der wesentliche Unterschied zur Darstellung des Abendmahls im Markus-, Matthäus und Lukasevangelium kann demnach an seinem metaphorischen Charakter deutlich gemacht werden: In den drei genannten Evangelien wird das *tatsächliche* Essen und Trinken der Glaubenden im Abendmahl als Vergegenwärtigung der Beziehung zu Jesus verstanden, im Johannesevangelium wird die Verbindung mit Jesus symbolisch als Essen und Trinken beschrieben. Die Ausführungen in Joh 6 und die Einsetzungsworte dürfen nicht ohne Beachtung dieser entscheidenden Differenz miteinander in Beziehung gesetzt werden, wie es in der Auslegungsgeschichte häufig geschehen ist.[37]

Einige inhaltliche Gemeinsamkeiten im Verständnis des Abendmahls lassen sich zwischen der Brotrede in Joh 6 und den Mahlgebeten der Didache feststellen, die im nächsten Abschnitt untersucht werden.

5. Didache

Bei der Didache handelt es sich um die erste christliche Kirchenordnung. Überliefert wurde sie unter der Autorität der (zwölf) Apostel. Sie enthält eine im Singular formulierte ethische Belehrung (die sogenannte „Zweiwegelehre", Kapitel 1-6), liturgische Anweisungen zum Taufen, Fasten, Beten sowie zur Feier des Abendmahls (7-10), solche zum Umgang mit Aposteln, Propheten und Lehrern (11-13) sowie Regelungen für den Gottesdienst (14-15). Am Ende steht eine apokalyptische Belehrung über die Ereignisse der letzten Tage (16).

Der vollständige griechische Text der Didache wurde 1873 von Philothetos Bryennios in einer Handschrift aus dem Jahr 1056 (dem sogenannten Codex Hierosolymitanus) entdeckt und 1883 erstmalig herausgegeben. Die Schrift wird allerdings bereits bei verschiedenen altkirchlichen Autoren wie Euseb, Athanasius und Didymus dem Blinden erwähnt. Sie stammt vermutlich aus dem frühen 2. Jahrhundert, ist also etwa zeitgleich mit den jüngeren Schriften des Neuen Testaments sowie den Briefen des Ignatius entstanden.

In der Didache sind vielfach ältere Überlieferungen verarbeitet, wie z.B. in der Zweiwegelehre, beim Vaterunser und auch in den Mahlgebeten. Einige dieser Überlieferungen haben Parallelen in neutestamentlichen Texten, wobei sich eine besondere Nähe zum Matthäusevangelium feststellen lässt. Andere sind dagegen erst durch die Didache bekannt geworden. Dazu gehören auch die uns hier interessierenden Mahlgebete. Insgesamt fällt auf, dass die in der Didache versammelten Überlieferungen eine deutliche jüdische Prägung aufweisen. Dies trifft auch für die Mahlgebete zu, wie gleich näher zu zeigen ist. Ähnlich wie beim Matthäusevangelium haben wir es also mit einem frühchristlichen Text zu tun, der für die Gestaltung christlichen Lebens häufig auf jüdisch geprägte Überlieferungen zurückgreift.

Mit der Didache setzt im Christentum die Fixierung liturgischer Gebete ein, die neben der Abgrenzung verbindlicher Schriften – der Entstehung des Kanons – einen weiteren wichtigen Bereich der Herausbildung des Christentums als einer eigenständigen Religionsgemeinschaft darstellt. Die nächste derartige Ordnung ist die ca. 100 Jahre später entstandene Traditio Apostolica. Die Didache ist dann ihrerseits in späteren Kirchenordnungen, wie z.B. den Apostolischen Konstitutionen und der Apostolischen Kirchenordnung, verarbeitet worden. Den komplizierten Fragen nach den oft schwer zu rekonstruierenden Textgrundlagen und den Verbindungen der Kirchenordnungen untereinander werden wir uns hier nicht widmen. Der hohe Stellenwert, den bereits die Didache für die Rekonstruktion des frühchristlichen Gemeindelebens – und damit auch für das Abendmahl – einnimmt, wird sich jedoch in der Besprechung der dort begegnenden Eucharistietexte zeigen. Auch wenn die Endgestalt der Schrift jüngeren Datums ist als die Briefe des Paulus und die Evangelien des Neuen Testaments, reichen die verarbeiteten Überlieferungen häufig in frühere Zeit zurück. Dies ist auch bei den uns hier interessierenden Mahlgebeten der Fall. Für die Entstehungsgeschichte des Abendmahls ist die Didache deshalb von überaus großer Bedeutung. Dies ist nun genauer zu zeigen.

Der erste zu besprechende Abschnitt findet sich in den Kapiteln 9 und 10. Dort werden Gebete angeführt, die über Kelch und Brot (in dieser Reihenfolge!) zu sprechen sind. Die Didache zitiert, was angesichts der besprochenen neutestamentlichen Abendmahlstexte auffällt, keine Einsetzungsworte und stellt auch keinen Bezug zum Tod Jesu her. Es wird sich allerdings zeigen, dass dies nur deshalb merkwürdig erscheint, weil den Einsetzungsworten im Laufe der Liturgiegeschichte des Christentums eine konstitutive Bedeutung zugewachsen ist. Diese ist für die Zeit der Didache dagegen noch nicht vorauszusetzen. In Kapitel 14, der zweiten für unseren Zusammenhang wichtigen Stelle, geht es dagegen um die rechte Haltung beim gemeinsamen Mahl: Nur wer zuvor seine Verfehlungen bekannt und sich mit seinem Nächsten ausgesöhnt hat, soll das Mahl feiern. Lassen wir zunächst die Texte selbst zu Wort kommen:[38]

> 9,1 Betreffs der Danksagung [Eucharistie] aber: Sagt folgendermaßen Dank:
> 9,2 Zuerst den Kelch betreffend: Wir danken dir, unser Vater, für den heiligen Weinstock Davids, deines Knechts, den du uns kundgemacht hast durch Jesus, deinen Knecht. Dir sei die Herrlichkeit in Ewigkeit! 9,3 Betreffs des gebrochenen Brotes aber: Wir danken dir, unser Vater, für das Leben und die Erkenntnis, die du uns kundgemacht hast durch Jesus, deinen Knecht. Dir sei die Herrlichkeit bis in Ewigkeit. 9,4 Wie dieses gebrochene Brot zerstreut war auf den Bergen, und zusammengebracht ist es eins geworden, so soll deine Kirche zusammengebracht werden von den Enden der Erde in dein Reich. Denn dein ist die Herrlichkeit und die Macht durch Jesus Christus bis in Ewigkeit.
> 9,5 Niemand aber soll essen und auch nicht trinken von eurer Eucharistie als die, die getauft worden sind auf den Namen des Herrn. Denn auch darüber hat der Herr gesprochen: Gebt nicht das Heilige den Hunden.
> 10,1 Nach der Sättigung aber sagt folgendermaßen Dank:
> 10,2 Wir danken dir, heiliger Vater, für deinen heiligen Namen, den du hast Wohnung nehmen lassen in unseren Herzen, und für die Erkenntnis und den Glauben und die Unsterblichkeit, die du uns kundgemacht hast durch Jesus, deinen Knecht. Dir ist die Herrlichkeit bis in Ewigkeit. 10,3 Du, Herr, Allmächtiger, hast alles geschaffen um deines Namens willen; Speise und Trank hast du den Menschen gegeben zum Genuss, damit sie dir Dank sagen; uns aber hast du geschenkt geistliche Speise und Trank und ewiges Leben durch deinen Knecht.
> 10,4 Vor allem sagen wir dir Dank, weil du mächtig bist. Dir sei die Herrlichkeit bis in Ewigkeit. 10,5 Gedenke, Herr, deiner Kirche, sie zu bewahren vor allem Bösen und sie zu vollenden in deiner Liebe, und führe sie zusammen von den vier Winden – die geheiligte – in dein Reich, das du für sie bereitet hast. Denn dein ist die Macht und die Herrlichkeit in Ewigkeit. 10,6 Es komme Gnade, und

es vergehe diese Welt. Hosianna dem Gotte Davids. Wenn jemand heilig ist, komme er. Wenn er es nicht ist, tue er Buße. Maran atha. Amen.

14,1 An jedem Herrentage, wenn ihr zusammenkommt, brecht das Brot und sagt Dank, nachdem ihr zuvor eure Verfehlungen bekannt habt, damit euer Opfer rein sei. 14,2 Jeder aber, der Streit mit seinem Nächsten hat, soll nicht mit euch zusammenkommen, bis sie sich versöhnt haben, damit euer Opfer nicht entweiht werde. 14,3 Denn dies ist das vom Herrn gesprochene Wort: „An jeder Stelle und zu jeder Zeit mir ein reines Opfer darzubringen; denn ich bin ein großer König, spricht der Herr, und mein Name ist wunderbar unter den Völkern".

Wir besprechen zunächst die Mahleingangsgebete in den Kapiteln 9 und 10. Dabei fallen folgende Merkmale ins Auge: In Did 9,1 und 5 begegnet zum ersten Mal der Begriff „Eucharistie", den kurze Zeit später auch Ignatius verwenden wird. Dieser Ausdruck spielt in der weiteren Geschichte des Abendmahls eine herausragende Rolle und stellt auch gegenwärtig eine der wichtigsten Bezeichnungen für die christliche Mahlfeier dar. In der Didache und bei Ignatius ist zu erkennen, wie es zur Anwendung dieses Begriffes gekommen ist: Die wörtliche Bedeutung von „Eucharistie" ist „Danksagung". Das Verb „danksagen" war auch schon bei Paulus in 1 Kor 11,24 sowie in Lk 22,19 in Bezug auf das gebrochene Brot, in Mk 14,23 sowie in Mt 26,27 in Bezug auf den Kelch begegnet. Das Dankgebet sowie die Segnung (vgl. 1 Kor 10,16; Mk 14,22; Mt 26,26) waren also von Beginn an zentrale mit der Mahlfeier verbundene Handlungen.

In Did 9,1 sind das Substantiv „Danksagung" und das Verb „danksagen" unmittelbar aufeinander bezogen und erklären sich gegenseitig: „Eucharistie" bezeichnet hier speziell diejenige Danksagung, die bei der sakramentalen Mahlfeier über den Mahlelementen gesprochen werden soll. Konkret handelt es sich dabei um besondere Gebete, die der besonderen Nahrung entsprechen, denn nicht jede Mahlfeier, bei der in jüdischer Tradition stets Dankgebete gesprochen werden, heißt deshalb auch „Eucharistie". In 9,5 ist „Eucharistie" dann Bezeichnung für das Mahl selbst („Niemand soll essen und trinken von eurer Eucharistie ..."). Die Bedeutung des Mahles leitet sich also gleichermaßen von den Danksagungen über den Mahlelementen und dem dadurch bewirkten besonderen Charakter der Mahlfeier her. Beides ist eng aufeinander bezogen und zeigt, dass der Ausdruck „Eucharistie" über die allgemeine Bezeichnung für Dankgebete hinausreicht. Mit ihm wird herausgestellt, dass es sich bei dem Mahl selbst um ein solches handelt, bei dem sich die Gemeinde durch die an Gott gerichteten Dank- (und Bitt)gebete in eine unmittelbare Beziehung zu ihm begibt und Anteil an den von ihm durch den „Knecht Jesus" gewährten Heilsgütern erlangt. Die weitere Interpretation wird dies noch genauer zeigen.

In Did 14 wird die Mahlhandlung als „Brotbrechen und Danksagen" beschrieben. Damit werden diejenigen Aspekte genannt, die für die von der Didache vorausgesetzte Mahlfeier offenbar in besonderer Weise charakteristisch waren. Dass sie nebeneinander und als Verben, also nicht als das Mahl selbst bezeichnende Spezialbegriffe begegnen, zeigt, dass der Übergang zwischen der Beschreibung der Mahlvorgänge und den daraus entstehenden Mahlbezeichnungen am Anfang des 2. Jahrhunderts noch fließend war.

Des Weiteren liegt eine interessante Analogie zu dem Befund in Lk 24 sowie in der Apostelgeschichte vor. Auch dort hatte sich gezeigt, dass der Ausdruck „Brotbrechen" zur Beschreibung der Mahlhandlung insgesamt dient. Dies hat in Did 14 insofern eine Entsprechung, als hier sehr wahrscheinlich – wie auch aus der Nennung von Kelch und Brot in Kapitel 9 hervorgeht – mit „Brotbrechen" die gesamte Mahlzeit bezeichnet ist. Zudem zeigt sich deutlich, dass „Danksagen" als ein für das Mahl in gleicher Weise bedeutsamer – und zeitlich dem Brotbrechen zweifellos vorangehender – Vorgang aufgefasst wird.

Ein weiterer in Did 14 für das Mahl gebrauchter Begriff ist „Opfer". Dieser Ausdruck wird ebenfalls in der Didache zum ersten Mal auf das Abendmahl angewandt, auch er wird dann in der weiteren Liturgiegeschichte bis in die Gegenwart hinein eine wichtige Rolle spielen. Die Weise, in welcher der Opferbegriff später für das Abendmahl Verwendung findet, ist allerdings von seinem Gebrauch in der Didache deutlich unterschieden. Er bezieht sich in der Didache nicht auf den Tod Jesu als ein in dem Mahl vergegenwärtigtes Ereignis, das als „Opfer" verstanden würde. In diesem Sinn wird erst über 100 Jahre später Cyprian, Bischof von Karthago, den Opferbegriff für das Abendmahl verwenden.

Die Didache stellt dagegen keinen Zusammenhang zwischen Eucharistie und dem Tod Jesu her. Mit dem Begriff „Opfer" wird hier vielmehr – ganz im Sinne der Bezeichnung des Mahles als „Danksagung" – die Mahlfeier als eine solche gekennzeichnet, in der die Menschen Gott für die durch Jesus vermittelten Lebensgüter danken. Es handelt sich also um ein übertragenes Verständnis von Opfer – denn bei dem Mahl wird ja nicht im eigentlichen Sinn geopfert –, das sich auf die Mahlfeier und die dabei gesprochenen Gebete bezieht. Das Mahl wird auf diese Weise als ein solches gekennzeichnet, in dessen Zentrum der Dank der Gemeinde an Gott steht.

Die Didache zeigt somit, dass am Beginn des 2. Jahrhunderts verschiedene Begriffe zur Bezeichnung des Abendmahls in Gebrauch waren. Diese standen nicht in Konkurrenz zueinander, sondern brachten jeweils einen bestimmten Aspekt zum Ausdruck. Deshalb können sie in der Didache auch nebeneinander verwendet werden. Des Weiteren zeigt sich in der Didache eine enge Beziehung zwischen Mahl*handlung* und daraus abgeleiteter Mahl*bezeichnung*.

Wichtig für das Verständnis des Abendmahls in der Didache ist die in der Forschung heftig diskutierte Frage, ob die hier überlieferten Gebete auf eine Form des Abendmahls ohne Einsetzungsworte verweisen oder auf eine nicht-sakramentale Mahlfeier (Agape) im frühen Christentum. Zunächst ist dabei zu beachten, dass die Regelung des Mahl*verlaufs* für die Didache kein vordringliches Problem war. Dies konnte in analoger Weise auch bei den neutestamentlichen Texten beobachtet werden. In der Didache stehen die Mahlgebete innerhalb eines größeren Zusammenhangs, in dem verschiedene Gebete angeführt werden: In Did 8,2 beginnt ein größerer Komplex, der sich mit verschiedenen Arten von Gebeten befasst und durch die Anweisung, nicht wie Heuchler zu beten, eingeführt wird. Zwar bezieht sich diese Aufforderung auf das unmittelbar im Anschluss angeführte Vaterunser, doch wird damit zugleich ein größerer Komplex eröffnet, zu dem auch die Mahlgebete gehören. Diesen folgt eine Bemerkung über das freie Beten der Propheten sowie im koptischen Text der Didache zusätzlich ein Dankgebet für das Salböl (10,8).

Diese Beobachtung zeigt zunächst, dass die Intention der Didache nicht darin bestand, einen bestimmten Mahlverlauf verbindlich festzulegen. Ein konkreter Ablauf des Mahles wird nicht explizit thematisiert, sondern kommt nur ansatzweise in den Bemerkungen zum Ausdruck, dass bei den Mahlgebeten „zuerst" dasjenige über dem Kelch gesprochen werden soll (9,2), dann dasjenige über dem gebrochenen Brot (9,3) sowie „nach der Sättigung" (10,1) das in Kapitel 10 genannte Gebet. Diese eher beiläufig angebrachten Notizen erwecken den Eindruck, dass der Ablauf des Mahles als bekannt vorausgesetzt wird und nicht umstritten war. Es geht der Didache vielmehr darum, den *Wortlaut* der Gebete festzuhalten, da in diesen die entscheidenden Inhalte des Mahles zum Ausdruck kommen.

Auffällig ist des Weiteren, dass an zwei Stellen (9,5 und 10,6) Zulassungsbedingungen formuliert werden: Nur die Getauften sollen am Mahl teilnehmen (9,5), nur die Heiligen sollen kommen (10,6). Eine derartige Beschränkung der Zulassung zum Mahl war in den neutestamentlichen Texten noch nicht anzutreffen. Die Didache weist damit ein bereits fortgeschrittenes Stadium der Entwicklung frühchristlicher Gemeinden auf, in dem die Frage nach den Voraussetzungen für die Teilnahme am christlichen Mahl in den Blick trat. Die Mahlüberlieferung der Didache unterscheidet sich weiterhin darin von den an den Einsetzungsworten orientierten Mahlfeiern, dass kein letztes Mahl Jesu erwähnt wird und keine Deutung seines Todes erfolgt. Stattdessen werden die entscheidenden Inhalte des Mahles in Gebeten zur Sprache gebracht, die in vielfacher Weise jüdische Vorstellungen und Begriffe aufnehmen. Darauf ist weiter unten näher einzugehen.

Die Didache knüpft demnach nicht an die Berichte vom letzten Mahl Jesu an, um Gestalt und Inhalt des Mahles der christlichen Gemeinde zur Darstellung zu bringen. Stattdessen stehen Dankgebete über Kelch und gebrochenem Brot am Anfang, das Mahl selbst schließt sich an, gefolgt von einem weiteren, das Mahl beschließenden Dank- und Bittgebet sowie einem Hosiannagesang. Dabei ist offenbar der Ablauf eines jüdischen Mahles vorausgesetzt, das mit einem Segen über dem Kelch begann.[39] Dieser Verlauf wird nunmehr mit christlichen Gebeten, die deutlich erkennbar in der Tradition jüdischer Segensgebete stehen, inhaltlich gefüllt. Im Blick auf das Abendmahl lässt sich dies – ähnlich wie bereits in 1 Kor – insofern auswerten, als die frühen Christen in Anlehnung an Mahlformen der Umwelt zu ihren eigenen Mahlfeiern zusammenkamen, also auf eine Weise, in der sie dies auch zuvor gewohnt waren. Eine solche an sich selbstverständlich anmutende Feststellung verdient insofern Beachtung, als sie zeigt, dass es für die frühen Christen nicht entscheidend war, einen eigenen Mahlverlauf zu entwickeln, sondern das Mahl inhaltlich neu zu füllen und ihm eine Prägung als christliches sakramentales Mahl zu geben. Die Mahlgebete der Didache sind hierfür ein eindrucksvolles Zeugnis.

Für die Einordnung der Mahlüberlieferung der Didache sind des Weiteren die Beziehungen zu 1 Kor 10 aufschlussreich. In Did 10,3 werden Speise und Trank – wie in 1 Kor 10,3f. – als „geistlich" bezeichnet. In 1 Kor 10,16 hatte Paulus den Segenskelch, über dem ein Segensgebet gesprochen wird („der Segenskelch, den wir segnen"), genannt. Dieser Vorgang wird in Did 10,2-5 ausführlich geschildert. Im Unterschied zu

Paulus wird dabei allerdings nicht von „Segnen", sondern von „Danken" gesprochen. Das deutet darauf hin, dass der Begriff des *Dankens* in der christlichen Überlieferung den jüdischen Begriff des *Segnens* zu ersetzen beginnt. Schließlich besteht eine bemerkenswerte Analogie zwischen dem „einen Brot", das die Gemeinde bildet, in 1 Kor 10,17 und der Kirche als dem „einen Brot", das zerstreut war und jetzt versammelt wird, in Did 9,4.

Hinter 1 Kor 10 und den Mahlgebeten der Didache könnte demnach eine alte Überlieferung liegen, auf die sowohl Paulus als auch der Verfasser der Didache zurückgegriffen haben.[40] In dieser Überlieferung wird das christliche Abendmahl in einer mit den Einsetzungsworten verwandten, jedoch eigenständigen Weise interpretiert. Die Einsetzungsworte sind demnach nicht die einzige – und vielleicht auch nicht die vorherrschende – Deutung des Abendmahls im frühen Christentum.

Dies führt zu der Frage, wie sich die Mahlüberlieferung der Didache zu den oben genannten, am letzten Mahl und am Leben und Sterben Jesu orientierten Texten verhält. Dabei stehen zugleich Annahmen über den in der Didache vorausgesetzten Ablauf der Mahlfeier zur Diskussion. Dazu wurden im Wesentlichen zwei Lösungen vorgeschlagen: Nach dem einen Modell werden in der Didache nur einige der Regelung bedürftige Aspekte des Mahles genannt, wogegen die unstrittigen Teile – wozu auch die Einsetzungsworte gehörten – nicht eigens erwähnt würden. Es könnte sich demzufolge bei den Gebeten in Did 9 und 10 um bei einer nicht-sakramentalen Agapefeier gesprochene Gebete handeln, an die sich der sakramentale Teil der Eucharistiefeier angeschlossen hätte, bei dem dann die Einsetzungsworte gesprochen worden wären.[41] Für diese Lösung wird die Bemerkung in 10,6 in Anspruch genommen („Wenn jemand heilig ist, komme er. Wenn er es nicht ist, tue er Buße. Maran atha. Amen."), die den Übergang zwischen beiden Teilen des Mahles gebildet hätte.

Nach der anderen Lösung ist in der Didache dagegen ein sakramentales Sättigungsmahl vorausgesetzt, bei dem die in den Kapiteln 9 und 10 angeführten Gebete gesprochen, jedoch keine Einsetzungsworte zitiert wurden. Der Vers 10,6 wäre dann keine auf den Mahlverlauf bezogene liturgische Anweisung, sondern eine zu 9,5 (nur die Getauften sollen von der Eucharistie essen und trinken) parallele Bemerkung über die Bedingung der Zulassung zum Mahl.[42]

Gegen die erste Lösung spricht, dass in 9,1 das im Folgenden vorausgesetzte Mahl als „Eucharistie" bezeichnet wird, wobei die Wendung

„Betreffs der Eucharistie" dem „Betreffs der Taufe" in 7,1 korrespondiert, also zweifellos das sakramentale Mahl und keine hiervon unterschiedene Agapefeier bezeichnet. Eine derartige Unterscheidung wäre am Beginn des 2. Jahrhunderts auch in keiner Weise zu erwarten. Dem entspricht, dass sowohl in 9,5, also zwischen den Gebeten über Kelch und Brot und dem Nachtischgebet, sowie in 10,6 der Kreis der zum Mahl Zugelassenen auf die Getauften beschränkt wird. Des Weiteren werden die Mahlelemente in 10,3 ausdrücklich als „geistlich" bezeichnet. Die Gebete machen Speise und Trank also zu besonderen, „geistlichen" Elementen.

Ein weiteres Problem dieser Lösung liegt darin, dass sie davon ausgeht, die Didache handle nur über den Teil *vor* der Eucharistie, wogegen über die sakramentale Feier selbst nichts verlaute. Es ist natürlich prinzipiell möglich, dass die Didache sich nur zu einem ungeklärten Teil der Mahlfeier äußert, das Übrige dagegen als unproblematisch vorausgesetzt wird. Es ist jedoch sehr unwahrscheinlich und durch keinen Text belegt, dass ein an den Einsetzungsworten orientierter Mahlverlauf am Anfang des 2. Jahrhunderts als gängig vorauszusetzen sei und deshalb nicht geregelt zu werden brauchte. Die bisherigen Beobachtungen zu den Einsetzungsworten haben vielmehr gezeigt, dass diese eine bestimmte Form der Mahlüberlieferung darstellen, die das historische Ereignis der Einsetzung des Mahles durch Jesus festhält. Dass sie einen Mahl*verlauf* in den urchristlichen Gemeinden widerspiegeln und bei der Mahlfeier an den entsprechenden Stellen regelmäßig rezitiert wurden, lässt sich dagegen nicht feststellen. Es gibt vielmehr in den Texten der ersten beiden Jahrhunderte keinerlei Indizien dafür, dass die Einsetzungsworte fester Bestandteil der christlichen Mahlfeiern waren.

Näher liegt deshalb die Annahme, dass das in der Didache vorausgesetzte Mahl durch die angeführten Gebete liturgisch gestaltet und gedeutet wurde. Dies passt sowohl zu der entstehenden Bezeichnung „Eucharistie" als auch zu dem Befund, dass die Gebete stets als das für die Mahlfeier charakteristische Element betrachtet wurden und die Einsetzungsworte erst später – nämlich in der Traditio Apostolica – zum Bestandteil dieser Gebete wurden. In der Didache ist demnach ein Mahl vorausgesetzt, das mit dem Dankgebet über dem Kelch begann, dem ein solches über dem gebrochenen Brot folgte. Schließlich wurde das Mahl durch ein weiteres Gebet abgeschlossen. Die Bedeutung der Didache für die Geschichte des Abendmahls liegt deshalb zum einen darin, dass sie eine Gestalt der Mahlfeier bezeugt, bei der über Kelch und Brot sowie nach dem gemeinsamen Mahl Gebete gesprochen wurden, die das Mahl inhaltlich bestimmten und ihm zugleich seine sakramentale Bedeutung gaben. Die Bedeutung der eucharistischen Abschnitte der Didache liegt zum anderen in dem Inhalt der Gebete selbst, die das Verständnis dieses Mahles zu erkennen geben. Darauf ist nun genauer einzugehen.

In den Mahlgebeten wird für das Offenbarungshandeln Gottes in Jesus gedankt. Jedes der drei Gebete erwähnt dabei das „Kundtun durch Jesus", das dann jeweils näher beschrieben wird. Über Kelch und Brot wird also für die Heilsgüter gedankt, die Gott durch Jesus kundgetan hat. Dabei treten folgende Aspekte hervor: Der „heilige Weinstock Davids" bezeichnet das bereits Israel verheißene und jetzt in Jesus zur Erfüllung gekommene Heil. Die altertümliche christologische Bezeichnung Jesu als „Knecht" stellt diesen in die Tradition Davids, der ebenfalls in dieser Weise bezeichnet wird, und bringt zugleich zum Ausdruck, dass die an diesen ergangenen Verheißungen jetzt zur Erfüllung gekommen sind.[43]

Das Gebet über dem gebrochenen Brot dankt ebenfalls für die Kundgabe von Heilsgütern durch Jesus und nennt als solche Leben und Erkenntnis (9,3). Das gebrochene Brot wird sodann als Sinnbild für die Kirche gedeutet (9,4): Wie das als einzelne Körner verstreute Brot gesammelt wurde, wird auch die Kirche einst von den Enden der Erde in das Reich Gottes versammelt werden. Hierin besteht, wie oben bereits vermerkt, eine Analogie zu der Deutung des einen Brotes als Symbol für den einen Leib der Gemeinde in 1 Kor 10,17. In der Didache wird das Bild umfassender gebraucht: Das Gebet blickt bis zu den „Enden der Erde", von denen die Kirche zum Reich Gottes gesammelt werden soll. Damit wird ein jüdisches Motiv abgewandelt: Die Sammlung Israels, die Gegenstand jüdischer Gebete sein konnte, wird auf die weltweite Kirche bezogen. In dem Nachtischgebet (Did 10) wird für die Einwohnung Gottes in den Herzen der Glaubenden gedankt. Hier wird also eine unmittelbare Nähe zwischen Gott und den Betenden zum Ausdruck gebracht, die wiederum durch das „Kundtun" Gottes durch Jesus hergestellt wird. Als Heilsgüter werden nunmehr ewiges Leben, Erkenntnis, Unsterblichkeit und Glaube genannt. Gott wird als der Schöpfergott charakterisiert, der die gewöhnliche Speise ebenso wie die „geistliche" Speise für die Getauften geschaffen hat. Das Gebet schließt mit einer Bitte um die Bewahrung, Vollendung und Zusammenführung der Kirche.

Die Mahlüberlieferung der Didache weist Berührungen sowohl mit dem Johannesevangelium als auch mit den noch zu besprechenden Passagen aus den Ignatiusbriefen auf: Im Johannesevangelium spielt, wenn auch primär als christologische Aussage, die Vermittlung des ewigen Lebens eine Rolle (Joh 6,51.53.54.57f.). Dieses Heilsgut begegnet in der Didache in dem Ausdruck „Unsterblichkeit" und wird auch bei Ignatius wieder anzutreffen sein.[44] Dieser überaus wichtige Aspekt des Abendmahlsverständnisses begegnet in der Didache also innerhalb der über Kelch und Brot zu sprechenden Gebete.

Bemerkenswert ist des Weiteren, dass in der Didache die Bitte um die Sammlung der verstreuten Kirche im Kontext des sakramentalen Mahles begegnet, die in Joh 11,52 als Deutung des Todes Jesu erscheint.[45] Schließlich weist der Dank an den Schöpfer für die gewöhnliche und die „geistliche" Nahrung voraus auf analoge Formulierungen bei Justin und Irenäus. Wichtig dabei ist, dass die besondere, in der Eucharistie genossene Speise in Analogie zu der gewöhnlichen Speise gesehen wird: Wie die gewöhnliche Speise die Menschen ernährt, so vermittelt ihnen die Speise der Eucharistie eine über das irdische Leben hinausreichende Gabe, nämlich diejenige der Unsterblichkeit bzw. Auferstehung. Damit ist die Speise der Eucharistie ein Werk Gottes als des Schöpfers, als der er in Did 10,3 auch ausdrücklich benannt wird.

Kennzeichnend für das Verständnis der Eucharistie in der Didache ist insgesamt, dass in den Dankgebeten über Kelch und gebrochenem Brot das mit diesen Elementen verbundene Heil Gottes beschrieben wird. Damit wird zugleich deutlich, warum es sich bei diesen Mahlelementen um geistliche Nahrung handelt, welche die durch den „Knecht Jesus" vermittelten Heilsgüter vergegenwärtigt und der Mahl feiernden Gemeinde daran Anteil gibt. Das Nachtischgebet ist auf die Zukunft ausgerichtet und bringt die Hoffnung auf vollständige Sammlung und Bewahrung der Kirche zur Sprache, die bereits in der Gegenwart als partielle Teilhabe am endzeitlichen Heil erfahrbar ist (Did 10,5). Die Didache überliefert dabei eine bestimmte Gestalt der Gebete über Kelch und Brot, die diese Heilsgüter benennen. Es ist durchaus wahrscheinlich, dass in anderen Gegenden, in denen die Didache z.B. gar nicht bekannt war oder keinen verbindlichen Status besaß, anderslautende Gebete über den Mahlelementen gesprochen wurden. Wahrscheinlich ist aber auch, dass die in diesen Gebeten formulierten Inhalte das jeweilige Mahlverständnis zum Ausdruck brachten und das Mahl in dem Bewusstsein gefeiert wurde, an diesen Heilsgütern Anteil zu haben.

Das hier zum ersten Mal auftauchende Verbot für Ungetaufte, an der Mahlfeier teilzunehmen, stellt ein neues Element in der Entwicklung dar. Es begegnet etwas später wieder bei Justin, dann in der Traditio

Apostolica sowie in eigener Weise in den Johannesakten. Diese Anweisung gibt den besonderen Charakter zu erkennen, den das Mahl innerhalb der christlichen Versammlung erhält: Es ist ein Mahl, das die im Namen Jesu versammelte Gemeinschaft zusammenschließt und das durch Jesus vermittelte Heilsgut in besonderer Weise vergegenwärtigt. Deshalb darf dieses Mahl nicht dadurch entweiht werden, dass Ungetaufte daran teilnehmen.

In Kapitel 14 erwähnt die Didache das Zusammenkommen am Herrentag mit Brotbrechen und Danksagen (14,1). Vom Zusammenkommen am Abend des ersten Tages der Woche war auch in Apg 20,7 die Rede. Wie dort kann auch aus dem Befund der Didache nicht zwingend gefolgert werden, dass die Eucharistie *nur* im Zusammenhang des sonntäglichen Gottesdienstes gefeiert wurde. Ignatius wird kurze Zeit später sogar dazu ermahnen, möglichst häufig zum Mahl zusammenzukommen (Eph 13,1). Wenn die Didache Anweisungen für die Feier des Abendmahls am Herrentag erteilt, so muss dies also nicht bedeuten, dass es *nur* an diesem Tag gefeiert wurde. Dass allerdings die Feier des Mahles am Herrentag ausdrücklich gefordert wird, ist ein Indiz für die Entstehung des Ritus der sonntäglichen Mahlfeier, die sich am Beginn des 2. Jahrhunderts durchzusetzen beginnt. Hierauf wird an späterer Stelle zurückzukommen sein.

In Did 14 geht es – in zu 1 Kor 11 analogerweise – um die rechte Haltung, in der das Mahl zu feiern ist. Die Didache verwendet hierfür den Begriff des Opfers, um deutlich zu machen, dass es sich um eine Feier handelt, bei der Gott gedankt wird. War der Begriff „Eucharistie" auf das Danksagen in den Gebeten bezogen, so bezeichnet derjenige des Opfers die damit verbundene Haltung: Zum Opfern gehört das Bekennen der Sünden und die Aussöhnung mit dem Nächsten. Der kultische Begriff wird also in metaphorischer Weise gebraucht, um die zur Eucharistie gehörige ethische Dimension herauszustellen. Damit weist er auf einen weiteren wichtigen Aspekt des Eucharistieverständnisses hin, nämlich den Zusammenhang mit der Ethik der Gemeinde. Dieser war in 1 Kor 11 bereits aufgetaucht, wo Paulus eine bestimmte Gestalt des Herrenmahls eingefordert hatte. Ein mit Did 14 vergleichbarer Zusammenhang von Opfer und dazugehöriger Haltung wird sich dann auch in der Deutung der Eucharistie bei Justin und Irenäus feststellen lassen.

Zunächst wenden wir uns jedoch denjenigen Texten zu, die etwa zeitgleich von dem antiochenischen Bischof Ignatius verfasst wurden.

6. Ignatius von Antiochia

Ignatius war am Anfang des 2. Jahrhunderts Bischof von Antiochia in Syrien. Dem Kirchenhistoriker Euseb (ca. 260-339/40) zufolge wurde er während der Regierungszeit des römischen Kaisers Trajan (98-117) verhaftet und nach Rom gebracht. Diese „Reise", an deren Ende das Martyrium in Rom stand, fand vermutlich um das Jahr 115 statt. Während dieser Überführung verfasste Ignatius sechs Briefe an Gemeinden im kleinasiatischen Raum sowie einen an Polykarp, den Bischof von Smyrna.[46] In den Briefen an die Epheser (Eph), Römer (Röm), Philadelphier (Phld) und Smyrnäer (Sm) kommt Ignatius verschiedentlich auf das Abendmahl zu sprechen. Wie die etwa aus derselben Zeit stammende Didache nennt auch Ignatius dieses Mahl „Eucharistie". Bekannt geworden ist darüber hinaus seine Bezeichnung des Mahles als „Arznei der Unsterblichkeit" (Eph 20,2), die allerdings häufig fehlgedeutet worden ist. Mit seinen Äußerungen ist Ignatius ein wichtiger Zeuge für die Entstehung der frühchristlichen Eucharistieauffassung am Beginn des 2. Jahrhunderts, wie im Folgenden zu zeigen ist.

Eph 5,2f.
5,2 Niemand lasse sich irreführen! Wenn jemand nicht innerhalb des Altarraumes ist, ermangelt er des Brotes Gottes. Wenn nämlich das Gebet eines und eines zweiten Menschen solche Kraft besitzt, wie viel mehr dasjenige des Bischofs und der ganzen Kirche. 5,3 Wer nun nicht zur Versammlung kommt, der ist bereits hochmütig und hat sich selbst gerichtet. Es steht nämlich geschrieben: Den Hochmütigen widersteht Gott. Darum wollen wir bestrebt sein, dem Bischof nicht zu widerstehen, damit wir Gott unterstellt seien.

Eph 13,1
Seid nun bestrebt, häufiger zusammenzukommen zur Eucharistie und zum Lobpreis. Wenn ihr nämlich häufig zusammen seid, werden die Mächte des Satans vernichtet und das von ihm ausgehende Verderben zerbricht an eurer Eintracht des Glaubens.

Eph 20,2
... dass ihr ... zusammenkommt ... um dem Bischof und dem Presbyterium mit ungeteiltem Sinn zu gehorchen, ein Brot brechend, das ist Arznei der Unsterblichkeit, Gegengift, um nicht zu sterben, sondern zu leben in Jesus Christus immerfort.

Röm 7,3
Ich freue mich nicht an vergänglicher Speise und den Freuden dieses Lebens. Brot Gottes will ich, das ist das Fleisch Jesu Christi, der aus dem Samen Davids stammt, und als Trank sein Blut, das ist unvergängliche Liebe.

Phld 4
Seid nun bestrebt, *eine* Eucharistie zu gebrauchen – denn es ist ein Fleisch unseres Herrn Jesus Christus und ein Kelch zur Einigung seines Blutes, ein Altarraum, wie einer der Bischof zusammen mit dem Presbyterium und den Diakonen, meinen Mitsklaven –, damit, was immer ihr tut, es Gott gemäß sei.

Sm 7,1
Von Eucharistie und Gebet halten sie sich fern, weil sie nicht bekennen, dass die Eucharistie Fleisch unseres Heilands Jesus Christus ist, das für unsere Sünden gelitten hat, das der Vater in seiner Güte auferweckt hat. Die nun der Gabe Gottes widersprechen, sterben an ihrem Streiten. Es wäre aber nützlich für sie, Liebe zu üben, damit sie auch auferstehen.

Sm 8,1f.
8,1 Folgt alle dem Bischof, wie Jesus Christus dem Vater, und dem Presbyterium wie den Aposteln. Die Diakone aber achtet wie Gottes Gebot. Keiner soll irgendetwas von den Dingen, die die Kirche betreffen, ohne den Bischof tun. Jene Eucharistie soll als zuverlässig gelten, die unter dem Bischof oder einem von ihm Beauftragten stattfindet. 8,2 Wo der Bischof erscheint, dort soll die Gemeinde sein, so wie dort, wo Jesus Christus ist, die allgemeine Kirche ist. Es ist nicht gestattet, ohne den Bischof zu taufen oder das Liebesmahl zu halten. Was jener aber geprüft hat, dieses ist auch Gott wohlgefällig, damit alles, was ihr tut, sicher und zuverlässig sei.

Zunächst ist deutlich, dass „Eucharistie" für Ignatius eine gängige Bezeichnung für das sakramentale Mahl bzw. die dabei genossene Speise ist. Er verwendet diesen Ausdruck an vier Stellen, wobei er sich zweimal stärker auf die Speise bezieht (Phld 4; Sm 7,1), an den beiden anderen Stellen (Eph 13,1; Sm 8,1) dagegen eher die Mahl*feier* bezeichnet. Beide Bedeutungen gehen somit ineinander über, wie besonders das Nebeneinander in Sm 7,1 und 8,1 zeigt. Dabei ist auch bei Ignatius deutlich, dass die Bedeutung „Danksagung" weiterhin den Ausgangspunkt darstellt und als solche neben Lobpreis (Eph 13,1), Gebet (Sm 7,1) bzw. Taufen und Liebe üben (Sm 8,1f.) einen festen Bestandteil des Gottesdienstes darstellt. Auf diese Weise wird das Mahl der Gemeinde als Eucharistie gleichermaßen in der christlichen Liturgie und Ethik verankert. Diese Linie wird sich dann bei Justin und Irenäus fortsetzen.

Des Weiteren verwendet Ignatius den Begriff „Brot Gottes" (Eph 5,2; Röm 7,3), was in Nähe zu Joh 6,31-35 steht, wo die Ausdrücke „(wahres) Brot vom Himmel" und „Brot des Lebens" begegnen.[47] Diese Terminologie grenzt die in der Eucharistie genossene Speise von gewöhnlicher, vergänglicher Speise ab – so ausdrücklich in Röm 7,3. Bei Ignatius werden folglich zwei Aspekte – die Eucharistie als Bestandteil der Gemeindeversammlung und als besondere Speise – miteinander verbunden, die für die weitere Entwicklung des Eucharistieverständnisses überaus bedeutsam sind. Wie sie bei Ignatius akzentuiert werden, zeigen die folgenden Stellen.

In Eph 20,2 erwähnt Ignatius das Zusammenkommen und „Ein-Brot-Brechen" der Gemeinde. Hier begegnet – wie bereits im Lukasevangelium, der Apostelgeschichte und der Didache – der Ausdruck „Brotbrechen" bzw. „gebrochenes Brot". Auch Ignatius gebraucht ihn zur Bezeichnung der Mahlhandlung an sich, aber natürlich auch zur Beschreibung dessen, was die Gemeinde in der Brothandlung tatsächlich tut. Mit dem Hinweis auf das *eine* Brot unterstreicht Ignatius dabei die Bedeutung der Einheit der Gemeinde. Wie bei Paulus in 1 Kor 10,17 und im Gebet über dem gebrochenen Brot in der Didache (9,4) spielt also auch bei Ignatius die Symbolik des *einen Brotes* eine Rolle. Damit zeigt sich, dass die Feier der Eucharistie für Ignatius eng mit der Existenz der Gemeinde und ihrer Gestalt als einer Einheit zusammenhängt: In der Versammlung versichert sich die Gemeinde ihres Bestandes, sie nimmt Brot Gottes zu sich, wird durch diese besondere Speise mit dem Fleisch Jesu Christi verbunden und dadurch zum Lieben angehalten (Sm 7,1). Die Eucharistie hängt also untrennbar mit der Ethik des Gemeindelebens zusammen, die in den Gemeindeversammlungen ihren intensivsten Ausdruck findet.

Von daher erklärt sich auch die Bedeutung von Sm 8,1f. Hier wird zunächst von „Eucharistie", in 8,2 sodann von „Liebe üben" gesprochen. Mitunter ist diese Stelle als Hinweis auf die Trennung von sakramentalem Mahl – der Eucharistie – und nicht-sakramentalem Sättigungsmahl – der Agape – gedeutet worden. Diese Deutung legt sich jedoch nicht nahe. Vielmehr nimmt „Liebe üben" den Ausdruck „Eucharistie" wieder auf und kennzeichnet die sakramentale Mahlfeier der Gemeinde auf andere Weise. Dafür spricht zum einen die unmittelbare Zusammenordnung mit der Taufe, zum anderen die in Sm 7,1, also kurz zuvor, als „Lieben" bezeichnete Haltung. Dort steht „Lieben" in Korrespondenz zu dem Leiden Jesu Christi für unsere Sünden und der Güte Gottes und im Kontrast zu dem „Streiten" der Widersacher. Die Bezeichnung „Liebe üben" erklärt sich also am besten aus der engen Verbindung von Gemeindemahl und Gemeindeethik bei Ignatius.[48]

Aufgrund dieser Bedeutung der Eucharistie ist es für Ignatius wichtig, dass die Gemeinde möglichst häufig zu ihrer Feier zusammenkommt

(Eph 13,1). Es zeigte sich bereits, dass die Eucharistie *nur* bei diesen Zusammenkünften ihre Wirkung als „Brot Gottes" entfaltet. Von daher erklärt sich auch, dass Ignatius die Bezeichnung „Altarraum" gebraucht (Eph 5,2; Phld 4). Dabei liegt der Akzent auf dem besonderen Charakter der Gemeindeversammlungen: Der Begriff „Altar" ist metaphorisch verwendet, bezeichnet also keinen wirklichen Altar, sondern die Gemeinde als durch Jesus Christus bestimmten Raum. Dies zeigt bereits die oben angeführte Stelle Eph 5,2f., wo Ignatius davon spricht, dass man „innerhalb des Altarraumes" sein müsse, um das Brot Gottes zu empfangen. Das kann nicht sinnvoll auf einen Gegenstand, sondern nur auf den Raum der Gemeinde bezogen werden. In Phld 4 steht der eine Altarraum in Korrespondenz zu dem einen Fleisch, dem einen Kelch und dem einen Bischof und symbolisiert auf diese Weise die Einheit der Gemeinde. Nur innerhalb der Gemeinde kann deshalb die Eucharistie als Brot Gottes genossen werden. Die Feier des Mahles sichert auf diese Weise den Bestand der Gemeinde gegen Bedrohungen von außen, indem sie die Verbindung mit dem einen Fleisch und dem einen Kelch (vgl. Phld 4) und dadurch ihre Einheit garantiert (Eph 13,1). Die Eucharistie dient zugleich dazu, die Mächte des Satans zurückzudrängen, da sie verbindlicher Ausdruck des Glaubens an Jesus Christus ist.

Vor diesem Hintergrund erklärt sich auch die Bedeutung des Bischofs, der Diakone und des Presbyteriums für die rechtmäßige Mahlfeier. Gemeinsam mit der Aufforderung zur Feier des Mahles in der Gemeinde und zum häufigen Zusammenkommen weist dies darauf hin, dass Ignatius die Gefahr des Auseinanderfallens der Gemeinden in Kleingruppen, die das Mahl je für sich feiern, abwenden möchte: Er kritisiert die, die nicht zur Versammlung kommen (Eph 5,3), betont die Einheit, die durch das eine Fleisch Jesu Christi und den einen Kelch seines Blutes, den einen Raum der Gemeinde und den einen Bischof abgebildet wird (Phld 4), und setzt Bischof, Gemeinde, Jesus Christus und die „allgemeine Kirche" in Analogie zueinander (Sm 8,2). Er dringt darauf, dass die Leitung der Gemeinde von allen anerkannt wird und die Versammlungen in ihrer Anwesenheit und unter ihrem Vorsitz stattfinden, damit die Einheit und die Verbindung zu Jesus Christus gewahrt bleiben.

Ein weiterer Akzent geht aus der wohl bekanntesten Äußerung des Ignatius zur Eucharistie, nämlich der Bezeichnung als „Arznei der Unsterblichkeit, Gegengift, um nicht zu sterben" in Eph 20,2, hervor. Diese Stelle ist häufig überinterpretiert oder sogar falsch verstanden worden. Man hat sie als Ausdruck eines „magischen Sakramentalismus" aufgefasst und gemeint, Ignatius verstehe die Feier des Abendmahls als einen magisch wirkenden Vorgang, der nicht im Zusammenhang ethischer oder sonstiger Forderungen an die Gemeinde stehe. Dies stellt jedoch eine starke Verzeichnung dar. Für Ignatius sind gerade die Einbindung der Eucharistie in die Zusammenkünfte der Gemeinde, ihr Zusammenhang mit Gebet und Lobpreis und die Verbindung mit der Liebe Jesu Christi, die zur Liebe in der Gemeinde führt, von ausschlaggebender Bedeutung. Er versteht die Eucharistie also in keiner Weise „magisch", sondern als Ausdruck lebendigen Gemeindelebens und der Beziehung zu Jesus Christus, die den Bestand der Gemeinde garantiert und zum ewigen Leben in Jesus Christus führt.

Wenn Ignatius hierfür die aus der Medizin stammenden Ausdrücke „Unsterblichkeitsarznei" und „Gegengift gegen das Sterben" verwendet, dann handelt es sich um Metaphern, mit denen er das Leben in Jesus Christus als Wirkung der Teilnahme am Mahl kennzeichnet. Dies war auf ähnliche Weise auch schon im Johannesevangelium und in der Didache begegnet. In Joh 6,53 heißt es, dass man kein Leben in sich hat, wenn man Fleisch und Blut des Menschensohnes nicht zu sich nimmt. In Did 10,2 wird im Gebet nach dem Mahl die Unsterblichkeit unter den durch Jesus vermittelten Heilsgütern genannt, und in Did 10,3 wird ewiges Leben als Wirkung der geistlichen Speise und des geistlichen Trankes der Eucharistie bezeichnet. Ignatius bewegt sich mit seiner Metapher innerhalb dieses Deutungsspektrums, wenn er das Leben in Jesus Christus als Wirkung der Teilnahme an der Eucharistie nennt und dies durch medizinische Begrifflichkeit ausdrückt. Im Blick auf die weiteren zu besprechenden Texte sei dabei festgehalten, dass die Metapher zum Ausdruck bringt, dass die Speise der Eucharistie bereits gegenwärtig die Teilhabe am Auferstehungsleben garantiert, das allerdings erst zukünftig realisiert werden wird.

Ein weiteres Problem, dem sich Ignatius gegenübersieht, kommt in Sm 7,1 zum Ausdruck. Dort kritisiert er diejenigen, die sich von Eucharistie und Gebet fernhalten, weil sie nicht bekennen, „dass die Eucharistie Fleisch unseres Heilands Jesus Christus ist". Ignatius sieht in der Gemeinde von Smyrna offenbar die Gefahr durch eine Gruppe, die das Bekenntnis zur Fleischwerdung Jesu Christi in Zweifel zieht, deshalb die entsprechende Deutung der Eucharistie nicht akzeptiert und ihr daher fernbleibt. Vermutlich handelt es sich um eine Gruppe, die ein Verständnis vertritt, dem zufolge Jesus nur scheinbar Fleisch angenommen und in einem Scheinleib gelebt hat und gestorben ist, sich also keine *tatsächliche* Verbindung von menschlicher und göttlicher Natur ereignet hat. Derartige Kontroversen setzen an der Wende vom 1. zum 2. Jahrhundert ein. Ignatius möchte solchen Einflüssen auf die Gemeinde von Smyrna wehren und betont deshalb, dass in der Eucharistie die volle Menschwerdung Jesu Christi, sein Leiden für unsere Sünden und seine (fleischliche) Auferweckung vergegenwärtigt werden. Hierauf werden wir bei Justin und Irenäus wieder stoßen.

Der Befund bei Ignatius lässt sich folgendermaßen auswerten: Der Begriff „Eucharistie" wird von der Bedeutung „Danksagung" her sowohl zur Kennzeichnung der Mahlelemente wie auch der Mahlfeier verwendet. Das eucharistische Mahl ist fester Bestandteil der Gemeindeversammlungen. Es wird als Verbindung mit dem einen Fleisch und dem einen Kelch des Blutes Jesu Christi verstanden, durch die die Gemeinde in ihrer Einheit gestärkt wird. Deshalb kann die Eucharistie nur in der Gemeinde gefeiert werden. Bei den durch das Mahl vermittelten Heilsgütern spielen – ähnlich wie im Johannesevangelium und in der Didache – die Gabe der Unsterblichkeit bzw. des ewigen Lebens („Arznei der Unsterblichkeit"), aber auch die Vernichtung der Mächte des Satans durch den einheitlichen Glauben (Eph 13,1) und unvergängliche Liebe (Röm 7,3) eine Rolle. Besonders wichtig ist Ignatius die Einbindung der Mahlfeier in die Gemeindeversammlung als Ausdruck des Bestandes und der Ethik der Gemeinde. Deshalb kann er das Mahl auch als „Liebe üben" bezeichnen. Die Einheit der Gemeinde und ihre Beziehung zu Jesus Christus werden durch den Bischof und die Gemeindeleitung garantiert. Das könnte auf die Abspaltung von Gruppen hindeuten, die das Mahl in kleiner Runde feierten und damit die Einheit der Gemeinde infrage stellten. Weiter wird erkennbar, dass die Deutung der Eucharistie als „Fleisch Jesu Christi" gegen derartige Gruppen abgegrenzt wird, die eine solche Interpretation bestritten.

Ignatius steht damit in ähnlicher Weise wie die Didache an der Schwelle von Entwicklungen, die im 2. Jahrhundert immer stärker in den Vordergrund treten werden. Andererseits weisen beide Gemeinsamkeiten zu den Texten des 1. Jahrhunderts auf, mit denen sie wichtige Motive der Deutung des Abendmahls verbinden. Bei dem nächsten Autor, dem wir uns nunmehr zuwenden, zeichnen sich die Konturen der Bedeutung des Abendmahls als Teil des frühchristlichen Gottesdienstes deutlich ab.

7. Justin

Der aus Palästina (Flavia Neapolis, heute Nablus) stammende Justin lebte und wirkte um die Mitte des 2. Jahrhunderts in Rom. Von seinen Schriften sind zwei Apologien erhalten (1/2 Apol, vermutlich ursprünglich Teile *eines* Werkes), in denen sich Justin an den römischen Kaiser wendet, um das Christentum gegen Vorwürfe zu verteidigen und für seine Akzeptanz durch den römischen Staat einzutreten. Überliefert ist des Weiteren ein Dialog mit dem Juden Trypho (Dial), in dem Justin seine eigene Bekehrung zum Christentum schildert und über das rechte Verständnis des Alten Testaments disputiert. Um 165 wurde Justin in Rom aufgrund seines Bekenntnisses zum christlichen Glauben hingerichtet und erhielt deshalb den Beinamen „der Märtyrer".

Die für Justins Verständnis des Abendmahls entscheidenden Passagen finden sich in 1 Apol 65-67 sowie in Dial 41 und 117.

> 65 Wir aber führen nach diesem Bad[49] den, der überzeugt wurde und den Lehren zugestimmt hat, zu denen, die „Brüder" genannt werden, dorthin, wo sie versammelt sind, um gemeinschaftlich für uns, für den, der erleuchtet worden ist, und für alle anderen auf der ganzen Welt inständig zu beten, damit wir, nachdem wir die Wahrheit erkannt haben, für würdig erachtet werden, auch durch die Werke als gute Staatsbürger und als solche, die die Gebote achten, beurteilt zu werden und die ewige Seligkeit zu erlangen. Wenn wir das Gebet beendet haben, grüßen wir einander mit einem Kuss.
> Darauf werden dem Vorsteher der Brüder Brot und ein Kelch mit Wasser und Wein gebracht; und er nimmt es und sendet dem Vater des Alls Lob und Preis durch den Namen des Sohnes und des Heiligen Geistes empor und spricht eine lange Danksagung (Eucharistie) dafür, dass wir dieser Gaben von ihm würdig erachtet worden sind. Ist er mit den Gebeten und der Danksagung zu Ende, stimmt das ganze Volk kräftig zu, indem es „Amen" ruft. (Das „Amen" bedeutet in der hebräischen Sprache: „Es geschehe!") Nach der Danksagung des Vorstehers und der Zustimmung des ganzen Volkes teilen die, welche bei uns Diakone heißen, jedem der Anwesenden von dem bedankten Brot, Wein und Wasser mit und bringen davon auch den Abwesenden.
> 66 Auch diese Speise selbst heißt bei uns Eucharistie. Niemandem ist gestattet, daran teilzuhaben, außer dem, der unsere Lehren für wahr hält, in dem Bad zur Vergebung der Sünden und zur Wiedergeburt gewaschen ist und so lebt, wie Christus es angewiesen hat. Denn nicht als gewöhnliches Brot und gewöhnlichen Trank nehmen wir diese zu uns; vielmehr auf dieselbe Weise wie Jesus Christus, unser Erlöser, durch das Wort Gottes Fleisch wurde und Fleisch und Blut für unser Heil hatte, so wurden wir belehrt, dass auch die durch ein von ihm ausgehendes Gebetswort mit Danksagung begleitete Speise, durch welche, einer Umwandlung entsprechend, unser Blut und Fleisch genährt werden, Fleisch und Blut jenes fleischgewordenen Jesus sei.

Denn die Apostel haben in den von ihnen stammenden Erinnerungen, welche „Evangelien" genannt werden, überliefert, dass ihnen folgende Anweisung erteilt worden sei: Jesus nahm das Brot, sprach darüber ein Dankgebet und sagte: „Dieses tut zu meinem Gedächtnis. Dieses ist mein Leib." Und ebenso nahm er den Becher, sprach darüber ein Dankgebet und sagte: „Dieses ist mein Blut." Und er habe nur ihnen daran Anteil gegeben.

Dass dies auch in den Mysterien des Mithras geschehe, haben die bösen Dämonen, indem sie zu Nachahmern geworden sind, überliefert. Denn dass Brot und ein Becher Wassers bei den Weihen eines neu Aufzunehmenden unter Hinzusetzen bestimmter Sprüche gereicht werden, das wisst ihr oder könnt es erfahren.

67 Wir aber erinnern in der Folgezeit einander immer hieran, helfen, wenn wir können, allen, die bedürftig sind, und sind immer zusammen. Bei allem aber, was wir zum Essen herbeibringen, preisen wir den Schöpfer des Alls durch seinen Sohn Jesus Christus und durch den Heiligen Geist.

An dem nach der Sonne benannten Tag findet eine Versammlung aller statt, die in Städten oder auf dem Land wohnen. Dabei werden die Erinnerungen der Apostel oder die Schriften der Propheten vorgelesen, solange es geht. Hat der Vorleser aufgehört, ergreift der Vorsteher das Wort zur Ermahnung und zur Aufforderung der Nachahmung alles dieses Guten. Darauf erheben wir uns alle zusammen und senden Gebete empor. Und wie wir schon früher ausführten: Wenn wir mit dem Gebet zu Ende sind, werden Brot, Wein und Wasser herbeigebracht, der Vorsteher spricht Gebete und Danksagungen, wie es ihm möglich ist, und das Volk stimmt kräftig zu, indem es „Amen" ruft. Darauf findet die Austeilung statt, und jeder erhält seinen Anteil an der Eucharistiespeise. Sogar den Abwesenden wird sie durch die Diakone gebracht.

Wer aber Mittel und guten Willen hat, gibt nach seinem Ermessen, was er will, und das Gesammelte wird bei dem Vorsteher hinterlegt. Dieser hilft damit Waisen und Witwen und solchen, die wegen Krankheit oder aus einem anderen Grund bedürftig sind, auch den Gefangenen und den Fremdlingen, die zu Gast sind. Er ist also, kurz gesagt, allen Bedürftigen ein Fürsorger.

Am Sonntag aber halten wir alle gemeinsam die Zusammenkunft, weil es der erste Tag ist, an welchem Gott die Finsternis und die Materie verwandelte und so die Welt schuf, und Jesus Christus, unser Erlöser, an diesem Tag von den Toten auferstanden ist. Denn am Tage vor dem Saturnustag kreuzigte man ihn und am Tage nach dem Saturnustag, also am Sonntag, erschien er seinen Aposteln und Jüngern und lehrte sie dieses, was wir zur Betrachtung auch euch vorgelegt haben.

Der Kontext der Ausführungen Justins ist die Schilderung der gottesdienstlichen Versammlungen der Christen. Mit dieser will er darlegen, dass die Christen weder etwas moralisch Verwerfliches noch etwas Staatsgefährdendes tun, sondern im Gegenteil eine sehr hochstehende Ethik der gegenseitigen Unterstützung und Armenfürsorge besitzen und also keine gefährliche Vereinigung sind.[50] Mit seiner Darstellung für Außenstehende liefert Justin wertvolle Informationen über die christliche Gemeinde und den christlichen Gottesdienst in Rom um die Mitte des 2. Jahrhunderts.

In Kapitel 65 schildert Justin die erste Teilnahme eines Neugetauften an der Eucharistie. Im Anschluss an die Taufe, die Justin zuvor beschrieben hatte, wird der Neugetaufte zu den „Brüdern" geführt, es folgen ein Gebet für ihn, für alle Christen sowie alle Menschen auf der Welt, sodann der Kuss und im Anschluss das gemeinsame Mahl mit Brot und einem Mischkelch aus Wein und Wasser.[51] An dieser Stelle schaltet Justin einige grundsätzliche Ausführungen zum sakramentalen Mahl ein (Kapitel 66), bevor er dann in Kapitel 67 noch einmal auf das Mahl im Rahmen des sonntäglichen Gottesdienstes zu sprechen kommt.

Aus diesen Ausführungen lässt sich zunächst entnehmen, dass die Eucharistie in zwei Zusammenhängen eine Rolle spielte: Sie war zum einen Bestandteil des wöchentlichen Gottesdienstes, zum anderen gab es bei der Aufnahme von Neugetauften eine spezielle Eucharistiefeier. Des Weiteren lässt die Schilderung erkennen, auf welche Weise das Mahl in der römischen Gemeinde in den Ablauf des Gottesdienstes eingeordnet war. Der Gottesdienst bestand demnach aus der Verlesung von Texten aus den Evangelien,[52] einer Ansprache des „Vorstehers", worunter man sich wohl eine Schriftauslegung vorzustellen hat, Gebeten der Gemeinde sowie der Eucharistiefeier.

In Kapitel 66 erläutert Justin, was es mit der „Eucharistie" auf sich hat. Dabei nennt er die *Speise* „Eucharistie" und bezieht dies im Folgenden auf Fleisch und Blut Jesu Christi. Er gebraucht den Begriff „Eucharistie" demnach ähnlich wie Ignatius, bei dem eine vergleichbare Verwendung anzutreffen war. Die Besonderheit der Speise macht Justin zunächst daran deutlich, dass er sie als eine nur Mitgliedern der christlichen Gemeinschaft zugängliche kennzeichnet. Die christliche Gemeinschaft ist also – darin dem Mithraskult vergleichbar, auf den Justin später eingeht – eine Gemeinschaft, die nach einer bestimmten Ordnung, nämlich nach den Weisungen Christi, lebt und zu der ein bestimmter Aufnahmeritus, nämlich die Taufe, gehört. Diese stellen zugleich die Voraussetzungen für die Teilnahme an der Eucharistie dar. Damit begegnet bei Justin ein Aspekt, der bereits in der Didache anzutreffen war, welche die Teilnahme an der Eucharistie ebenfalls auf die Getauften beschränkt hatte.

Um die Eucharistie näher zu erläutern, entwirft Justin sodann ein komplexes Satzgefüge, in dem er ausführt, um welche Art von Speise es sich handelt und worin ihre Wirkung besteht. Dieser viel diskutierte Satz ist für seine Auffassung von der Eucharistie von großer Bedeutung. Wir wenden uns ihm deshalb im Folgenden genauer zu.[53]

> Auf dieselbe Weise wie
> <u>Jesus Christus</u>, unser Erlöser,
> *durch das Wort Gottes* <u>Fleisch wurde</u> und
> Fleisch und Blut für unser Heil hatte,
> so wurden wir belehrt, dass auch
> <u>die</u> *durch ein von ihm ausgehendes Gebetswort*
> <u>mit Danksagung begleitete Speise</u>,
> durch welche, einer Umwandlung entsprechend, unser Blut und Fleisch genährt werden,
> Fleisch und Blut jenes fleischgewordenen Jesus sei.

In dem Satz stellt Justin zwei „Worte" einander gegenüber: ein Wort Gottes, durch welches Jesus Christus Fleisch geworden ist, und ein von Jesus Christus selbst ausgehendes Gebetswort,[54] durch welches die gewöhnliche Speise mit einer Danksagung versehen wurde. Justin bezieht sich hier auf das von Jesus über Brot und Kelch gesprochene Dankgebet, was er kurz darauf mit dem Verweis auf den Einsetzungsbericht begründen wird, in dem derselbe Begriff („danksagen") wieder begegnet. Durch das Dankgebet Jesu beim letzten Mahl ist demnach die Speise der Eucharistie zu einer „mit Dank versehen" Speise geworden. Wie in der Didache besteht also auch bei Justin ein enger Zusammenhang zwischen den Dankgebeten und der Besonderheit der Speise der Eucharistie.

Diese besondere Speise fungiert „entsprechend einer Umwandlung" als Nahrung für diejenigen, die am gottesdienstlichen Mahl teilnehmen. Bei Justin begegnet der Begriff „Umwandlung" zum ersten Mal im Zusammenhang der Eucharistie. Es ist genau zu prüfen, was er darunter versteht.

Der nächstliegende Bezug der Wendung „entsprechend einer Umwandlung" ist, darauf weist schon die syntaktische Stellung hin, derjenige auf Fleisch und Blut der Menschen, die genährt werden, nicht auf die Speise: Durch die Ernährung mit der Speise, über der Jesus Christus das Gebetswort gesprochen hat, werden die Mahlteilnehmer „einer Umwandlung entsprechend" genährt. Diese Wandlung ist von der Analogie der beiden von Gott und Jesus Christus ausgehenden „Worte" her zu verstehen: Die Gemeinsamkeit („auf dieselbe Weise wie ... so") besteht darin, dass beide „Worte" eine Umwandlung bewirkt haben: Durch das

Wort Gottes wurde Jesus Christus zu einem Menschen aus Fleisch und Blut, durch das Gebetswort Jesu Christi wurde die Speise zu einer solchen, die durch die Ernährung zugleich eine Umwandlung unseres Fleisches und Blutes – also: *unsere* Umwandlung – bewirkt.[55]

Diese unsere Umwandlung versteht Justin demnach als Analogie zur Fleischwerdung Jesu Christi, die das damit begonnene Heilswerk fortsetzt, indem sie den Menschen daran Anteil gibt. Justin versteht das Mahl also als Realisierung der Verbindung von göttlichem und menschlichem Bereich, die durch zwei „Umwandlungen" möglich wird: Durch ein von Gott ausgehendes Wort entsteht ein Mensch in Fleisch und Blut; in Korrespondenz hierzu wird unser Fleisch und Blut, ermöglicht durch das von Jesus ausgehende Gebetswort über der Eucharistiespeise, verwandelt. Diese Verwandlung wird man als eine solche der sterblichen, verweslichen Leiber hin zu Unvergänglichkeit und ewigem Leben auffassen dürfen. Justin bewegt sich hier demnach auf den Spuren des Johannesevangeliums, der Didache und des Ignatius. Wenn er dabei ausdrücklich hervorhebt, dass Jesus Christus Fleisch und Blut für unser Heil hatte und auch die Speise der Eucharistie dieses Fleisch und Blut sei, ist darin ein polemischer Akzent gegen die Bestreitung der Fleischwerdung Jesu Christi zu sehen, wie er auch bei Ignatius, Sm 7,1, begegnet war.

Im folgenden Abschnitt wird dies durch die Zitierung des Einsetzungsberichtes näher begründet. Mit diesem Passus erläutert Justin, was der Inhalt der erwähnten Belehrung ist, genauer: was es mit dem Gebetswort Jesu auf sich hat. Jesus selbst habe bei der Einsetzung der Eucharistie über den Elementen gedankt und sodann gesagt, dass Brot und Kelch (bzw. Wein) sein Leib und sein Blut sind. Der Dank über Brot und Kelch ist demnach das zuvor erwähnte, von Jesus ausgehende Gebetswort, wogegen die Einsetzungsworte begründen, dass es sich bei der Speise der Eucharistie um Fleisch und Blut Jesu handelt.[56] Justin sieht die Besonderheit der im christlichen Mahl verzehrten Speise demnach darin, dass sie durch die von Jesus zuerst gesprochene und später in der Gemeindeversammlung von dem Vorsteher zu vollziehende Danksagung zu einer besonderen „eucharistischen" Speise geworden ist, die die Menschen verwandelt, indem sie ihnen Anteil an dem auferweckten Jesus Christus gibt.

Justin zitiert die Einsetzungsworte offenbar frei, gibt aber zu erkennen, dass sie sich in den „Erinnerungen der Apostel" finden. Die von ihm angeführte Version stimmt allerdings mit keiner derjenigen in den synoptischen Evangelien überein. Eine gewisse Nähe besteht allerdings zum Lukasevangelium, da auch Justin den Wiederholungsauftrag nur beim Brotwort nennt. Die deutliche Parallelität von Brot- und Kelchwort („Dies ist mein Leib – dies ist mein Blut") findet sich in dieser Form jedoch in den älteren Berichten der Evangelien (und bei Paulus) noch nicht. Sie ist vermutlich auf eine Angleichung beider Worte im Überlieferungsprozess zurückzuführen. Charakteristisch für Justin ist, dass er den Wiederholungsbefehl den Deuteworten voranstellt. Eine weitere Auffälligkeit ist, dass er das Brechen des Brotes – wie dann auch Irenäus und die Traditio Apostolica – nicht erwähnt.

Die bei Justin begegnende Vorstellung einer Wandlung ist also auf die durch das Gebetswort ermöglichte Anteilhabe der Menschen an Jesus Christus und damit am ewigen Leben bezogen, nicht auf eine Wandlung der Mahlelemente. Der größere Zusammenhang ist Justins Auffassung vom Wirken des göttlichen „Logos" (Wort): Dieser bewirkte die Menschwerdung Jesu Christi, er bewirkt auch unsere Verwandlung hin zur Unsterblichkeit. Diesen Prozess verbindet Justin mit der in der Eucharistie genossenen Speise, die er als symbolische Verbindung zwischen den Menschen und Jesus Christus deutet. Damit greift Justin eine Vorstellung auf, die sich bereits im Johannesevangelium, in der Didache und bei Ignatius findet, wo von der Vermittlung des ewigen Lebens, von Unsterblichkeit bzw. von der „Arznei der Unsterblichkeit" die Rede ist. Ähnlich wie im Johannesevangelium findet sich dabei auch bei Justin die Rede vom fleischgewordenen göttlichen „Logos", durch den dies ermöglicht wurde.

Auch Irenäus vertritt, unter Aufnahme Justins, die Auffassung, dass die Speise in der Eucharistiefeier durch die Anrufung das Wort Gottes aufnimmt. Dies wird im nächsten Abschnitt näher ausgeführt werden. Schließlich findet sich bei Origenes die Auffassung, dass durch Danksagung und Gebet die Mahlelemente geheiligt werden.[57] Dass Wort (Logos) und Mahlelemente trotz ihrer Verbindung in der Eucharistie voneinander zu unterscheiden sind und die eigentliche Vermittlung des Heils durch das Wort geschieht, wird dabei besonders bei Origenes betont. Bei Justin ist demnach eine für das Verständnis der Eucharistie sehr wichtige und seit der Mitte des 2. Jahrhunderts häufiger anzutreffende Deutung zu finden, die ihrerseits vorausliegende Interpretationen der Eucharistie aufgreift.

Überaus wichtig in den Ausführungen Justins ist des Weiteren die ethische Dimension. Zu Beginn von Kapitel 67 wird ausdrücklich auf die gegenseitige Unterstützung und Hilfe innerhalb der christlichen

Gemeinschaft hingewiesen. Die Speise der Eucharistie wird auch den Abwesenden gebracht, damit sie an dem Mahl teilnehmen können. Bei diesen Abwesenden ist vermutlich an kranke oder inhaftierte Gemeindeglieder zu denken. Sie erhalten an der Eucharistie in dem ausgeführten Sinn dadurch Anteil, dass ihnen die Speise durch die Diakone überbracht wird.

In diesem Zusammenhang spricht Justin auch von einer Kollekte für die Bedürftigen. Die Eucharistie wird damit als Mahl einer Gemeinschaft gekennzeichnet, die sich durch gegenseitige Liebe, Fürsorge und Unterstützung auszeichnet. Dies ist ein für das Christentum, wie es Justin vor Augen hat, offenbar sehr charakteristisches Merkmal.

Ein weiterer Aspekt bei Justin ist der Vergleich der Eucharistie mit den Mithrasmysterien.[58] Beim Mithraskult handelt es sich um einen Mysterienkult, der aus Persien stammte und sich seit dem Ende des 1. Jahrhunderts n. Chr. zunehmend auch im Römischen Reich ausbreitete. Zu dem Kult waren nur Männer zugelassen. Die Verehrung des Gottes Mithras besaß vor allem im römischen Heer, aber auch unter Sklaven und höheren Beamten des Römischen Reiches große Attraktivität. Sogar römische Kaiser wie Nero und Commodus ließen sich in die Mithrasmysterien einweihen. Aufgrund ihrer großen Anziehungskraft sowie etlicher möglicher Analogien stellte der Kult des Mithras für das frühe Christentum eine ernst zu nehmende Konkurrenz dar. Dies zeigt sich nicht zuletzt an den polemischen Äußerungen Justins, denen dann diejenigen von Tertullian an die Seite treten.[59]

Eine Analogie zwischen dem Mithraskult und dem christlichen Gottesdienst bestand darin, dass beide am selben Tag gefeiert wurden – dem Tag des Sonnengottes, den Justin deshalb als „nach der Sonne benannten Tag" bezeichnet. Mithras wurde von Beginn seiner kultischen Verehrung an eng mit dem Sonnengott assoziiert, gelgentlich sogar mit ihm identifiziert.[60] Später wird dann der Geburtstag Christi auf den 25. Dezember gelegt, an dem auch der Geburtstag des Mithras gefeiert wurde. Im Mithraskult wie in der christlichen Religion stand zudem ein gemeinschaftliches Mahl im Zentrum der Versammlungen. In beiden Fällen begegnet die Vorstellung, dass im gemeinsamen Mahl eine lebendige Beziehung zur Gottheit hergestellt wird, die zugleich die jeweiligen Heilsgüter vermittelt.

Eine weitere Gemeinsamkeit war die Beschränkung der Teilnahme: Am Abendmahl durften nur die Getauften teilnehmen, am Mithraskult nur die in die Mysterien Eingeweihten. Justin leitet die Beschränkung des Zugangs zum Abendmahl davon ab, dass bereits Jesus *nur den Aposteln* Anteil an seinem Leib und Blut gegeben hatte. Damit ist auf die Situation des letzten Mahles Jesu angespielt, bei dem den Evangelien zufolge nur der Zwölferkreis anwesend war. Justin begründet damit indirekt, warum nur die Getauften am Mahl teilnehmen dürfen. Zugleich wird damit jedoch die Nähe zu den Mithrasmysterien verstärkt.

Eine dritte Gemeinsamkeit zwischen Mithraskult und christlicher Religion, die für den Kontext von Justins Ausführungen von besonderer Bedeutung ist, sind die Einweihungsriten. Justin sieht eine Analogie zwischen der Einweihung in die Mithrasmysterien und der auf die Taufe folgenden erstmaligen Teilnahme am christlichen Mahl. Dabei spielt er mit der Nennung von Wasserkelch und Brot vermutlich auf die Einweihung in einen der untersten Grade des Mithraskultes, den des Soldaten, an. Die Nähe zwischen beiden Riten wird von ihm damit erklärt, dass die Mithrasmysterien eine Nachahmung der Einsetzung des christlichen Mahles seien.[61]

Justin ist sich der Parallelen von christlichen Riten und Mithrasmysterien also sehr wohl bewusst. Seine ausdrückliche Abgrenzung der Eucharistie von den Mithrasmysterien zeigt, dass er den Eindruck verhindern möchte, es handle sich bei dem sakramentalen Mahl der Christen um eine ähnliche Veranstaltung wie bei den Mählern des Mithraskultes. Zugleich will er damit in seiner Apologie an den Kaiser deutlich machen: Unsere Eucharistiefeier ist nicht etwas Fremdes, auch andere Gemeinschaften haben vergleichbare Riten, die allerdings auf das Wirken der Dämonen zurückgehen.

Der Befund des Textes lässt sich folgendermaßen zusammenfassen: Hatte in der Didache die Gestalt der christlichen Mahlfeier durch die angeführten Gebete deutlichere Konturen gewonnen und war bei Ignatius die Einbindung der Eucharistie in Versammlung und Ethik der christlichen Gemeinschaft betont worden, so liegt ein besonderer Akzent der Ausführungen Justins darin, dass er in einer nach außen gerichteten Darstellung darüber berichtet, wie die christlichen Gottesdienste verliefen. Sein Bericht ist dabei durchaus glaubwürdig, auch wenn zu bedenken ist, dass er die Praxis der römischen Gemeinde widerspiegelt und nicht pauschal auf alle christlichen Gemeinden dieser Zeit übertragen werden kann. Justin hebt die hochstehende Ethik hervor, welche die christliche Gemeinschaft auszeichnet und die sich auch in ihren gottesdienstlichen Versammlungen widerspiegelt.

Zum Ablauf der sonntäglichen Gottesdienstfeier gehörten neben dem Mahl vor allem noch Schriftlesung und -auslegung, Gebete und Kollekte für die Armen. Diese Bestandteile der Mahlfeier lassen sich ähnlich auch in Apg 2,42 erkennen: Lehre der Apostel, Gemeinschaft, Brotbrechen, Gebete. Auch Paulus bespricht in 1 Kor 11 Mahlprobleme im Zusammenhang anderer Fragen der Gemeindeversammlung, zu denen auch Beten und prophetisches bzw. pneumatisches Reden gehören. Ob diese Elemente immer in derselben Abfolge geordnet waren, lässt sich nicht mit Sicherheit sagen, da die Texte vor Justin nicht an der Schilderung eines Gottesdienstverlaufs interessiert sind. Justin ist indes daran gelegen, über die Bestandteile des Gottesdienstes und dessen Ablauf genauere Auskunft zu geben, da seine Schrift an Außenstehende gerichtet ist. Justin zufolge steht die Mahlfeier am Ende des Gottesdienstes, gefolgt von einer Sammlung für die Bedürftigen.

Signifikant ist weiter, dass bei Justin die Vorstellung einer Verwandlung der Mahlteilnehmer durch den Genuss der Speise in der Eucharistiefeier begegnet. Diese Vorstellung ist in früheren Texten – im Johannesevangelium, in der Didache und bei Ignatius – bereits angelegt, wenn sie davon sprechen, dass die im Abendmahl genossene Speise bzw. der Verzehr von Fleisch und Blut Jesu (so im Johannesevangelium) ewiges Leben vermittelt bzw. es sich um „Unsterblichkeitsarznei" handelt (so bei Ignatius). Neu bei Justin ist indes, dass er den Einsetzungsbericht (allerdings nicht unmittelbar die Einsetzungsworte!) hiermit verknüpft. Dies bestätigt den bislang gewonnenen Eindruck, dass der Einsetzungsbericht nicht als fester Bestandteil der Mahlfeier selbst betrachtet wurde. Justin verwendet ihn vielmehr – in zu Paulus in 1 Kor 11 analoger Weise – als Argument, um damit das Charakteristikum der christlichen Mahlfeier darzulegen. Er besagt, dass Jesus über der Speise ein Gebetswort gesprochen hat und diese damit zu einer besonderen, von Danksagung begleiteten Speise wurde sowie dass es sich bei Brot und Wein um Leib und Blut Jesu handelt. Kennzeichnend für Justin ist des Weiteren, dass er diesen Vorgang im größeren Zusammenhang des Wirkens des göttlichen „Logos" versteht.

Drittens schließlich zeigt sich bei Justin, dass die christliche Mahlfeier von analogen Ritualen in den Mysterienkulten abgegrenzt werden musste. Dass hier eine gewisse Nähe bestand, lassen die Ausführungen Justins sowie späterer christlicher Autoren deutlich erkennen. Ein ähnliches Problem war bereits bei Paulus in 1 Kor 10 aufgetaucht, der dort das Herrenmahl von anderen Kultmählern – denjenigen Israels und den heidnischen – abgegrenzt und dazu auf die im Mahl zum Ausdruck kommende lebendige Beziehung zu der jeweiligen Gottheit verwiesen hatte. Aufgrund dieser Analogie war es um so wichtiger, die inhaltliche Differenz herauszustellen. Justin tut dies dadurch, dass er – wie dann auch Tertullian – die Mähler des Mithraskultes als „Nachahmungen" des christlichen Mahles bezeichnet, welche die durch das letztere vermittelten Heilsgüter gerade nicht beinhalten.

In seiner anderen Schrift, dem Dialog mit dem Juden Trypho, kommt Justin ein weiteres Mal auf die Eucharistie zu sprechen. In Kapitel 41,1-3 stellt er einen Zusammenhang zwischen dem Brot der Eucharistie und dem im Alten Testament erwähnten Reinigungsopfer her: Das dort (in Levitikus/3 Mose 14) erwähnte Opfer sei ein Modell des Brotes der Eucharistie: Gott habe, wie es bei Malachias (Maleachi) heißt, kein Wohlgefallen an den Opfern Israels gehabt, dagegen werde sein Name bei den Heiden verherrlicht, die ihm ein reines Opfer darbringen. Diese Prophetie beziehe sich auf Brot und Kelch der Eucharistie. Damit tritt ein weiterer Aspekt der ethischen Deutung der Eucharistie in den Blick: In der Eucharistie sagen die Menschen Gott Dank für die Erschaffung der Welt und für die Reinigung von den Sünden. Darum werden durch das Brot der Eucharistie die Opfer Israels durch die Heiden zu ihrer wahren Geltung gebracht.

In ähnlicher Weise erwähnt Justin in Dial 117 das Gegenüber der Eucharistie zu den von den Juden dargebrachten Opfern und stellt wiederum unter Bezugnahme auf Malachias heraus, dass Gott die letzteren nicht annehmen werde. Auch hier wird die Eucharistie als Danksagung und damit als vollkommenes Opfer gedeutet.

Justin stellt im Dialog mit Trypho folglich die Eucharistie als Opfer der Heiden den Opfern Israels gegenüber und bezieht sich im Blick auf die Ablehnung der letzteren durch Gott auf die Äußerung des Propheten Malachias. Mit den Opfern sind dabei, wie in Dial 117,3 ausdrücklich vermerkt wird, Gebete und Danksagungen gemeint. Dies steht in Nähe zur Verwendung des Opferbegriffs in Did 14,1 und führt zugleich zu dem nächsten zu besprechenden Autor, Irenäus, der diesen Aspekt breiter ausführen wird.

8. Irenäus von Lyon

Irenäus stammte aus Kleinasien, wurde aber als Bischof von Lyon bekannt, wo er auch um das Jahr 200 gestorben ist. Sein Hauptwerk ist die in fünf Bücher unterteilte „Überführung und Widerlegung der fälschlich sogenannten Gnosis", meist unter dem lateinischen Titel *Adversus haereses* (Haer) zitiert. Wie der Titel bereits anzeigt, entwickelt Irenäus seine theologischen Auffassungen über weite Strecken im Rahmen von Auseinandersetzungen mit anderen, von ihm als „häretisch" verurteilten Sichtweisen, die er dazu ausführlich darstellt. Seine Bedeutung für die frühchristliche Theologie liegt auf verschiedenen Gebieten, wie z.B. der Herausbildung der christlichen Glaubensregel, der Vorstellung eines „viergestaltigen Evangeliums" und der Entstehung eines eigenen christlichen Geschichtsbildes.

Die Ausführungen des Irenäus über die Eucharistie lassen sich als Aufnahme und Weiterführung derjenigen Justins verstehen. Die wichtigen Passagen finden sich in Haer IV 17 und 18 sowie in V 2. Den Kontext in Buch IV bilden zunächst Bemerkungen über den Zusammenhang von Altem und Neuem Testament. Irenäus wendet sich hier gegen Markion, der die Geltung des Alten Testaments für das Christentum radikal abgelehnt hatte, und betont, dass es derselbe Gott sei, der in beiden Testamenten bezeugt werde. In diesem Zusammenhang kommt er auch auf die Bedeutung der im Alten Testament erwähnten Opfer zu sprechen. Er legt zunächst dar, dass diese von Gott nicht deshalb angeordnet wurden, weil er ihrer bedurft hätte, sondern um der Menschen willen, damit sie nämlich ihre Liebe und Dankbarkeit Gott gegenüber erweisen könnten. Auf diese Weise erkläre sich auch die Zurückweisung der Opfer durch Gott, die seine Gegner offenbar als Argument dafür vorgebracht hatten, dass es keiner Opfer mehr bedürfe. Die Zurückweisung der Opfer durch Gott beziehe sich, so Irenäus, jedoch nicht auf die Opfer selbst, sondern auf die *Haltung*, mit der sie dargebracht würden. So sei auch die prophetische Kritik an den Opfern zu verstehen. Nach diesen Ausführungen geht er sodann relativ unvermittelt zum Neuen Testament über.

Haer IV 17,5
Aber auch seinen Jüngern gab er den Rat, die Erstlingsfrüchte aus seinen Geschöpfen Gott darzubringen, nicht weil er dessen bedürfe, sondern damit sie nicht unfruchtbar und undankbar seien. Er nahm das aus der Schöpfung stammende Brot, sagte Dank und sprach: „Das ist mein Leib". Und den Kelch, der aus der uns gemäßen Schöpfung stammt, bekannte er auf gleiche Weise als sein Blut und lehrte, dass es die neue Opfergabe des Neuen Bundes sei, welche die Kirche von den Aposteln empfangen hat und auf der ganzen Welt darbringt, ihm, der uns ernährt, als die Erstlinge seiner Gaben im Neuen Bund. Darauf hat unter den zwölf Propheten Malachias folgendermaßen vorausverwiesen:

> „Ich habe kein Wohlgefallen an euch, spricht der Herr, der Allmächtige, und ich nehme kein Opfer an von euren Händen ..." Damit zeigt er sehr deutlich, dass das erste Volk aufhören wird, Gott Opfer darzubringen, dass ihm aber dann an jedem Ort ein Opfer dargebracht werden wird, und zwar ein reines, und dass sein Name verherrlicht werden wird unter den Heiden.

Irenäus deutet das von Jesus eingesetzte Mahl im Rahmen der Ablösung des Alten Bundes durch den Neuen: Wie mit dem Ende des Gesetzes des Alten Bundes auch die dazugehörigen Opfer unwirksam wurden, so gehört zur Stiftung des Neuen Bundes und seiner Vorschriften auch die Einsetzung eines neuen Opfers. Dies ist durch Jesus in den Einsetzungsworten geschehen, die Irenäus in ähnlicher Weise wie Justin zur *argumentativen Entfaltung* dieses Geschehens heranzieht. Dies wird unter anderem, wie schon bei Justin, durch die Auslassung des Verweises auf das Brotbrechen kenntlich gemacht. Die Eucharistie ist bei Irenäus als diejenige Opfergabe aufgefasst, welche die Kirche Gott darbringt. Sie unterscheidet sich von dem Opfer des Alten Bundes darin, dass es sich um ein reines Opfer handelt, das nicht mehr von Sklaven, sondern von Freien dargebracht wird (18,2). Gott habe also nicht die Opfer an sich zurückgewiesen, vielmehr haben sich mit dem Wechsel der Bundesordnung auch die Arten des Opfers und des Opferns geändert. Worauf es nunmehr ankommt, ist nämlich die mit dem Opfer verbundene Einstellung. Ähnlich wie Justin verwendet Irenäus also den Vergleich mit den Opfern des Alten Bundes, um die mit der Eucharistie verbundene Einstellung gegenüber Gott hervorzuheben.

Ein weiterer wichtiger Aspekt des Eucharistieverständnisses bei Irenäus bezieht sich auf den Charakter der Mahlelemente.

Haer IV 18,5
Wie können sie sagen, dass das Fleisch der Vergänglichkeit anheimfällt und keinen Anteil am Leben hat, wo es doch durch Leib und Blut des Herrn ernährt wird? Sie sollen entweder diese Auffassung ändern oder aufhören, die genannten Opfer darzubringen. Mit unserer Auffassung dagegen stimmt die Eucharistie überein, und die Eucharistie bestätigt die Auffassung. Wir bringen ihm dar, was ihm gehört, wobei wir übereinstimmend die Gemeinschaft und Einheit von Fleisch und Geist verkünden. Denn wie das von der Erde stammende Brot, wenn es die Anrufung Gottes empfängt, nicht mehr gewöhnliches Brot ist, sondern Eucharistie, die aus zwei Elementen, einem irdischen und einem himmlischen, besteht, so sind auch unsere Körper, wenn sie die Eucharistie empfangen, nicht mehr vergänglich, sondern haben die Hoffnung auf Auferstehung.

Haer V 2,3
Wenn nun also sowohl der gemischte Kelch als auch das zubereitete Brot das Wort Gottes aufnehmen und zur Eucharistie und zum Leib Christi werden, aus welchen die Substanz unseres Fleisches wächst und besteht, wie können sie dann sagen, das Fleisch sei nicht dazu in der Lage, die Gabe Gottes aufzunehmen, die das ewige Leben ist, da es doch vom Blut und Leib des Herrn genährt wird und sein Glied ist?

Irenäus setzt sich hier mit der Leugnung einer leiblichen Auferstehung durch gnostische Gruppen auseinander. Der erste Text stellt dabei die Übereinstimmung zwischen der Eucharistie und der Lehre von der Auferstehung heraus. Dazu verweist Irenäus, in ähnlicher Weise wie Justin, auf den besonderen Charakter der in der Eucharistie genossenen Speise. Dieser besteht darin, dass sich Irdisches und Himmlisches miteinander verbinden, also eine Gemeinschaft von Fleisch und Geist entsteht. Justin hatte hierfür das von Jesus gesprochene Gebetswort genannt, Irenäus spricht in analoger Weise von der „Anrufung Gottes", die das Brot empfängt.[62] Beide können dabei die Bezeichnung „Eucharistie" für die Speise selbst verwenden. Dieses nicht mehr gewöhnliche Brot kann denen, die es essen, die Teilhabe am himmlischen Bereich und damit die Hoffnung auf die Auferstehung vermitteln. Damit führt Irenäus Gedanken weiter, die sich bereits bei Justin sowie im Johannesevangelium, in der Didache und bei Ignatius finden: Die Mahlelemente der Eucharistie können ewiges Leben bzw. Unsterblichkeit vermitteln – bei Irenäus: sie können das Wort Gottes aufnehmen und sind deshalb dazu in der Lage, unser Fleisch wachsen zu lassen und zu stärken. Damit sind unsere Leiber, wie er ausdrücklich vermerkt, nicht mehr vergänglich (IV 18,5), vielmehr hat das Sterbliche die Unsterblichkeit empfangen (V 2,3). Irenäus bezieht sich hier auf 1 Kor 15,53, was im Blick auf das Philippusevangelium noch wichtig werden wird, wo dieser Text anders interpretiert wird. Irenäus sagt jedenfalls eindeutig, dass die Eucharistie den vergänglichen Leibern die Unvergänglichkeit vermittelt, sie allerdings zuvor in die Erde sinken und aufgelöst werden müssen (V 2,3).

Ein weiterer Aspekt ist die Darlegung der wahrhaften Menschwerdung Jesu Christi. Jesus hat tatsächlich Fleisch angenommen, nicht nur zum Schein – auch dieser Aspekt war bei Justin und bereits bei Ignatius begegnet. Dadurch ist Gott in sein Eigentum gekommen und hat dem menschlichen Fleisch Anteil am Heil gegeben. Diese Anteilhabe begründet Irenäus mit der Eucharistie. Da – wie er in leicht veränderter Aufnahme von 1 Kor 10,16 ausführt – der Kelch der Eucharistie und das gebrochene Brot die Vermittlung (*communicatio*) des Blutes und Leibes Christi sind, sind Fleisch und Blut wahrhaft erlöst (V 2,2). Diesen Zusammenhang erläutert er in V 2,3 damit, dass Mischkelch[63] und Brot das Wort Gottes aufnehmen, dadurch zu Blut und Leib Christi werden und deshalb dazu fähig sind, auch unserem vergänglichen Fleisch das ewige Leben zu vermitteln. Die Eucharistie ist deshalb ein Beleg dafür, dass es dem verweslichen Fleisch möglich ist, die Qualität der Unverweslichkeit zu erlangen. Irenäus verwendet in diesem Zusammenhang den Begriff der „Substanz", um deutlich zu machen, dass sich durch die Eucharistie an uns eine das Wesen betreffende Veränderung vollzieht. Dabei bekommt das vergängliche Fleisch die Qualität des ewigen Lebens verliehen und wird zum Glied Christi. So verbürgt die Eucharistie insgesamt die Hoffnung auf die Auferstehung.[64]

Wie bei Justin ist auch bei Irenäus die Deutung der Eucharistie Teil einer umfassenderen theologischen Konzeption. Für beide besteht die Besonderheit der Eucharistie darin, dass die Menschen durch sie Anteil an dem durch Jesus eröffneten Heil erlangen können. Voraussetzung hierfür ist die Menschwerdung Jesu Christi, die es ermöglicht, dass die Mahlelemente das Wort Gottes empfangen und den Menschen, die diese Speise zu sich nehmen, ewiges Leben vermitteln.

Auf einen Akzent der Interpretation des Irenäus ist noch gesondert hinzuweisen. In seiner Auseinandersetzung mit den „Häretikern" besteht er darauf, dass die Schöpfung kein widergöttlicher Bereich ist, sondern von einer göttlichen Ordnung durchwaltet wird, die auf ihre vollständige Wiederherstellung zuläuft. Aufgrund dessen ist für Irenäus die tatsächliche Menschwerdung Jesu Christi von hoher Bedeutung, weil sie dem Sündenfall Adams korrespondiert und damit das auf die Schöpfung gerichtete Heilswerk Gottes vollendet. In seiner Deutung der Eucharistie zeigt sich dies, wenn Irenäus ausdrücklich darauf verweist, dass es sich um „von der Erde stammendes", also irdisches Brot handelt (IV 18,5) und dass Kelch und Brot aus der Schöpfung stammen, mit der Gott uns ernährt, die wir ebenfalls aus irdischem Leib und Blut bestehen (V 2,2). In der Fleischwerdung Jesu Christi hat sich dieser mit Gottes Schöpfung verbunden, auf die sich nun auch sein Erlösungswerk richtet.

Irenäus nimmt etliche Aspekte der Deutung der Eucharistie durch Justin auf: den Bezug zur Menschwerdung Jesu Christi, die Verbindung der Mahlelemente mit dem Wort Gottes durch Gebet bzw. Anrufung, die

Vermittlung der Auferstehung sowie nicht zuletzt die im Vergleich mit den Opfern des Alten Bundes liegende ethische Dimension der Eucharistie als Danksagung, die damit zugleich die neue Ordnung der christlichen Gemeinschaft begründet. Einige dieser Aspekte – die Betonung der Menschwerdung Jesu Christi, der Bezug zur Ethik der christlichen Gemeinschaft, die bereits gegenwärtige Vermittlung der Unsterblichkeit – waren auch bereits bei Ignatius anzutreffen. Indem Irenäus diese Aspekte vertieft und weiter ausbaut, liefert er einen wichtigen Beitrag zur theologischen Durchdringung der Eucharistie im 2. Jahrhundert.

Mit dem im Folgenden zu besprechenden Text treten wesentliche Akzente der durch Ignatius, Justin und Irenäus vertretenen Eucharistieauffassung in den Hintergrund, zugleich werden solche, die von ihnen zurückgewiesen wurden, betont. Dadurch wird die Auseinandersetzung zwischen einer in der Kirche als „rechtgläubig" anerkannten und einer als Irrlehre (Häresie) zurückgewiesenen Auffassung erkennbar.

9. Philippusevangelium

Das Philippusevangelium wurde durch den aufsehenerregenden Fund der Nag Hammadi-Codices im Jahr 1945 bekannt. Es steht dort in Codex II, unmittelbar hinter dem Thomasevangelium. Wie dieses wurde auch das Philippusevangelium ursprünglich auf Griechisch abgefasst, ist aber nur in einer koptischen Übersetzung erhalten. Die Schrift besteht aus Gedanken, Aussprüchen und kleineren Szenen, worunter sich – im Gegensatz zum Thomasevangelium – nur wenige Jesus zugeschriebene Worte finden. Man kann das Philippusevangelium deshalb als „Florilegium" (Hans-Martin Schenke) oder als „theologische Abhandlungen im Kleinformat" (Hans-Josef Klauck) bezeichnen.[65]

Das Philippusevangelium lässt sich in seiner theologischen Ausrichtung dem Valentinianismus zuordnen, einer Richtung des frühen Christentums, die sich auf den um die Mitte des 2. Jahrhunderts in Rom wirkenden philosophischen Lehrer Valentin zurückführte. Die Schrift dürfte damit am Ende des 2. oder am Anfang des 3. Jahrhunderts entstanden sein. Valentin und seine Schüler wurden von etlichen altkirchlichen Autoren – vor allem von Irenäus von Lyon – als Häretiker bekämpft. Ihre Schriften wurden dementsprechend abgelehnt. Für die Interpretation des Abendmahls im frühen Christentum ist das Philippusevangelium gleichwohl von großem Interesse.

Eine Besonderheit ist dabei sein auffälliges Interesse an Sakramenten.[66] In § 68 begegnet hierzu folgende Aussage:

> Der Herr [bereitete] alles in verborgener Weise: Taufe, Salbung, Eucharistie, Erlösung und Brautgemach.

Diese Aufzählung wurde häufig so verstanden, dass das Philippusevangelium zusätzlich zu den auch ansonsten bekannten ersten drei Sakramenten zwei weitere „gnostische" Sakramente kenne. Näher liegt aber eine andere Deutung. Die ersten drei Glieder – Taufe, Salbung, Eucharistie – könnten, in Entsprechung zu anderen Schriften, als die Sakramente aufgefasst sein, durch die die Aufnahme in das Christentum erfolgt, wogegen die beiden letzten Glieder – Erlösung und Brautgemach – deren *Wirkung* beschreiben. Für diese Sicht spricht zum einen, dass „Erlösung" schwer als Sakrament vorstellbar ist und „Brautgemach" ein zentraler Begriff des Philippusevangeliums ist, mit dem die Vereinigung des irdischen und des himmlischen Bereichs beschrieben wird (vgl. vor allem § 82).[67]

Nimmt man § 76a hinzu, lässt sich diese Deutung präzisieren. Hier werden in einer sich steigernden Abfolge Taufe, Erlösung und Brautgemach aufgezählt. Daraus könnte hervorgehen, dass die Salbung als Erlösung und die Eucharistie als Brautgemach verstanden werden.[68] Für die Eucharistie würde sich daraus ergeben, dass sie als das wichtigste Sakrament betrachtet wird, weil sich in ihr die Vereinigung des göttlichen mit dem menschlichen Bereich vollzieht. Dies würde gut zu den Deutungen der Eucharistie bei Justin und Irenäus passen, in denen genau dies als Spezifikum der Eucharistie herausgestellt worden war. Die Eucharistie wäre, so das Philippusevangelium, das höchste Sakrament, weil in ihm das Ziel der Sakramente insgesamt, die Vereinigung des Menschen mit seinem göttlichen Ursprung, zur Erfüllung gelangt.

Auch an anderen Stellen treten Taufe, Salbung und Eucharistie als Sakramente hervor. So ist etwa in § 74 von der Zeugung durch Christus, der Salbung durch den Geist und der anschließenden Vereinigung die Rede. Auch hier könnte eine Abfolge Taufe – Salbung – Eucharistie (als Vereinigung) im Hintergrund stehen. In § 95a wird die Salbung als der Taufe überlegen dargestellt, weil sich von ihr die Namen „Christus" (wörtlich: der Gesalbte) und „Christen" ableiten. Auch dies spricht für eine bestimmte Abfolge, in der die Sakramente empfangen werden.[69]

Diese Beobachtungen zeigen zunächst, dass das Philippusevangelium an einem breiteren Strom frühchristlicher Sakramentsvorstellungen teilnimmt. Die dem Philippusevangelium eigene Sakramentstheologie zeigt sich sodann daran, dass „Erlösung" und „Brautgemach" mit den Sakramenten Salbung und Eucharistie identifiziert werden können. Vor diesem Hintergrund soll im Folgenden die Vorstellung von der Eucharistie im Philippusevangelium anhand der maßgeblichen Stellen genauer beleuchtet werden.[70]

> *§ 23b*
> „Fleisch [und Blut können] das Reich [Gottes] nicht erben." Welches ist das (Fleisch), das nicht erben kann? Das (Fleisch), das wir an uns tragen! Welches aber ist das, das doch erben kann? Es ist das (Fleisch) Jesu – nebst seinem Blut! Deswegen sagte er: „Wer mein Fleisch nicht essen wird und nicht trinken wird mein Blut, hat kein Leben in sich". Was bedeutet das? Sein Fleisch ist das Wort und sein Blut ist der Heilige Geist. Wer dies empfangen hat, hat Nahrung und hat Trank und Kleidung.

Der Kontext dieser Ausführungen ist eine kleine Abhandlung über die Frage, wie man auferstehen wird. In § 23a werden diejenigen kritisiert, die im Fleisch auferstehen wollen, weil sie sich davor fürchten, nackt aufzuerstehen. In § 23b wird dies dadurch fortgesetzt, dass zwischen vergänglichem, nämlich unserem, und unvergänglichem, nämlich Jesu, Fleisch unterschieden wird. Dazu werden zwei Zitate aus 1 Kor 15,50 sowie aus Joh 6,53f. miteinander kombiniert. Der Bezug auf die Eucharistie ergibt sich dabei daraus, dass mithilfe des Zitates aus Joh 6 Essen des Fleisches und Trinken des Blutes Jesu als für die Erlösung notwendig behauptet werden. Es geht also um die Ersetzung des irdischen Fleisches und Blutes durch Fleisch und Blut Jesu.

Ein interessanter Aspekt ist schließlich die zusätzlich zu Nahrung und Trank genannte Kleidung. Damit dient hier innerhalb der Eucharistiedeutung die Gewandmetaphorik zur Beschreibung der Voraussetzungen für die Erlösung. Eine entsprechende Vorstellung – allerdings nicht im Zusammenhang des Herrenmahls – lässt sich auch bei Paulus feststellen, der in 2 Kor 5,1-4 vom Überkleidetwerden mit dem „himmlischen Haus" spricht, das an die Stelle des irdischen Zeltes treten wird und davor bewahrt, bei der Auferstehung nackt angetroffen zu werden. Diese Vorstellung einer Verwandlung durch Überkleidung steht auch hinter dem im Philippusevangelium zitierten Vers aus 1 Kor 15,50 und ist darüber hinaus in gnostischen Texten häufig anzutreffen. Das

Philippusevangelium bringt sie an dieser Stelle ein, um die Wirkung der Eucharistie zu beschreiben: Sie bewirkt eine Verwandlung von der vergänglichen zur unvergänglichen Existenzweise, weshalb die Furcht vor der „Nacktheit" unnötig ist.

In § 23c wird der Diskurs über Auferstehung und Eucharistie fortgesetzt. Nunmehr werden diejenigen kritisiert, die eine Auferstehung des Fleisches ablehnen und nur an eine solche des Geistes glauben. Hier sind offenbar solche Gruppen im Blick, die den menschlichen Körper als zur vergänglichen Materie gehörig betrachteten, die nicht an der Erlösung teilhaben wird, und nur an eine Verbindung des Geistes mit dem göttlichen Bereich glaubten. Einer solchen Lehre gegenüber hält das Philippusevangelium ausdrücklich daran fest, dass die Auferstehung *im Fleisch* (allerdings: im Fleisch *Jesu* oder: im Fleisch, das die Qualität des Fleisches Jesu empfangen hat) geschehen wird.

§ 23 besitzt insgesamt eine für die Eucharistieauffassung des Philippusevangeliums grundlegende Bedeutung. In der Eucharistie ereignet sich die Ersetzung der vergänglichen durch eine unvergängliche Existenz. Damit steht das Philippusevangelium zunächst der auch im Johannesevangelium und in der Didache, bei Ignatius, Justin und Irenäus vertretenen Auffassung nahe, der zufolge die Eucharistie ewiges Leben vermittelt. Sowohl Justin als auch Irenäus hatten dies ausdrücklich als Qualifizierung des irdischen Fleisches zum ewigen Leben durch die besondere Speise der Eucharistie dargestellt.

Zugleich zeigt sich an dieser Stelle die dem Philippusevangelium eigene Auffassung, die durch die zwei vorgenommenen Abgrenzungen deutlich hervortritt: Kritisiert wird zum einen die Vorstellung einer Auferstehung im Fleisch (§ 23a). Damit ist eine Position, wie sie von Justin und Irenäus vertreten wird und wie sie auch bei Ignatius angelegt ist, betroffen. Ist diese an einer auf die irdische Existenz und die Schöpfung bezogenen Erlösung orientiert, so wird dies im Philippusevangelium als Ängstlichkeit kritisiert, die sich nicht auf die neue, himmlische Existenz einzulassen wagt. Andererseits grenzt sich das Philippusevangelium aber auch gegen die Preisgabe der Auferstehung des Fleisches ab (§ 23c). Hier ist an solche Positionen zu denken, die sich die Erlösung als Aufstieg des Geistes oder der Seele in den himmlischen Bereich vorstellten, den Leib dagegen als der Vernichtung anheimgegeben beurteilten. Die Begründung für die Kritik hieran liefert der Satz „Es ist nötig in diesem Fleisch aufzuerstehen, weil jede Sache sich in ihm befindet." Bezugspunkt ist hier evtl. das Fleisch Jesu: Es ist nötig im Fleisch *Jesu* aufzuerstehen, weil sich darin die Erlösung befindet.[71] Die Aussage kann sich aber auch auf das menschliche Fleisch beziehen, das die Fähigkeit zur Auferstehung empfangen hat. Eine Auferstehung im Fleisch darf jedenfalls dem Philippusevangelium zufolge nicht abgelehnt werden.

Besonders spannend ist, dass sich das Philippusevangelium für diese Sicht auf Paulus beruft: In 1 Kor 15,35-55 führt Paulus aus, dass es zwar eine Auferstehung im Leib geben wird, es sich dabei aber nicht um den irdischen, sondern um einen verwandelten, „pneumatischen" Leib handelt, den alle bei der Auferstehung empfangen werden. Das Philippusevangelium legt eine kreative Deutung dieser paulinischen Gedanken vor, wenn es sie durch Rekurs auf Joh 6 mit der Eucharistie in Zusammenhang bringt und daraus die bereits *gegenwärtige* Realität der Auferstehung durch Verwandlung ableitet. Irenäus zufolge wird durch die Eucharistie dagegen gerade die *endzeitliche* Auferstehung verbürgt, der die Auflösung des Fleisches vorausgehen muss. Man stößt hier also auf eine interessante exegetische Kontroverse über 1 Kor 15 (und Joh 6), die – aus der Sicht des Irenäus formuliert – zugleich eine entscheidende Differenz zwischen „kirchlichen" und „häretischen" Auffassungen markiert.

§ 26b
Er sagte an jenem Tage in der Eucharistie[72]: Der du den vollkommenen Erleuchter mit dem Heiligen Geist vereinigt hast, vereinige die Engel auch mit uns als den Abbildern!

Zunächst zeigt dieser Abschnitt, dass auch das Philippusevangelium „Eucharistie" als Spezialausdruck verwendet,[73] der für das Mahl, die Speise und auch – wie es hier der Fall ist – für das dabei gesprochene Gebet stehen kann, wobei die Übergänge fließend sind. Durch die Formulierung „in der Eucharistie" ist angezeigt, dass es sich bei der Bitte offenbar um einen Bestandteil des Eucharistiegebetes handelt, das insgesamt umfangreicher vorgestellt ist. Bei dem Sprecher wird es sich um Philippus handeln, dem diese Überlieferung zugeschrieben wird.[74] Dafür spricht, dass sich der „vollkommene Erleuchter" innerhalb des Gebetes auf Jesus beziehen dürfte, der dann also nicht mit dem Sprecher des Gebetes identisch sein kann. Vielleicht klingt dabei die Vorstellung an, dass Philippus bestimmte, nur den Kreisen, an die das Philippusevangelium gerichtet ist, zugängliche Deutungen der Eucharistie in den über den Mahlelementen gesprochenen Gebeten formuliert hat.

Inhaltlich geht es um die Vorstellung, dass die Menschen als Abbilder der Engel geschaffen wurden und deshalb danach streben, mit diesen ihren Urbildern wieder vereinigt zu werden – in Analogie zur Vereinigung Jesu mit dem Geist. Im Hintergrund steht die auf Platon zurückgehende Vorstellung von Urbild und Abbild. Diese ist in gnostischen und verwandten Texten häufiger aufgegriffen worden. Sie konnte z.B. auf Jesus als das Urbild angewandt werden, dem gleich zu werden deshalb Erlösung bedeutet, oder wie hier auf das Verhältnis der Menschen zu den Engeln als ihren himmlischen Urbildern. Das Spezifikum des Philippusevangeliums ist dabei, dass es den Vorgang der Vereinigung beider als Inhalt des Eucharistiegebetes formuliert. Von § 23b her legt sich nahe, dass diese Vereinigung als Wirkung der im Mahl genossenen Speise vorgestellt ist. Dafür spricht auch, dass der Inhalt eines Eucharistiegebetes allgemein auf die Wirkung des anschließenden Mahles gerichtet ist, wie wir dies auch bereits in der Didache feststellen konnten. Die Eucharistie stellt in der Sicht des Philippusevangeliums die Vereinigung der Menschen mit ihrem Ursprung dar, was wiederum zu der oben vorgeschlagenen Deutung des Brautgemachs auf die Eucharistie passt.

§ 53
Die Eucharistie ist Jesus. Denn sie heißt auf Syrisch „Pharisatha", was „das Ausgebreitete" bedeutet. Denn Jesus wurde zu einem, der gekreuzigt ist – der Welt.

Diese eigenartige Deutung der Eucharistie auf die Kreuzigung malt einen Aspekt näher aus, nämlich den des gebrochenen Brotes. Die Identität zwischen der Eucharistie und dem gekreuzigten Jesus besteht darin, dass das Brot in der Eucharistie verteilt – also: „ausgebreitet" – wird, ebenso wie Jesus am Kreuz „ausgebreitet" wurde (indem er nämlich seine Arme ausbreiten musste). Dazu bedient sich der Verfasser eines etymologischen Arguments, indem er auf dieselbe Wurzel für „brechen" und „ausbreiten" im Syrischen verweist. Dadurch wird das Brotbrechen und -verteilen symbolisch auf das Kreuzigungsgeschehen bezogen: Die Ausbreitung der Arme wird als symbolische Geste der Öffnung dieses Geschehens für andere – eben als seine „Ausbreitung" – gedeutet und dadurch der Verteilung des Brotes vergleichbar.[75]

Eine weitere Deutung der Kreuzigung ist dem Zusatz „der Welt" zu entnehmen. Damit ist kaum auf die universale Bedeutung des Kreuzigungsgeschehens angespielt, sondern eher im Sinne von Gal 6,14 auf die Differenz zwischen dem Gekreuzigten und der Welt. „Welt" wäre dann als der negative Bereich verstanden, von dem sich Jesus durch die Kreuzigung abhebt. Wenn dies durch ein Wortspiel mit der Eucharistie in Verbindung gebracht wird, dann wird diese als derjenige Vorgang verstanden, durch den man in eine von der „Welt" unterschiedene Existenzweise eintritt.

§ 100
Der Kelch des Gebetes enthält sowohl Wein als auch Wasser. Er ist als Zeichen des Blutes eingesetzt. Er ist es, über dem gedankt wird, und er füllt sich mit Heiligem Geist. Und zwar ist es das (Blut) des ganz vollkommenen Menschen. Wenn wir dies trinken, werden wir uns den vollkommenen Menschen aneignen.[76]

In diesem Paragrafen wird – in gewisser Korrespondenz zu § 53 – eine Deutung des anderen Mahlelements, nämlich des Kelches bzw. dessen Inhalts, vorgenommen. Wie auch Justin und Irenäus kennt das Philippusevangelium den Mischkelch aus Wasser und Wein. Wie bereits in § 23b wird das Blut auf den Heiligen Geist bezogen. Ähnlich wie dort wird auch die neue Qualität betont, die durch die Eucharistie vermittelt wird: War in § 23b von der Auferstehung die Rede, so hier von dem „vollkommenen Menschen". Wiederum – wie auch in den Paragraphen 23b und 26 – wird die Eucharistie als Aneignung Jesu verstanden, die eine neue Existenz vermittelt. Dass dies an den Vollzug der Eucharistie gebunden wird, zeigt, dass es nach dem Philippusevangelium möglich ist, an dem himmlischen Bereich und damit an der Erlösung bereits gegenwärtig Anteil zu erhalten.

Fassen wir den Befund zum Philippusevangelium zusammen, so zeigt sich: Es gibt etliche Berührungspunkte mit Vorstellungen, die auch in anderen Texten begegnen. Hierzu gehören die Betonung der (allerdings bereits gegenwärtig möglichen) Auferstehung im Fleisch (§ 23b), die als zukünftige Auferstehung auch bei Justin und Irenäus anzutreffen war, der Bezug auf den Tod Jesu (§ 53), der z.B. bei Paulus, Ignatius und Justin Analogien hat, die Anteilhabe am himmlischen Bereich (§ 26; § 100), die im Johannesevangelium, der Didache und bei Ignatius sowie dann bei Justin und Irenäus hervorgetreten war, sowie der in der Eucharistie verwendete Mischkelch. Die Besonderheiten des Philippusevangeliums liegen in der Anwendung der Gewandmetaphorik auf die Eucharistie, dem Urbild-Abbild-Schema sowie in der Identifikation von Eucharistie und gekreuzigtem Jesus.

Die Auffassungen über die Eucharistie im Philippusevangelium erweisen sich somit als eigenständige Reflexion über die Bedeutung dieses Sakraments. Das Philippusevangelium vertritt dabei nicht einfach eine von den „kirchlichen" Autoren gänzlich abweichende „häretische" Lehre – wie ja die Unterscheidung von „Orthodoxie" und „Häresie" in dieser Zeit ohnehin erst im Entstehen ist, die Grenzen also entsprechend fließend sind. Eher lässt sich die hier entwickelte Sicht als eine Vertiefung des Sakramentsverständnisses verstehen, das damit auf eigene Weise neben den Entwürfen von Justin und Irenäus steht und sich ebenfalls auf Schriften des – noch im Entstehen befindlichen – Neuen Testaments beruft. Differenzen bestehen vor allem in der Preisgabe des irdischen Bereichs – des menschlichen Fleisches und der Welt – zugunsten einer Ausrichtung an der Verwandlung und dem jenseitigen, göttlichen Bereich sowie in der bereits gegenwärtig möglichen Anteilhabe an der göttlichen Welt, die durch die Eucharistie hergestellt wird.

Einige Gemeinsamkeiten, aber auch signifikante Unterschiede zu der im Philippusevangelium vorgestellten Abendmahlstheologie finden sich in den im Folgenden zu besprechenden Johannes- und Thomasakten.

10. Johannes- und Thomasakten

Mit den Apostelakten begegnen uns weitere Schriften aus dem Bereich der sogenannten Apokryphen.[77] Die älteren dieser Schriften, die Akten des Paulus, Petrus, Andreas, Johannes und Thomas, stammen aus dem späten 2. sowie dem 3. Jahrhundert. Im Unterschied zu den apokryphen Evangelien handelt es sich um ausführliche Schilderungen des Wirkens des jeweiligen Apostels, das in romanhaft-legendarischer Weise dargestellt wird. Die Apostelakten gehören deshalb zur Unterhaltungsliteratur. Sie überliefern keine historisch auswertbaren Nachrichten, sondern sind Zeugnisse für die Theologie- und Frömmigkeitsgeschichte bestimmter christlicher Kreise des betreffenden Zeitraums.

Aufgrund ihres erbaulich-unterhaltenden, oft auch spannenden oder amüsanten Inhalts erfreuten sich die Apostelakten im antiken und mittelalterlichen Christentum großer Beliebtheit. Ihre Aufnahme in den Kanon stand allerdings nie zur Diskussion, was auf ihre vergleichsweise späte Entstehung, ihren legendarischen Inhalt sowie einige mit dem kirchlichen Bekenntnis kaum zu vereinbarende theologische Tendenzen zurückzuführen ist.

In den apokryphen Apostelakten wird verschiedentlich auf die Eucharistie Bezug genommen.[78] Diese wird als von dem jeweiligen Apostel geleitete und mit Gebeten oder anderen Worten gedeutete Feier geschildert. Eine weitere Gemeinsamkeit ist das Fehlen des Weins: Die Eucharistie wird entweder nur als Brotbrechen oder als Feier mit Brot (gelegentlich zusätzlich Gemüse) und Wasser beschrieben. Dies sei zunächst anhand zweier Passagen der Johannesakten, sodann anhand der Thomasakten näher veranschaulicht.

Die Johannesakten, von denen etwa zwei Drittel erhalten sind, gehören in das ausgehende 2. oder das beginnende 3. Jahrhundert. Sie setzen (nach dem verlorenen Anfang) mit dem Kommen des Johannes von Milet nach Ephesus ein, erzählen von seinem dortigen Wirken sowie im Anschluss von einer Reise durch weitere Städte des westlichen Kleinasien, der Rückkehr nach Ephesus und seinem dortigen Tod. Johannes wird dabei als vollmächtiger Redner und Wundertäter geschildert, der durch seine Verkündigung und seine erstaunlichen Taten – wie etwa die Auferweckung von Toten oder die Zerstörung des Artemistempels (Kapitel 37-45) – Erstaunen und Glauben bei seinen Zeitgenossen hervorruft. Eine charakteristische Tendenz ist dabei die Hochschätzung jeglicher Form von Enthaltsamkeit, für die Johannes als Vorbild steht.

Die Johannesakten beanspruchen also eine eigene Form der Johannestradition für sich. Damit setzen sie sich in Konkurrenz zur kirchlichen Johannesrezeption, die sich an das Johannesevangelium, die Johannesbriefe und die Offenbarung des Johannes anschloss. Die Johannesakten spiegeln dagegen die Auffassungen asketischer Kreise Kleinasiens und Syriens an der Wende vom 2. zum 3. Jahrhundert wider und sind darüber hinaus von gnostischen Gedanken beeinflusst. Von der Kirche sind sie deshalb als häretisch abgelehnt worden.[79]

Die für die Eucharistieauffassung der Johannesakten wichtigen Passagen finden sich in den Kapiteln 84-86 und 106-110. Der erste Text gehört zu einer Episode während des zweiten Aufenthalts des Johannes in Ephesus. Erzählt wird zunächst die Auferweckung mehrerer toter Personen durch Johannes: einer jungen Frau namens Drusiana, des sie begehrenden Kallimachos sowie des Verwalters Fortunatus. Letzterer wird allerdings, da er unwillig ist, sich zu bekehren, von Johannes mit einem Fluchspruch bedacht:

> Sei getilgt von denen, die auf den Herrn hoffen ... von ihrem Wandel ... von ihrer Auferstehung zu Gott ... von ihrem Fasten, von ihren Gebeten, von ihrem heiligen Bad, von ihrer Eucharistie, von ihrer fleischlichen Nahrung, von ihrem Trank, von ihrer Kleidung, von ihrer Agape, von ihrer Bestattung, von ihrer Enthaltsamkeit, von ihrer Gerechtigkeit ...

In dieser Aufzählung werden in umfassender Weise alle diejenigen Merkmale aufgezählt, die zum Selbstverständnis der Gemeinschaft gehören, welche die Johannesakten im Blick haben und von denen Fortunatus deshalb ausgeschlossen wird. Dazu zählen neben allgemeinen Dingen wie dem Lebenswandel auch Auferstehung, Fasten und Gebete sowie Taufe (das „heilige Bad") und Eucharistie. Die Aufzählung von fleischlicher Nahrung, Trank und Kleidung bezieht sich dagegen offenbar auf irdische Lebensgüter, eine Gewandmetaphorik wie im Philippusevangelium steht vermutlich nicht im Hintergrund.

Ob bei der „Agape" an ein von der Eucharistie unterschiedenes Liebesmahl zu denken ist, ist nicht mit Sicherheit zu sagen. Vielleicht bezieht sich der Ausdruck auch – wie Enthaltsamkeit und Gerechtigkeit – auf die die Gemeinschaft kennzeichnende Solidarität und gegenseitige Unterstützung, von der Fortunatus somit ebenfalls ausgeschlossen wird. Auf jeden Fall kommt hier zum Ausdruck, dass die Eucharistie zu der von den Johannesakten geschilderten Gestalt des Christentums gehört, weshalb Außenstehende davon rigoros ausgeschlossen werden. Dies entspricht der bereits häufiger (Didache, Justin) beobachteten Auffassung, dass nur diejenigen, die „würdig" sind, an der Eucharistie teilnehmen dürfen.

Im Anschluss an den Fluchspruch wird die „eucharistische Handlung" des Johannes berichtet: Er nimmt Brot, bringt es in die Grabkammer, um es dort zu brechen, und spricht darüber ein Dankgebet.

> Wir verherrlichen deinen Namen, der uns abgewandt hat von der Verirrung und der erbarmungslosen Täuschung.
> Wir verherrlichen dich, der du uns vor Augen gestellt hast, was wir sehen.
> Wir bezeugen deine Güte, die vielfältig in Erscheinung tritt.
> Wir loben deinen guten Namen, Herr, der die von dir Überführten an den Tag gebracht hat.
> Wir danken dir, Herr Jesus Christus, dass wir vertrauen ... die unveränderlich ist.
> Wir danken dir, der du Verlangen hattest nach der geretteten Natur.
> Wir danken dir, der du uns diesen festen Glauben gegeben hast, denn du allein bist Gott, jetzt und in Ewigkeit.

Wir, deine Knechte, danken dir, die wir mit Vorsatz versammelt
und wieder vereint sind, Heiliger.

Wie bei den bereits besprochenen Texten schon mehrfach beobachtet, wird durch das Gebet über den Elementen – hier: über dem Brot – das jeweilige Verständnis der Eucharistie und damit zugleich der Identität der christlichen Gemeinschaft zum Ausdruck gebracht. Die Johannesakten machen hier keine Ausnahme. Auch hier deutet das Gebet des Johannes – das der Verfasser vermutlich aus der frühchristlichen Überlieferung übernimmt – das Mahl. Das Gebet besteht aus Verherrlichung Gottes, einem Bekenntnis („Wir bezeugen"), Lob sowie vier Danksagungen. Die letzteren werden durchgängig mit „danken" formuliert, sodass wir hier, wie auch in der Didache, dem engen Zusammenhang des Substantivs „Eucharistie" mit dem entsprechenden Verbum „danken" begegnen.

In ähnlicher Weise, wie uns dies bereits in den Gebeten über Kelch und Brot in der Didache begegnet war, wird auch in diesem Gebet für die Offenbarung in Jesus Christus und die damit verbundene Erlösung gedankt. Auffällig ist allerdings, dass das Gebet keinen spezifischen Bezug auf die Mahlelemente aufweist, sondern recht unspezifisch für die durch Jesus Christus geschehene Rettung der Menschen aus Verirrung und Täuschung sowie ihre Vereinigung dankt. In dem Dank für das „Verlangen nach der geretteten Natur" kann zudem möglicherweise ein Bezug auf die Fleischwerdung Jesu als Voraussetzung für die Erlösung der Menschen gesehen werden.

An der zweiten Stelle (106-110) wird von dem letzten Gottesdienst berichtet, den Johannes mit seinen Brüdern vor seinem Tod feiert. Nach einer Abschiedsrede und einem Gebet spricht Johannes wiederum ein Gebet über dem Brot:

Welches Lob und welches Opfer und welchen Dank (Eucharistie) sollen wir
nennen, wenn wir dieses Brot brechen, als dich allein, Jesus?
Wir verherrlichen den Namen des Vaters, der von dir genannt wurde.
Wir verherrlichen den Namen des Sohnes, der durch dich genannt wurde.
Wir verherrlichen deinen durch die Tür gegebenen Eingang.
Wir verherrlichen deine uns durch dich gezeigte Auferstehung.
Wir verherrlichen deinen Weg.
Wir verherrlichen deinen Samen, das Wort, die Gnade, den Glauben, das Salz,
die unaussprechliche Perle, den Schatz, den Pflug, das Netz, die Größe, das Diadem, den unsretwegen „Menschensohn" Genannten, die Wahrheit, die Ruhe, die Erkenntnis, die Kraft, das Gebot, die Freimütigkeit, die Freiheit, die Zuflucht zu dir.

> Denn du bist allein, Herr, die Wurzel der Unsterblichkeit und die Quelle der
> Unvergänglichkeit und die Grundlage der Äonen, der du all dies genannt wor-
> den bist um unsertwillen, damit wir, wenn wir dich auf diese Weise anrufen,
> deine Größe erkennen, die für uns gegenwärtig nicht zu schauen ist, nur den
> Reinen aber erkennbar ist in dem nur durch dich abgebildeten Menschen.

Im Anschluss hieran bricht Johannes sodann das Brot und verteilt es unter den Brüdern mit der Bitte, sie mögen der Gnade und der „hochheiligen Eucharistie" würdig sein. Damit begegnet wiederum das Thema der Würdigkeit.

Wir haben es hier mit einem reinen Lobpreis (Doxologie) zu tun: Das Gebet richtet sich – wie auch das vorangegangene – an Jesus und preist das durch ihn vermittelte Heil. In der rhetorischen Eingangsfrage wird es mit den – offenbar gleichbedeutend verstandenen – Ausdrücken Lob, Opfer und Dank bezeichnet. Der Opferbegriff wird hier also auf den Dank bezogen, der Gott bzw. Jesus Christus dargebracht wird. Dieses Verständnis von „Opfer" in Bezug auf das Abendmahl steht in gewisser Nähe zu Did 14, wo der Opferbegriff zur Kennzeichnung der mit dem Dank verbundenen Haltung verwendet worden war.

Charakteristisch für das Gebet in den Johannesakten, Kapitel 109, ist weiter die Vielzahl der Bezeichnungen für Jesus. Dazu werden verschiedene Begriffe aus neutestamentlichen Texten aufgegriffen, wie z.B. Tür, Weg, Auferstehung, Wahrheit, die in den Ich-bin-Worten des Johannesevangeliums begegnen, oder Salz, Perle und Schatz, die in Bildworten und Gleichnissen des Matthäusevangeliums vorkommen. Unsterblichkeit als durch Jesus vermitteltes Heilsgut war uns schon in der Didache und bei Ignatius begegnet. Mit der Bezeichnung als „Grundlage der Äonen" wird die universale Bedeutung Jesu Christi herausgestellt, die Menschwerdung wird mit der Wendung des „um unsertwillen Menschensohn Genannten" ausgedrückt. „Menschensohn" wird hier also, wie auch in anderen Texten dieser Zeit, auf die menschliche Seite Jesu Christi bezogen.

Ebenso wie die bislang besprochenen Texte zeigen somit auch die Johannesakten, dass die Eucharistie eine heilige, sakramentale Handlung ist. An ihr darf nur teilnehmen, wer würdig ist, wogegen der Bekehrungsunwillige mit harschen Worten ausgeschlossen wird. Sodann sind die Johannesakten ein weiterer Beleg dafür, dass die Eucharistie ein Ort ist, an dem die durch Jesus Christus vermittelte Erlösung in Form von Gebeten ausgeführt wird. Die entsprechenden Gebete werden in den Johannesakten angeführt und treten damit als weitere Eucharistiegebete aus dem 2. Jahrhundert neben diejenigen der Didache. Von ihrer Struktur wie auch von den Inhalten her weisen diese Gebete etliche Gemeinsamkeiten mit denen der Didache auf.

Bemerkenswert ist weiter, dass beide Eucharistiefeiern im Zusammenhang mit Tod und Auferweckung stehen: Die erste findet im Anschluss an die Auferweckungen Drusianas, des Kallimachos sowie des Fortunatus in einer Grabkammer statt, die zweite ist die Abschiedseucharistie des Johannes vor seinem Tod, den Johannes als Weggang zu Jesus und als Vollendung beschreibt (Kapitel 114). Die Eucharistiefeier kann also als Bestätigung der Auferstehungshoffnung aufgefasst werden.[80] Schließlich ist in den Johannesakten stets nur vom Brotbrechen, nie vom Kelch, die Rede. Dies ist vermutlich auf die erwähnte asketische Tendenz der Johannesakten zurückzuführen.

Als zweites Beispiel aus dem Bereich der apokryphen Apostelakten gehen wir auf die Thomasakten ein, in denen die Sakramente eine wichtige Rolle spielen.[81] Die Thomasakten sind vermutlich am Anfang des 3. Jahrhunderts in Syrien entstanden und in syrischer Sprache abgefasst worden. Ähnlich wie die Johannesakten vertreten sie eine strikt asketische Haltung, die anhand des Apostels Thomas exemplarisch dargestellt wird. An Sakramenten erwähnen die Thomasakten Salbung, Taufe und Eucharistie. Darüber hinaus kennen sie auch die Rede vom „Brautgemach" (z.B. Kapitel 124). Darin zeigt sich eine Nähe zum Philippusevangelium, die auch in der Auffassung der Erlösung als Verlassen des irdischen Bereichs zum Ausdruck kommt.[82]

Die Eucharistiefeiern der Thomasakten stehen zumeist im Zusammenhang mit Berichten über Taufen bzw. Salbungen (vgl. z.B. Kapitel 26f. und 29). Es handelt sich also um Ersteucharistien, die der Initiation durch die Taufe unmittelbar folgen.

Als Beispiel sei die in Kapitel 49 vom Apostel Thomas angeordnete Eucharistiefeier genannt. Thomas legt dort das „Brot des Segens" auf den bereitgestellten Tisch und spricht darüber ein kurzes Gebet:

> Jesus, der du uns gewürdigt hast, an der Eucharistie deines heiligen Leibes und Blutes teilzunehmen, siehe, wir erkühnen uns, zu deiner Eucharistie zu treten und deinen heiligen Namen anzurufen; komm und habe mit uns Gemeinschaft.

Es folgt in Kapitel 50 eine Anrufung, in der um das Kommen Jesu zur Teilnahme an der Eucharistie gebetet wird, gefolgt von der Verteilung des Brotes durch Thomas, in das er zuvor das Kreuzeszeichen eingeritzt hat. Die Eucharistie wird dabei, wie dann auch in den Kapiteln 133 und 158, ausdrücklich mit der Vergebung der Sünden in Verbindung gebracht. Damit haben wir in den Thomasakten neben dem Matthäusevangelium einen weiteren Text, der die Sündenvergebung explizit mit dem Abendmahl verbindet. Zusätzlich werden in diesen Kapiteln Unsterblichkeit bzw. Erneuerung von Seele und Leib als Wirkungen der Eucharistie genannt.

Ein eigener Fall wird in Kapitel 51 geschildert: Einem jungen Mann, der eine frevelhafte Tat begangen hat, vertrocknen beim Empfang der Eucharistie beide Hände. Als sich herausstellt, dass die böse Tat darin bestand, dass der junge Mann seine Geliebte getötet hatte, die nach seiner Bekehrung nicht asketisch mit ihm leben wollte, wird er von Thomas geheilt. Neben der Hochschätzung der Askese ist hier von Interesse, dass ein Empfang der Eucharistie auf der Basis einer unethischen Handlung nicht verborgen bleiben kann und bestraft wird. Damit begegnet das Thema der Würdigkeit neben dem genannten Zitat aus Kapitel 29 ein weiteres Mal.

Aus den Thomasakten festzuhaltende Aspekte sind demnach: Die Eucharistie ist der Ort der Begegnung mit dem erhöhten Jesus, dessen Teilnahme am Mahl in entsprechenden Akklamationen ausdrücklich erbeten wird. Die Deutung der Eucharistie erfolgt in der Regel durch Gebete des Apostels Thomas bzw. durch deutende Worte, die Vergebung der Sünden und ewiges Leben bzw. Auferstehung/Erneuerung mit der Eucharistie verbinden. Damit erweist sich die Eucharistie als Vollendung der Taufe. Sie wird als Aneignung des gekreuzigten Leibes und des vergossenen Blutes Jesu gedeutet (besonders in Kapitel 158). Ähnlich wie im Philippusevangelium wird die Vermittlung der Unsterblichkeit als bereits gegenwärtig geschehend gedacht.

Wie in den Johannesakten wird die Eucharistie auf das Brechen des Brotes beschränkt, obwohl sie auf Leib *und Blut* Jesu bezogen wird. Dem entspricht, dass Thomas in Kapitel 20 als ein beständig Fastender beschrieben wird, der Brot mit Salz isst und Wasser trinkt – möglicherweise ein Hinweis auf die in Kapitel 121 ausdrücklich erwähnte Wassereucharistie. Der Ritus des Segnens der Mahlelemente kommt in dem Ausdruck „Brot des Segens" zur Sprache, der damit in Korrespondenz zu dem „Kelch des Segens" aus 1 Kor 10,16 steht. In den Kapiteln 29 und 158 heißt das von Thomas gebrochene Brot dagegen „Brot der Eucharistie", in 133 „Brot des Lebens".

Die Bezugnahmen auf die Eucharistie in den apokryphen Apostelakten sind somit zum einen durch Merkmale gekennzeichnet, die bereits in anderen Texten begegnet waren: Durch die Gebete wird die Eucharistiefeier als Ort der Begegnung mit Jesus Christus beschrieben, zugleich wird für den durch ihn vermittelten Zugang zum Heil gedankt. Dabei werden bereits vorgeprägte Bezeichnungen für Jesus wie auch für die Mahlelemente aufgenommen. Besonders akzentuiert werden der Aspekt der Würdigkeit, der Zusammenhang mit der Auferweckung (Johannesakten) sowie die durch die Anteilhabe an Leib und Blut Jesu erlangte Sündenvergebung und Unsterblichkeit (Thomasakten).

Daneben weisen die Texte auf Trägerkreise hin, die sich in ihrer Mahlpraxis von Gemeinden, wie sie z.B. die Didache, Justin oder Irenäus voraussetzen, unterscheiden. Es handelt sich offenbar um asketische Gruppen, die das Abendmahl nur als Brotbrechen oder mit Brot und Wasser feierten, also eine eigene Gestalt der Mahlfeier besaßen. Offenbar waren derartige Mahlfeiern im 2. Jahrhundert in bestimmten christlichen Kreisen verbreitet, z.B. im syrischen Christentum, der Heimat der Thomasakten, aber auch in Nordafrika, wie der Brief Cyprians zeigt. Diese Gestalten der Mahlfeier, die sich nicht einfach auf „häretische" Kreise begrenzen lassen, wurden von frühkirchlichen Bischöfen und Theologen als Gefahr für die Einheit der Kirche betrachtet. Dies führt zum nächsten hier zu besprechenden Text.

11. Cyprian von Karthago

Cyprian wurde am Beginn des 3. Jahrhunderts geboren. Er stammte aus einer wohlhabenden, in seiner Heimatstadt Karthago angesehenen Familie. In den vierziger Jahren bekehrte er sich zum Christentum und wurde bald darauf Presbyter, dann Bischof von Karthago. Als sich während der Regierungszeit des römischen Kaisers Decius (249-251) aufgrund der Anordnung eines allgemeinen Opfers zugunsten der römischen Götter die Bedingungen für die christliche Kirche deutlich verschlechterten, floh Cyprian aus Karthago und verbarg sich auf dem Land. Mit seiner Gemeinde blieb er jedoch in brieflichem Kontakt. Aus dieser Zeit stammen die frühesten seiner zahlreichen Briefe. Nach seiner Rückkehr verfasste Cyprian weitere Briefe zu verschiedenen Themen, wobei der Umgang mit vom christlichen Glauben Abgefallenen und die Frage der Taufe im sogenannten „Ketzertaufstreit" besonders in den Vordergrund treten. Einer dieser Briefe behandelt das uns hier interessierende Thema der christlichen Abendmahlsfeier. Im Jahr 258 erlitt er in Karthago den Märtyrertod. Cyprian gehört, gemeinsam mit dem etwas älteren Tertullian, zu den wichtigsten lateinischen Theologen der vorkonstantinischen Zeit.

Das Briefkorpus umfasst 81 Schreiben, von denen allerdings 16 auf andere Autoren zurückgehen. Im 63. Brief, dessen Datierung unsicher ist (vermutlich stammt er aus der Zeit nach 251), befasst sich Cyprian mit dem Abendmahl. Hintergrund ist die bei Irenäus erwähnte und auch in den apokryphen Apostelakten bezeugte Praxis christlicher Gruppen, beim Abendmahl nur Wasser zu verwenden, gegen die sich Cyprian vehement wendet.

Er geht dazu in den Kapiteln 1-2 von dem Grundsatz aus, dass das Mahl in genau der Weise gefeiert werden müsse, wie es „Jesus Christus, unser Herr und Gott, der Urheber und Lehrer dieses Opfers getan und gelehrt hat", nämlich „den Kelch, der zu seinem Gedächtnis dargebracht wird, mit einer Weinmischung darzubringen".

In den Kapiteln 3-7 legt Cyprian sodann anhand zahlreicher Beispiele aus dem Alten Testament dar, dass dort bereits in vielfältiger Weise auf das „Sakrament" des Kelches vorausverwiesen werde. Die Erzählung des vom Wein berauschten Noah (Gen 9,20-27) sei ein Vorläufer dieses Sakraments und ein Modell des Leidens des Herrn. Auch in der Darbringung von Brot und Wein durch Melchisedek (Gen 14,18) sei „das Sakrament des Opfers unseres Herrn vorgebildet". Aus der Entsprechung zu Melchisedek leitet Cyprian zudem die Bezeichnung „Priester des höchsten Gottes" für Jesus Christus her: Wie Melchisedek habe er Brot und Wein Gott als Opfer dargebracht – nunmehr aber als seinen Leib und sein Blut. Cyprian stellt also in ähnlicher Weise wie der Hebräerbrief eine Analogie zwischen Melchisedek und Christus her, die beide als Priester Gott Opfer dargebracht haben, verbindet dabei jedoch – anders als der Hebräerbrief – das Selbstopfer Christi ausdrücklich mit der Einsetzung des Abendmahls.

Die Kapitel 8 und 9 erläutern den Unterschied zwischen Taufe und Abendmahl: Wo in den heiligen Schriften Wasser erwähnt sei, beziehe sich dies stets auf die Taufe, wogegen Jesus am Tag seines Leidens einen Mischkelch genommen und den Wein auf sein Blut gedeutet habe. Cyprian zieht hieraus den Schluss, dass das Blut Christi nicht dargebracht werde, wenn im Kelch der Wein fehlt, und das Opfer des Herrn nicht rechtmäßig vollzogen wird, wenn es nicht seinem Leiden entspricht. Cyprian begründet dies mit dem Bericht von der Einsetzung des

Abendmahls durch Jesus und den dabei gesprochenen Deuteworten, wobei er einmal das Kelchwort in seiner matthäischen Fassung (Kapitel 9), einmal den Einsetzungsbericht aus 1 Kor 11,23-26 (Kapitel 10) zitiert.

In Kapitel 13 gibt Cyprian eine Begründung für das Gemisch aus Wasser und Wein im Abendmahlskelch: Dieses sei notwendig, weil sich darin die Vereinigung von Christus und uns, dem Volk, ausdrücke, dessen Sünden Christus getragen hat.

Kapitel 14 kommt noch einmal auf die Entsprechung des von Christus dargebrachten Opfers zu dem von der Kirche darzubringenden zu sprechen. Christus wird dabei als der „höchste Priester Gottes" bezeichnet, der sich selbst dargebracht und die Wiederholung zu seinem Gedächtnis angeordnet habe. Seine Stelle werde nunmehr von dem Priester vertreten, der durch ein wahres und vollkommenes Opfer in der Kirche Christus nachahme.

In Kapitel 16 erwähnt Cyprian zwei Mahlfeiern: eine am Morgen und eine am Abend. Er setzt sich mit dem Einwand auseinander, der Kelch mit Wein und Wasser werde abends gereicht, morgens dagegen nur Wasser. Cyprian hält dem entgegen, dass nur am Morgen die ganze Gemeinde anwesend sei, um die Vollgültigkeit des Sakraments zu zelebrieren. Er ist sich bewusst, dass dies seinem Argument, das Opfer müsse als Imitation des Opfers Christi vollzogen werden, insofern zuwiderläuft, als Christus den Kelch am Abend dargebracht hat. Er begegnet dem jedoch mit dem Hinweis, dass die morgendliche Versammlung der Gemeinde der Feier der Auferstehung des Herrn diene, bei der auch „unser Mahl" abzuhalten sei.

Kennzeichnend für Cyprians Interpretation des Abendmahls ist zunächst die Verwendung des Begriffes „Sakrament" zur näheren Charakterisierung, sodann die Bezeichnung „Opfer". Der erste Begriff bringt zum Ausdruck, dass bei dem Mahl eine besondere Handlung vollzogen wird, nämlich die Imitation des Selbstopfers Christi, die nunmehr durch den Priester zur Vergegenwärtigung dieses Geschehens nachgeahmt wird. Mit dem Begriff des Opfers verbindet Cyprian das bereits im Alten Testament vorausgebildete Verständnis als Darbringung vor Gott, die in Christus, der sich selbst als Opfer dargebracht habe, zu ihrer Erfüllung gelangt. Diese Argumentation hat eine Entsprechung bei Irenäus, der die Opfer des Alten Bundes als unvollkommene Entsprechung zur Eucharistie gedeutet hatte. Cyprian dient die Deutung des Abendmahls als Opfer über die typologische Entsprechung hinaus dazu, die

Notwendigkeit einer exakten Korrespondenz zwischen der Einsetzung des Mahles durch Christus und seiner Feier durch die Kirche darzulegen. Die Verwendung von Wasser wird dabei als ungenügend bezeichnet, weil sie dem von Christus eingesetzten Opfer nicht entspricht und es deshalb in der Kirche nicht zu vergegenwärtigen vermag. Die Mischung von Wasser und Wein symbolisiere dagegen die Verbindung des Volkes mit Christus, die für alle Zeiten unzertrennlich bleibt. Mit diesem letzten Argument (Kapitel 13) begründet Cyprian die Verwendung des Mischkelchs aus Wein und Wasser.

Welche Motive sich hinter der Praxis des Wasserabendmahls verbergen, ist dem Brief Cyprians nicht eindeutig zu entnehmen. Er bezeichnet das Verhalten als „unkundiges oder einfältiges Weihen des Kelches des Herrn und seiner Darreichung an das Volk" (Kapitel 1; ähnlich Kapitel 17). Aus der Sicht Cyprians handelt es sich also um ein falsches Verständnis des Abendmahls, das er durch seinen Brief beseitigen möchte. Denkbar ist, dass hinter der Wasserverwendung asketische Tendenzen stehen, wie sie in den Johannes- und in Bezug auf die Verwendung von Wasser bei der Eucharistie explizit in den Paulus- und den Thomasakten begegnet waren. Cyprian wendet sich gegen eine derartige Praxis, weil es ihm um die Einheit der Kirche geht, die in einer einheitlichen Mahlgestaltung, eben mit Brot *und* Wein bzw. Mischwein Ausdruck finden muss. Seine typologische, die Entsprechung zu den alttestamentlichen Erwähnungen des Weines hervorhebende, und zugleich historische, die Verwendung des Mischkelchs durch Christus beim letzten Mahl betonende Argumentation hat somit eine auf das Kirchenverständnis gerichtete Pointe: Nur die Orientierung an dem in den heiligen Schriften Überlieferten garantiert den rechten Vollzug des Sakraments des Opfers und damit den Bestand der Kirche.

In diesen Zusammenhang gehört auch die Betonung der durch den Priester vollzogenen Imitation des Selbstopfers Christi (Kapitel 14). Cyprian verwendet den Ausdruck „Priester" im Rahmen seiner an kultischer Terminologie orientierten Deutung, um die Entsprechung zwischen Christus und dem in der Kirche für den Vollzug des Opfers Verantwortlichen zu verdeutlichen. Es ist allerdings darauf zu achten, dass für Cyprian zur Feier des Abendmahls die Versammlung der gesamten Gemeinde unbedingt dazugehört. Er führt in Kapitel 16 sogar ausdrücklich als Argument an, dass die Feier des wahren Sakraments nur am Morgen möglich sei, weil sich nur dann die gesamte Gemeinde versammeln könne.

Diese Bemerkung gibt Einblick in die Praxis von Abendmahlsfeiern, die vom Morgengottesdienst getrennt abgehalten wurden und von Cyprian zugunsten der Einheit der gesamten Gemeinde abgelehnt werden. Dies ist insofern bemerkenswert, als es seiner Argumentation – die Mahlfeier der Gemeinde müsse exakt der Einsetzung durch Christus entsprechen – widerspricht, was ihm auch keineswegs entgangen ist. Er begegnet dem mit dem Hinweis, dass der Morgengottesdienst an der Auferstehung ausgerichtet und das Mahl in diesen Zusammenhang zu integrieren sei. Bei Cyprian liegt deshalb ein expliziter Beleg vor für die Verbindung von Morgengottesdienst – der an der Auferstehung orientiert ist – und Abendmahl – das an der Einsetzung durch Jesus orientiert ist.

Damit kommen wir zu einem Text, der die deutlichsten liturgischen Anweisungen zur Durchführung des christlichen Abendmahls bietet.

12. Traditio Apostolica

Mit der Traditio Apostolica, mit der wir den Durchgang durch die Texte des frühen Christentums abschließen, tritt nach der ca. 100 Jahre älteren Didache ein weiteres Mal eine Kirchenordnung in den Blick.[83] Sie beschäftigt sich im ersten Teil mit kirchlichen Ämtern (Bischöfe, Presbyter, Diakone) und Diensten (Witwen, Lektoren, Jungfrauen, Subdiakone, Leute, welche die Gabe der Heilung besitzen), sodann mit der Aufnahme von neu zum Glauben Gekommenen sowie mit weiteren Regelungen kirchlicher Organisation (Eucharistiefeier, Fasten, Umgang mit Kranken, gemeinsames Mahl, Begräbnisstätten, Gebet). Die Traditio Apostolica ist somit eine Schrift, die sich in vielfältiger Weise mit der Gestaltung des frühchristlichen Gemeindelebens befasst. Innerhalb dieses Zusammenhangs begegnen auch die Ausführungen zur Eucharistie.

Es geht in der Traditio Apostolica in erster Linie um die praktische Gestaltung der Eucharistie, wobei die entsprechenden Anweisungen durchaus auch deren inhaltliches Verständnis zu erkennen geben. Die Traditio Apostolica stellt durch ihre Anweisungen für die Gestaltung eine überaus interessante Ergänzung derjenigen Texte dar, die den theologischen Gehalt der Eucharistie entfalten. Die Bedeutung der Schrift zeigt sich dabei nicht zuletzt darin, dass sie in späteren Kirchenordnungen – den Apostolischen Konstitutionen, einer Epitome von deren achtem Buch, den Canones des Hippolyt sowie dem Testamentum Domini nostri Jesu Christi – verarbeitet wurde.

Eine Beschäftigung mit der Traditio Apostolica sieht sich allerdings vor nahezu unüberwindliche Schwierigkeiten der Rekonstruktion ihres Textes gestellt.[84] Aufgrund dessen kann sie nur unter bestimmten Voraussetzungen, die im Folgenden knapp erläutert werden, in die Betrachtung einbezogen werden.

Aufgrund ihrer ausgesprochen komplizierten und nur schwer aufzuhellenden Textüberlieferung[85] ist es kaum noch möglich, aus den verschiedenen Übersetzungen und Verarbeitungen der Traditio Apostolica in späteren Kirchenordnungen einen „Urtext" des (fast vollständig verlorenen) griechischen Originals zu rekonstruieren.[86] Man kann sogar fragen, ob die Vorstellung eines „Urtextes" für die Traditio Apostolica überhaupt angemessen ist. Der Kommentar von Bradshaw/Johnson/Phillips unternimmt hier insofern einen Neuansatz, als er nicht mehr von einem „Original" ausgeht, das allen späteren Versionen zugrunde liege, sondern stattdessen die verschiedenen Versionen, in denen die Traditio Apostolica überliefert ist, nebeneinander abdruckt. Dem liegt die Überzeugung zugrunde, dass sich hinter diesen Versionen nicht ein von einem Autor verfasster Text erkennen lasse, sondern es sich um ein aus disparaten Traditionen komponiertes Werk handele.[87]

Im Blick auf die hier zur Diskussion stehenden Passagen über die Eucharistie ist dies insofern von Belang, als durchaus damit zu rechnen ist, dass nicht alle diese Teile ursprüngliche Bestandteile eines von demselben Autor verfassten Dokumentes waren. Bei den folgenden Ausführungen ist dies zu berücksichtigen, weshalb die Textüberlieferung bei jedem Abschnitt eigens genannt wird. Die Traditio Apostolica kann nur auf diese Weise sinnvoll in die Geschichte der Eucharistiedeutungen im frühen Christentum einbezogen werden.

Die Traditio Apostolica geht an verschiedenen Stellen auf die Eucharistie ein:

1) In Kapitel 4 wird im Zusammenhang der Regelungen für die Einsetzung des Bischofs die auf die Amtseinführung folgende Eucharistie beschrieben. Dabei wird auch ein vom neu eingesetzten Bischof zu sprechendes ausführliches eucharistisches Gebet angeführt (4,4-13). Dieses Gebet fehlt in der sahidischen und der arabischen Übersetzung sowie in den Canones des Hippolyt. Auch wenn das Gebet selbst durchaus älter sein kann, ist es möglich, dass es erst später in die Traditio Apostolica aufgenommen wurde. Innerhalb dieses Gebetes, auf das unten noch näher eingegangen wird, werden die Einsetzungsworte verarbeitet.

2) Die nächste Erwähnung erfolgt bei der Beschreibung der Aufnahme neuer Gemeindeglieder. Die Traditio Apostolica gibt hierzu ausführliche Anweisungen über die zuvor notwendige Unterweisung (das Katechumenat, Kapitel 15-17), das Gebet der Katechumenen, die Absage an den Satan, Handauflegung, Salbung sowie schließlich über Taufe, Bekreuzigung, gemeinsames Gebet der Getauften mit der Gemeinde, zu dem erst mit der Taufe zugelassen wird, und anschließenden Empfang von gebrochenem Brot und Kelch (Kapitel 18-21). Dieser Passus fehlt weitgehend in der lateinischen Übersetzung, die nur die Teile über Taufe (unvollständig) und Eucharistie enthält. Letztere fehlen jedoch in den Apostolischen Konstitutionen.

Die beiden genannten Teile über die Eucharistie stimmen darin überein, dass dem Bischof von den Diakonen die Opfergabe gereicht werden soll, über der dieser ein Dankgebet spricht. In allen Versionen wird dabei ein Zusammenhang zwischen diesem Gebet und dem Brot als Fleisch bzw. Leib Christi sowie dem Kelch und dem Blut Christi hergestellt. Die lateinische Fassung verwendet in diesem Zusammenhang verschiedene Termini, die eine Repräsentationsvorstellung enthalten. Die Einsetzungsworte werden in der Taufeucharistie nicht eigens genannt, wohl aber gründet das Gebet des Bischofs in der in den Einsetzungsworten zum Ausdruck kommenden Deutung der Mahlelemente: das Brot als Leib Christi, der Kelch als Blut Christi.

An das bischöfliche Gebet der Taufeucharistie schließen sich weitere Anweisungen zu ihrer Durchführung an, die allerdings zwischen den einzelnen Versionen stark differieren. Gemeinsam sind die Erwähnung eines weiteren Kelches mit einer Mischung aus Milch und Honig, ein Brauch, der verschiedentlich bezeugt ist,[88] sowie die anschließende, in der lateinischen Fassung allerdings fehlende Anweisung zur Austeilung von Brot und Wein, bei welcher der Austeilende das Brot als „Himmelsbrot", das Leib Jesu ist, und den Kelch als Blut Jesu bezeichnen soll. Hier wird die in den Einsetzungsworten zum Ausdruck kommende Interpretation des Abendmahls also explizit in die Form einer liturgischen Handlung überführt.

3) Nach Kapitel 22 soll der Bischof die Eucharistie am Sabbat[89] selbst austeilen, während die Diakone und Presbyter das Brot brechen. An den übrigen Tagen soll die Eucharistie dagegen gemäß der Anweisung des Bischofs empfangen werden. Dieser Abschnitt fehlt in der lateinischen, sahidischen und arabischen Version der Traditio Apostolica sowie in den Apostolischen Konstitutionen. Er verrät auf jeden Fall etwas über

die Praxis der Eucharistiefeier in denjenigen Gebieten, aus denen die Versionen stammen, die diesen Abschnitt enthalten.

4) In den Kapiteln 25 und 26 wird die Eucharistie ausdrücklich von einem anderen Gemeindemahl unterschieden, das „Eulogie" genannt wird. Die Passagen fehlen in der lateinischen, sahidischen und arabischen Version und sind in der äthiopischen an einer anderen Stelle (in Kapitel 29) platziert.[90]

Die Unterscheidung eines eucharistischen von einem nicht-eucharistischen Mahl ist demnach nicht durchgehend überliefert. Daraus lässt sich der Schluss ziehen, dass diese Trennung offenbar nicht überall praktiziert wurde. Zudem lässt das „Eulogie" genannte Mahl durchaus Züge eines sakramentalen Mahles erkennen: Genannt werden der Brauch des Hereintragens der Lampe – vielleicht eine Übernahme des jüdischen Brauchs des Sabbatlichtes[91] –, eine Eingangsliturgie im Wechsel zwischen Bischof und Gemeinde, Gebete vor und nach dem Mahl sowie der Mischkelch.

Die Grenzen zwischen dem eigentlichen eucharistischen Mahl und der nicht-sakramentalen „Eulogie" sind also durchaus noch fließend. Gerade deshalb scheint es den Versionen, die diese Abschnitte enthalten, ein Anliegen zu sein, die „eigentliche" Eucharistie von anderen Gemeindemählern abzugrenzen. Damit begegnet hier der früheste eindeutige Beleg für den Beginn einer derartigen Unterscheidung von frühchristlichen Mahlfeiern.

5) Der Katechumene darf nicht am Herrenmahl teilnehmen (Kapitel 27). Beim Mahl soll der Essende dessen gedenken, der ihn eingeladen hat. Dieser Abschnitt ist recht gut bezeugt. Er ist in allen Übersetzungen enthalten, fehlt allerdings in den Apostolischen Konstitutionen und ist in den Canones des Hippolyt sowie dem Testamentum Domini nur rudimentär vorhanden.

Bemerkenswert ist zunächst, dass hier zum ersten Mal nach Paulus (1 Kor 11,20) wieder der Terminus „Herrenmahl" begegnet.[92] Im Zusammenhang der Aufforderung zum Gedenken an den Einladenden bezieht sich das Verständnis der Bezeichnung „Herrenmahl" – analog zu 1 Kor 11 – auf den zum Mahl einladenden Herrn Jesus Christus.

Für den sakramentalen Charakter der Mahlfeier spricht das ausdrückliche Verbot der Teilnahme des Katechumenen. Es zeigt, dass der Teilnahme am Mahl die Aufnahme in die Gemeinde – also die volle Zugehörigkeit – vorausgehen musste. Dies war bereits in der Didache und bei Justin, auf eigene Weise auch in den Johannesakten begegnet. Das

Verbot zeigt, dass es sich beim Abendmahl um einen Bereich handelt, der heilig und vom Profanen abgegrenzt ist und deshalb vor Ungetauften oder Ungläubigen geschützt werden soll.

6) Die Eucharistie soll nüchtern eingenommen werden, weil sie dann auch gegen Gift schützen könne (Kapitel 36). Auch dieser Passus ist gut bezeugt, es existiert sogar ein griechisches Fragment. Er fehlt allerdings in den Apostolischen Konstitutionen und teilweise in den Canones des Hippolyt. Im Testamentum Domini findet er sich ganz am Ende.

Die eucharistische Speise wird hier im Unheil abwehrenden, magischen Sinn als Schutz vor Giften verstanden. Dies weist in den Kontext des 3./4. Jahrhunderts, wo derartige Vorstellungen bisweilen anzutreffen sind. Die bei Ignatius begegnende Wendung von der „Arznei der Unsterblichkeit" ist dagegen noch nicht in diesem Sinn zu verstehen.

7) Die Eucharistie darf weder von Ungläubigen noch von Tieren gegessen werden, deshalb muss sie sorgfältig aufbewahrt und verwendet werden (Kapitel 37-38). Dieser Abschnitt ist wiederum in den verschiedenen Versionen recht gut bezeugt, er fehlt allerdings wie der vorige in den Apostolischen Konstitutionen, im Testamentum Domini und teilweise in den Canones des Hippolyt.

Der Passus zeigt, dass die in der Eucharistiefeier verwendete Speise als Speise mit besonderem Charakter betrachtet wurde. Die Anweisungen lassen sich somit vor dem Hintergrund der Bezeichnungen als „geistliche Speise" bei Paulus und in der Didache oder als „nicht gewöhnliche Speise" bei Justin verstehen. In den Anweisungen zum Umgang mit den Elementen gehen sie freilich über das dort Formulierte deutlich hinaus und bewegen sich in die Richtung eines magisch-sakramentalistischen Umgangs mit den Elementen.[93]

Die Eucharistie wird in der Traditio Apostolica demnach zum einen im Zusammenhang anderer liturgischer Handlungen – Bischofseinführung und Taufe – behandelt, zum anderen werden praktische Anweisungen für ihre Durchführung gegeben, die vor allem ihren sakramentalen Status hervorheben. Als Bezeichnung begegnet dabei neben „Eucharistie" vor allem noch „Opfer", aber auch „Herrenmahl".

Von besonderem Interesse für die liturgische Gestaltung und das Verständnis der Eucharistie ist das im Zusammenhang der Bischofseinweihung angeführte Eucharistiegebet, auf das hier näher eingegangen sei.

Wir sagen dir Dank, Gott, durch deinen geliebten Sohn Jesus Christus,[94] den du uns in diesen letzten Zeiten als Retter, Erlöser und Boten deines Willens gesandt hast. Er ist dein von dir untrennbares Wort, durch ihn hast du alles geschaffen zu deinem Wohlgefallen,
ihn hast du vom Himmel gesandt in den Schoß einer Jungfrau. Im Leib getragen, wurde er Mensch und offenbarte sich als dein Sohn, geboren aus dem Heiligen Geist und der Jungfrau.
Der deinen Willen erfüllen und dir ein heiliges Volk erwerben wollte, hat in seinem Leiden die Hände ausgebreitet, um die von Leiden zu befreien, die an dich geglaubt haben.
Als er sich freiwillig dem Leiden auslieferte, um den Tod aufzuheben, die Fesseln des Teufels zu zerreißen, die Unterwelt niederzutreten, die Gerechten zu erleuchten, eine Grenze zu ziehen und die Auferstehung kundzutun, nahm er Brot, sagte der Dank und sprach: „Nehmt, eßt, das ist mein Leib, der für euch zerbrochen wird".
Ebenso nahm er auch den Kelch und sprach:
Dies ist mein Blut, das für euch vergossen wird. Wenn ihr dies tut, tut ihr es zu meinem Gedächtnis.
Seines Todes und seiner Auferstehung eingedenk bringen wir dir das Brot und den Kelch dar. Wir sagen dir Dank, daß du uns für würdig erachtet hast, vor dir zu stehen und dir als Priester zu dienen.
Auch bitten wir dich, deinen Heiligen Geist auf die Gabe der heiligen Kirche herabzusenden. Du versammelst sie zur Einheit, so gib allen Heiligen, die sie (*sc.* die Opfergabe) empfangen, Erfüllung mit Heiligem Geist zur Stärkung des Glaubens in der Wahrheit, daß wir dich loben und verherrlichen durch deinen Knecht Jesus Christus, durch den Herrlichkeit und Ehre ist dem Vater und dem Sohn mit dem Heiligen Geist in deiner heiligen Kirche jetzt und von Ewigkeit zu Ewigkeit. Amen.

Das Gebet fehlt in der sahidischen und arabischen Übersetzung der Traditio Apostolica sowie in den Canones des Hippolyt und ist in den Apostolischen Konstitutionen und im Testamentum Domini wesentlich überarbeitet worden. Es ist demnach durchaus möglich, dass es sekundär in die entsprechenden Versionen der Traditio Apostolica aufgenommen wurde. Gleichwohl kann es sich – ähnlich wie bei der Didache – um eine ältere, in jüdischer Tradition stehende Überlieferung handeln. Hierfür könnten z.B. die Bezeichnung Jesu als „Knecht" Gottes und als „Bote seines Willens" sprechen.[95] Zu den jüdischen Elementen gehören weiter die Rede vom Erwerb eines heiligen Volkes, diejenige von der Gemeinde als Gott dienender Priester sowie diejenige der Erleuchtung der Gerechten.

Das Gebet richtet sich an Gott und dankt im ersten, sehr ausführlichen Teil für das Heilswerk in Jesus Christus. Der zweite Teil ist sodann eine Bitte um die Sendung des Heiligen Geistes auf die Mahlelemente und die ebenfalls durch den Heiligen Geist vollzogene Stärkung der Heiligen (der Gemeinde) im Glauben. Am Ende steht eine Doxologie des dreieinigen Gottes.

Das Gebet weist eine trinitarische Struktur auf, innerhalb derer die Eucharistie gedeutet wird: Die Sendung Jesu Christi läuft auf die Deuteworte über Brot und Kelch hinaus; durch die Sendung des Geistes auf die Mahlelemente hat die Kirche Anteil am Geist Gottes.

Ein sofort ins Auge fallendes Merkmal des Gebetes ist seine umfassende Lehre von der Person Jesu Christi, welche die Diskussionen des 3. und 4. Jahrhunderts widerspiegelt. Jesus Christus ist Wort Gottes und Schöpfungsmittler, aus Heiligem Geist und der Jungfrau geboren, er hat Gott ein Volk erworben, er ist in seinem Leiden in die Unterwelt hinabgestiegen und hat Tod und Teufel besiegt. Das Erlösungswerk besteht also in der Überwindung und Abtrennung des widergöttlichen Bereichs, worauf besonders der Ausdruck „eine Grenze ziehen" hinweist. Die Erlösung wird dabei als ein endzeitliches Geschehen verstanden, wie der Ausdruck „in diesen letzten Zeiten" anzeigt.

Die Darstellung des Weges Jesu läuft auf die Einsetzungsworte zu. Diese sind hier zum ersten Mal nachweislich Bestandteil des Eucharistiegebetes und somit in die Mahlliturgie integriert. Sie werden in einer eigenen, weder mit den Evangelien noch mit Justin übereinstimmenden Form angeführt. Wie die umfassende Beschreibung der Überwindung des Todes, der Hinweis auf das Kundtun der Auferstehung durch Jesus sowie die anschließende Wendung „Seines Todes und seiner Auferstehung eingedenk ..." zeigen, werden sie auf die mit Tod und Auferstehung Jesu verbundenen Wirkungen bezogen.

Hierin unterscheidet sich die Interpretation der Eucharistie deutlich von den Gebeten in der Didache, in denen nicht Tod und Auferstehung Jesu, sondern die in dem einen verteilten Brot symbolisierte Sammlung der Kirche sowie die Heilsgüter Erkenntnis, Glauben und Unsterblichkeit im Mittelpunkt stehen. Die Sammlung der Kirche ist dagegen – ebenso wie die Bezeichnung Jesu als „Knecht Gottes" – eine Gemeinsamkeit zwischen den Gebeten beider Kirchenordnungen.

Eine interessante Analogie besteht zwischen der Beschreibung des Leidens als „Ausbreitung der Arme" und der in analoger Weise vorgenommenen Deutung des Kreuzigungsgeschehens im Philippusevangelium (§ 53). Die Geste der ausgebreiteten Arme wird in beiden Texten offenbar als Symbol für die Einbeziehung der anderen Menschen in dieses

Geschehen – also für die Heilswirkung des Leidens und Sterbens Jesu Christi – verstanden. In der Traditio Apostolica kommt dies darin zum Ausdruck, dass die Ausbreitung der Arme im Leiden dazu dient, andere von ihrem Leiden zu befreien.

Ein weiterer Aspekt ist schließlich die Betonung der Würdigkeit der Mahlteilnehmer. Dies gehört zur Kennzeichnung des sakramentalen Charakters der Eucharistie und entspricht der Forderung nach der Würdigkeit der Mahlteilnehmer bzw. dem Verbot für Ungetaufte, am Mahl teilzunehmen, in einigen der bereits besprochenen Texte. In der Traditio Apostolica korrespondieren dem die Verbote der Teilnahme an der Eucharistie für Katechumenen und Ungetaufte.

Die entscheidenden Merkmale des Eucharistieverständnisses in den Versionen der Traditio Apostolica seien abschließend noch einmal zusammengefasst: Die Eucharistie ist ein Bestandteil des Gottesdienstes, für dessen ordnungsgemäße Feier vor allem der Bischof – unterstützt von Presbytern und Diakonen – verantwortlich zeichnet und der aufgrund seines sakramentalen Charakters besonderen Schutzes und der Würdigkeit der Mahlteilnehmer bedarf, was in der Traditio Apostolica vor allem durch die vorangehende Unterweisung sichergestellt wird. Der Wahrung des heiligen Charakters dienen die ausdrücklichen Verbote für nicht zur Gemeinde Gehörige, daran teilzunehmen, die Unterscheidung des eucharistischen Mahles von anderen, als „Eulogie" bezeichneten Gemeindemählern in einigen Versionen der Traditio Apostolica sowie die Anweisungen zum nüchternen Empfang der Eucharistie und zum Umgang mit den eucharistischen Elementen.

Dabei zeigt sich insgesamt eine fortgeschrittene Entwicklung im Gemeindeleben, die weitergehende Regelungen erforderlich machte. Insgesamt hinterlassen die Fassungen der Traditio Apostolica den Eindruck, dass mit verschiedener Akzentuierung versucht wurde, Strukturen für das Gemeindeleben zu fixieren, bei denen die mit der Feier der Eucharistie zusammenhängenden Fragen einen wichtigen Bestandteil bildeten. Die Trennung der gottesdienstlichen Eucharistie von sonstigen Gemeindemählern ist offenbar erst im Entstehen. Hierauf weisen insbesondere die „eucharistischen" Aspekte im Rahmen der Eulogiefeier hin. In der Traditio Apostolica lässt sich demnach ein noch im Fluss befindlicher Prozess erkennen, eine durch Gebet, Einsetzungsworte und Leitung durch Bischof, Presbyter und Diakone charakterisierte Mahlfeier im Gottesdienst zu etablieren und diese von anderen

– vermutlich abendlichen – Gemeindemählern zu unterscheiden. Dies korrespondiert dem Befund bei Tertullian und Cyprian, die ebenfalls ein abendliches Mahl und eine in den Morgengottesdienst integrierte Eucharistiefeier kennen.

Das oben zitierte eucharistische Gebet bringt zum Ausdruck, dass die Eucharistie im Rahmen des trinitarischen Gottesbildes verstanden wird. Ein besonderer Bezug besteht dabei zu Tod und Auferweckung Jesu Christi, auf welche die Einsetzungsworte bezogen werden. Schließlich ist die Eucharistie – neben den normalen Gemeindegottesdiensten – Bestandteil besonderer Anlässe wie der Einweihung eines Bischofs und der Taufe von Katechumenen. Damit sind in den Fassungen der Traditio Apostolica zahlreiche Aspekte verarbeitet, die auch in früheren Texten bereits begegnet waren. Wenn sie hier innerhalb von Kirchenordnungen dokumentiert sind, zeigt dies, dass sich die vielfältigen Entwicklungen des frühchristlichen Abendmahlverständnisses auch in den Ordnungen des Gemeindelebens bzw. deren konkreter Gestaltung der Abendmahlsfeiern widerspiegeln.

III. Zu Herkunft und Bedeutung der Einsetzungsworte

Die Einsetzungsworte sind in den besprochenen Texten in unterschiedlichen Zusammenhängen begegnet. Dabei wurde deutlich, dass es sich um eine alte Überlieferung handelt, die den Ursprung des Abendmahls mit dem letzten Mahl Jesu in Jerusalem verbindet. Zugleich geben die Einsetzungsworte eine wichtige Deutung des Mahles, indem sie die Mahlhandlungen auf Leib und Blut Jesu bzw. den Neuen Bund in Jesu Blut beziehen. Die Aussage, dass durch den Genuss der Mahlelemente eine enge Zugehörigkeit zu Jesus Christus ausgesagt wird, stellt – das wurde in dem Durchgang durch die Texte deutlich – einen wichtigen Impuls für die Entstehung der frühchristlichen Überzeugung vom sakramentalen Charakter des Abendmahls dar.

Der Bericht von der Einsetzung des Abendmahls durch Jesus lässt sich, was in der Forschung schon häufig betont wurde, als Ursprungserzählung einer Kulthandlung bezeichnen: Das sakramentale Mahl der christlichen Gemeinden wird auf ein Ereignis zurückgeführt, von dem her sich sein Ursprung und seine bleibende Bedeutung erklären. Über die Historizität dieses Ereignisses – ob bzw. in welcher Weise es sich um ein Geschehen handelt, das der historischen Nachfrage standhält – ist damit noch nichts gesagt. Entscheidend ist vielmehr, dass die entsprechende Überlieferung einen wichtigen Impuls für die Entstehung und das Verständnis des Abendmahls im Christentum liefert. Der Bericht von der Einsetzung dieses Mahles durch Jesus ist deshalb im Sinne von *Jan Assmann* eine „fundierende Geschichte" oder ein „Mythos", bei dem es in erster Linie auf seine normative, formierende sowie identitätsstiftende Kraft und nur sekundär auf die Tatsächlichkeit des Berichteten ankommt.[96] Die Bedeutung des letzten Mahles Jesu für Entstehung und Entwicklung des christlichen Abendmahls lässt sich nur unter dieser Voraussetzung angemessen erfassen.

In den Texten des frühen Christentums ist die Tradition der Einsetzungsworte auf verschiedene Weise verarbeitet worden. Dabei ließ sich erkennen, dass Paulus, die Verfasser des Markus-, Matthäus- und Lukasevangeliums, Justin, Irenäus, Cyprian und die Traditio Apostolica unterschiedliche Akzente mit ihnen in Verbindung brachten:

- Paulus verwendet sie als Argument, um den Korinthern darzulegen, dass die Feier eines von Jesus eingesetzten Mahles, bei dem alle Mahlteilnehmer in eine enge Beziehung miteinander und zu Jesus Christus treten, nicht zu Spaltungen in der Gemeinde führen darf, sondern ihre Einheit im Herrn widerspiegeln muss.
- Im Markus- und Matthäusevangelium sind sie in die Berichte von Jesu letztem Mahl als einem Passahmahl eingebunden, um diesem Mahl dadurch eine charakteristische Bedeutung zu verleihen: In Analogie zum Passahmahl als einem „Gründungsdatum Israels" wird die Anteilhabe an Brot und Kelch als Gründung der Gemeinde Jesu entworfen.
- Im Lukasevangelium ist dieser Akzent verstärkt, indem zwischen dem letzten Mahl Jesu, das eine Entsprechung in der Gottesherrschaft finden wird, und dem von der Gemeinde zu feiernden Mahl unterschieden wird. Die Einsetzungsworte dienen der Institutionalisierung des Gemeindemahls, das der Auferstandene als „Brotbrechen" selbst wieder aufnimmt und das dann von der nachösterlichen Gemeinde gefeiert wird.
- Justin begründet mit den Einsetzungsworten, dass es sich bei der Eucharistie um besondere Speise handelt, die uns verwandelt und dadurch am göttlichen Logos Anteil gibt.
- Irenäus versteht die Einsetzungsworte als Einsetzung des neuen Opfers des Neuen Bundes: Da die alten Opfer mit dem Alten Bund hinfällig geworden sind, damit aber nicht das Opfer selbst verworfen worden ist, bedarf es für den Neuen Bund auch eines neuen Opfers.
- Cyprian versteht die Einsetzungsworte als Ausdruck dafür, dass sich Jesus selbst als Opfer dargebracht hat und dieses Opfer in der Feier der Gemeinde nachvollzogen wird.
- Die Traditio Apostolica bindet die Einsetzungsworte innerhalb des Eucharistiegebetes in eine Darstellung des Weges Jesu Christi ein und bezieht sie auf seinen Tod und seine Auferweckung.

Aufgrund dieser Vielfalt der Deutungen sowie der Tatsache, dass die Einsetzungsworte bis in die Gegenwart für Verständnis und liturgische Gestaltung des Abendmahls eine zentrale Rolle spielen, sollen sie hier in einem eigenen Kapitel behandelt werden.

1. Überblick über die verschiedenen Fassungen

Ein erster Blick auf die vier im Neuen Testament überlieferten Einsetzungsberichte (in 1 Kor 11 sowie im Markus-, Matthäus und Lukasevangelium) zeigt, dass sie einerseits wichtige Merkmale miteinander teilen, andererseits jeder Text seine Besonderheiten aufweist. Nehmen wir den bei Justin überlieferten Text hinzu, erhalten wir eine weitere Version mit wiederum eigenen Merkmalen. Es gibt also keine vollständige Übereinstimmung, nicht einmal zwischen zweien der Berichte. Dieser Befund ist zum einen dadurch zu erklären, dass jeder der Autoren bei der Formulierung der Einsetzungsworte eigene Akzente gesetzt hat, zum anderen erklärt er sich durch den Prozess der mündlichen und schriftlichen Überlieferung, der hinter diesen Worten liegt.

Unstrittig ist, dass die Einsetzungsworte trotz ihrer Differenzen auf einen gemeinsamen Ursprung zurückgehen und nicht mehrfach unabhängig voneinander entstanden sind. Dieser Ursprung muss allerdings nicht als wörtlich fixierte Gestalt dieser Worte vorgestellt werden. Neuere Studien zur mündlichen Überlieferung haben vielmehr gezeigt, dass bei mündlicher Überlieferung mit mehr Variabilität gerechnet werden muss, als dies die ältere Forschung getan hat. Dieser Befund wird auch durch die schriftliche Überlieferung bestätigt: Das Matthäus- und das Lukasevangelium haben, obwohl sie das Markusevangelium kannten, eigene Akzente bei den Einsetzungsworten gesetzt und die Version des Markusevangeliums entsprechend modifiziert. Auch im Prozess der Textüberlieferung ist also keine einheitliche Fassung entstanden.

Die in der Forschung viel diskutierte Frage, ob sich eine der Versionen als die älteste erweisen bzw. ob sich aus den verschiedenen Fassungen eine älteste Gestalt der Einsetzungsworte rekonstruieren lässt, ist deshalb mit großer Vorsicht zu behandeln. Wahrscheinlicher ist, dass es eine sprachlich fixierte „Urgestalt" als Ausgangspunkt aller überlieferten Versionen niemals gegeben hat, sondern die Einsetzungsworte von Beginn an in verschiedenen Fassungen existierten. Gleichwohl ist es möglich, Beobachtungen zum Prozess ihrer Überlieferung anzustellen. Wenn hierzu im Folgenden einige Bemerkungen angebracht werden, ist dies demnach ausdrücklich nicht als Suche nach einer ältesten Fassung der Einsetzungsworte zu verstehen.

Gemeinsam ist den verschiedenen Versionen zunächst, dass sich jeweils zwei mit „dieses ist" eingeleitete Sätze gegenüberstehen, die sich auf das gesegnete, gebrochene und verteilte Brot sowie den gesegneten und herumgereichten Kelch beziehen und diese als Leib und Blut Jesu bzw. den Neuen Bund in seinem Blut deuten. Gemeinsam ist allen Versionen weiter das Vorkommen des Bundesmotivs (als Bund oder Neuer Bund) beim Kelchwort. Gemeinsam ist schließlich ein Ausblick auf die endzeitliche Erfüllung: auf die Mahlfeier Jesu in der Gottesherrschaft bzw. auf sein Wiederkommen.

Ein näherer Blick zeigt sodann, dass engere Beziehungen zwischen den Versionen im Markus- und Matthäusevangelium einerseits, bei Paulus und im Lukasevangelium andererseits bestehen. Dahinter stehen offenbar zwei Varianten, in denen der Einsetzungsbericht überliefert worden ist. Das Markus- und Matthäusevangelium stimmen darin überein, dass sie beim Brotwort nur die Wendung „dies ist mein Leib" ohne weiteren erläuternden Zusatz bieten, wogegen es bei Paulus zusätzlich „für euch" und im Lukasevangelium „für euch gegeben" heißt. Beim Kelchwort steht im Markus- und Matthäusevangelium „dies ist mein Bundesblut, das für viele vergossen wird", bei Paulus „dieser Kelch ist der Neue Bund in meinem Blut", im Lukasevangelium ist „das für euch vergossen wird" hinzugesetzt. Das Blut wird demnach in allen Fassungen als Bundesblut gedeutet, nur bei Paulus und im Lukasevangelium wird der Bund jedoch ausdrücklich als „Neuer Bund" bezeichnet.

Dahinter stehen unterschiedliche Bezugnahmen auf alttestamentliche Bundesschlüsse: Im Markus- und Matthäusevangelium wird auf den Bundesschluss nach Exodus/2 Mose 24,8 angespielt, bei Paulus und im Lukasevangelium auf die Überlieferung vom Neuen Bund aus Jer 31,31-34 (in der Septuaginta, der griechischen Übersetzung des Alten Testaments, Jer 38,31-34). Entscheidend ist allerdings, dass der nunmehr geschlossene Bund als ein *durch das Blut Jesu* geschlossener verstanden wird. Die Bundesschlüsse Israels werden somit – ungeachtet der jeweiligen Anspielungen auf alttestamentliche Texte – vom Tod Jesu her verstanden und dadurch in eine neue Perspektive gerückt.

Nur bei Paulus und im Lukasevangelium findet sich der Wiederholungsauftrag „Dies tut zu meiner Vergegenwärtigung", im Lukasevangelium aus den oben genannten Gründen nur beim Brotwort. Eine weitere Differenz besteht darin, dass im Markus- und Matthäusevangelium die Deuteworte in die gesamte Mahlhandlung integriert sind, was durch das einleitende „Während sie aßen ..." zum Ausdruck kommt. Bei Paulus sowie im Lukasevangelium ist das Kelchwort dagegen am Ende der Mahlfeier platziert. Dass sich darin, wie gelegentlich vermutet, unterschiedliche Mahlpraktiken *der frühchristlichen Gemeinden* widerspiegeln würden, ist freilich nicht sicher. Zunächst einmal handelt es sich um leicht divergierende Berichte über das letzte Mahl *Jesu*.

In beiden Überlieferungssträngen zeigen sich sprachliche Angleichungen von Brot- und Kelchwort aneinander: Im Markus- und Matthäusevangelium sind die Formulierungen „dies ist mein Leib – dies ist mein Blut des Bundes" parallel gestaltet, bei Paulus zeigt sich eine entsprechende Tendenz in dem zweimaligen Wiederholungsauftrag. Dies spricht dafür, dass sich in beiden Überlieferungen auf je eigene Weise der Prozess einer sprachlichen Parallelisierung beider Worte vollzogen hat.

Schließlich finden sich eigene Interpretationen der Einsetzungsworte durch die jeweiligen Autoren: Paulus bezieht sie auf die Verkündigung des Todes Jesu (1 Kor 11,26), der Verfasser des Lukasevangeliums stellt das letzte Passah Jesu der Passahfeier in der Gottesherrschaft gegenüber und setzt das Brotbrechen der Gemeinde davon ab, im Matthäusevangelium ist die durch das Kommen Jesu aufgerichtete Ordnung der Vergebung der Sünden betont, die durch sein Bundesblut besiegelt wird.

Die urchristlichen Einsetzungsberichte halten demnach die Erinnerung an das letzte Mahl Jesu fest. Mit dem Bezug der Mahlhandlungen auf Leib und Blut bzw. den Neuen Bund im Blut Jesu geben sie diesem Mahl zugleich eine spezifische Bedeutung. Dies führt zur nächsten hier zu besprechenden Frage.

2. Was bedeuten die Einsetzungsworte?

Auszugehen ist von dem übereinstimmenden Befund des Gegenübers von „Leib" und „Blut". Das ist insofern von Bedeutung, als es sich hierbei nicht um einander ergänzende Begriffe handelt. In diesem Fall hätten *Fleisch* und Blut einander korreliert werden müssen, wie dies im Johannesevangelium, bei Ignatius und Justin geschieht. Bei Justin zeigt sich dabei allerdings noch die Stabilität des Gegenübers von Leib und Blut, wenn er zunächst die Begriffe „Fleisch" und „Blut" verwendet, in den Einsetzungsworten jedoch von „Leib" und „Blut" spricht. Die Gegenüberstellung von Leib und Blut weist dabei darauf hin, dass jedes der Worte eine selbstständige Aussage über Jesus trifft, sie sich also nicht zu einer Aussage (etwa im Sinn von „der ganze Jesus") zusammenfassen lassen.

Wir beginnen mit dem Brotwort: Ungeachtet der Differenzen zwischen den verschiedenen Versionen im Einzelnen ist deutlich, dass das Brechen des Brotes und seine Verteilung unter den Mahlteilnehmern eine Symbolhandlung ist, die durch den Bezug auf den Leib Jesu erläutert wird. Die Formulierung „dies ist" bezieht sich also nicht einfach auf das Brot, was grammatisch ohnehin schwierig wäre, da „Brot" im Griechischen Maskulinum ist und eigentlich nicht durch das Neutrum „dieses" bezeichnet werden kann. Vielmehr wird durch „dies ist ..." der gesamte Vorgang des *Nehmens, Segnens bzw. Dankens, Brechens und Verteilens* des Brotes auf den Leib Jesu gedeutet.

Der Begriff „Leib" bezeichnet dabei im Griechischen nicht den Körper – etwa im Unterschied zur Seele oder in Korrespondenz zu „Blut". Vielmehr bezieht sich der Ausdruck auf die *Person* Jesu als ganze. Aus der Geste des Brotbrechens und -verteilens geht deshalb hervor, dass die Person Jesu, also seine gesamte Existenz, eine solche ist, die zugunsten anderer besteht: Durch das Essen des einen Brotes, das den Leib Jesu repräsentiert, haben die Mahlteilnehmer Anteil an der mit seinem Kommen verbundenen Heilswirkung. Dies wird durch das „für euch" bei Paulus und im Lukasevangelium zusätzlich verstärkt. Die Wendung muss deshalb im engen Zusammenhang mit der Brotgeste interpretiert werden. Dagegen stellt ein zuweilen angenommener Bezug des „für euch" auf den Tod Jesu zur Vergebung der Sünden eine Verengung von Brotwort und -geste dar.

Das Brotwort ist deshalb am Plausibelsten als zusammenfassender Rückblick auf das Wirken Jesu beim letzten Mahl angesichts seines bevorstehenden Todes zu verstehen. Jesu Wirken wird dabei als eine Existenz zugunsten der zu ihm Gehörenden gedeutet, die hier durch die Mahlteilnehmer repräsentiert werden.

Damit kommen wir zum Kelchwort. Zunächst gilt auch hier, dass der Bedeutungsgehalt der Worte wichtiger ist als Formulierungsunterschiede zwischen den verschiedenen Versionen. In allen Fassungen des Kelchwortes wird der durch das Blut Jesu geschlossene Bund von den Bundesschlüssen Israels her verstanden. Dabei handelt es sich um zwei Ausprägungen, die das vergossene Blut mit je eigener Akzentuierung als Bundesblut deuten: In den Fassungen des Markus- und Matthäusevangeliums wird an die alttestamentlich-jüdische Tradition des Bundesschlusses durch Blut, wie sie in der Beschreibung des Sinaibundesschlusses in Exodus/2 Mose 24 vorliegt, angeknüpft. In den Fassungen bei Paulus und im Lukasevangelium wird dagegen auf den

Zusammenhang von Neuem Bund und Blut angespielt, der erst durch die Verbindung des Todes Jesu mit der alttestamentlich-eschatologischen Hoffnung auf den Neuen Bund aus Jer 31 möglich wurde. Es legt sich somit auch hier – wie schon beim Brotwort – nicht nahe, aus den verschieden akzentuierten Fassungen eine Entwicklungsgeschichte von älteren zu jüngeren Versionen rekonstruieren zu wollen.

Der Textbefund weist eher auf zwei durch den jeweiligen Kontext bzw. das jeweilige Verständnis bedingte Rezeptionen hin, die sich nicht in eine ältere und eine jüngere Fassung aufteilen lassen.

Wie beim Brotwort wird auch hier der Gestus – das *Segnen* sowie das *Herumreichen* des Kelches, aus dem alle Mahlteilnehmer trinken – gedeutet. Dies geht schon daraus hervor, dass sich das Deutewort auf den *Kelch*, nicht auf den *Wein* bezieht. Damit ist zunächst angezeigt, dass durch das Trinken aus dem Kelch die Anteilhabe der Mahlteilnehmer an dem Geschehen des Bundesschlusses repräsentiert wird.

Die Rede vom (vergossenen) Blut Jesu stellt einen eindeutigen Bezug auf seinen Tod dar. Dabei wird dem Tod Jesu eine positive Wirkung zugeschrieben, nämlich diejenige eines neuen Bundesschlusses zwischen Gott und den Menschen. Die Teilhabe an diesem Bund wird durch das gemeinsame Trinken aus dem Kelch realisiert. Im Markus- und Matthäusevangelium wird dies durch die Wendung „für viele" präzisiert. Das Kelchwort deutet dann den Tod Jesu als ein Geschehen, durch das sich das Wirken Jesu in der Weise vollendet, dass nunmehr allen Menschen Anteil an dem durch das Kommen Jesu bewirkten Heilsgut gegeben wird.

Der Aspekt der Sündenvergebung ist hierin insofern enthalten, als zur Stiftung eines Neuen Bundes zwischen Gott und den Menschen auch die Beseitigung der Sünde als einer negativen Macht gehört, welche die Menschen von Gott trennt. Dabei ist wichtig, dass es sich um ein derart umfassendes Verständnis von Sünde handelt, das nicht individuell-moralisch verengt werden darf. Dass die Sündenvergebung einzig im Matthäusevangelium im Zusammenhang der Einsetzungsworte – und darüber hinaus im Zusammenhang mit der Eucharistie nur noch in den Thomasakten – ausdrücklich genannt wird, ist kein Zufall: Der Verfasser des Matthäusevangeliums bezieht die Erneuerung des Gottesverhältnisses konkret auf die Ethik der Gemeinde, in der sich die erfahrene Vergebung widerspiegeln soll. In den anderen neutestamentlichen Texten wird die Sündenvergebung dagegen nicht eigens genannt, ist in der Rede von dem durch Jesu Blut geschlossenen Bund jedoch implizit enthalten.

Der Befund lässt sich folgendermaßen zusammenfassen: In den Einsetzungsworten werden nicht die *Elemente* Brot und Wein, sondern die *Handlungen* des Segnens/Dankens, Brotbrechens und -verteilens sowie des Segnens und Herumreichens des einen Kelches unter den Mahlteilnehmern gedeutet. Durch die Anteilhabe an gebrochenem und verteiltem Brot und herumgereichtem Kelch, die Leib und Blut Jesu symbolisieren, wird die Beziehung zu Jesus Christus sowie die enge Gemeinschaft der zu ihm Gehörenden konkret erfahrbar.

An dieser Stelle sei noch einmal an die eingangs angeführte Definition des Symbolbegriffs erinnert. Gemeint ist damit nicht einfach ein Zeichen, das für etwas anderes steht, sondern die Verbindung der göttlichen mit der irdisch erfahrbaren Wirklichkeit. In diesem Sinn lässt sich das „Dies ist ..." der Einsetzungsworte als symbolische Repräsentation des heilvollen Lebens und Sterbens Jesu in den Mahlhandlungen verstehen.

Das Gegenüber von „Leib" und „Blut" ist dabei in der Weise aufzufassen, dass zum einen auf die gesamte Existenz Jesu geblickt wird, zum anderen auf seinen Tod, der diese Existenz durch einen neuen Bundesschluss zwischen Gott und den zu Jesus Gehörenden vollendet. Die Aussagen des Johannesevangeliums, dass nur das Essen des Fleisches und das Trinken des Blutes des Menschensohnes Leben vermitteln, spitzen die Aussagen der Einsetzungsworte dann auf die Person Jesu Christi hin zu.

Der Blick auf die hier besprochenen frühchristlichen Deutungen des Abendmahls macht deutlich, dass die Einsetzungsworte die Bedeutung dieses Mahles in besonders intensiver Weise zum Ausdruck bringen: Was in den Texten als auf Jesus Christus bezogene religiöse Gemeinschaft, als Dank für die durch ihn vermittelten Heilsgüter, als Aussage über die im Abendmahl genossene geistliche Speise, als Vereinigung der Engel mit ihren irdischen Abbildern, als Verbindung des göttlichen Logos mit irdischen Elementen oder als von der Kirche zu vollziehendes reines Opfer ausgedrückt werden konnte, wird durch die Aussage der Repräsentation des Lebens und Sterbens Jesu durch das verteilte Brot und den gemeinsam getrunkenen Kelch verdichtet. Es handelt sich also um Spitzenformulierungen, die durch reflektierende Betrachtung immer wieder abzuschreiten sind, deren Erfahrbarkeit aber letztlich im liturgischen Vollzug einzuholen ist. Unabhängig von dem Prozess ihrer Überlieferung haben sie deshalb innerhalb der Abendmahlsliturgien auch heute einen angemessenen Platz.

Das in den Einsetzungsworten zum Ausdruck kommende Verständnis der Beziehung zu Jesus Christus und die Anteilhabe an den durch ihn vermittelten Heilsgütern werden deshalb dann angemessen zur Sprache gebracht und vollzogen, wenn sie als in den Gesten des Segnens und Dankens, des Brotbrechens und -verteilens sowie des Herumreichens des Kelches symbolisierte Vereinigung des göttlichen Bereichs mit dem irdischen aufgefasst werden. Mit anderen Worten: Die Mahlteilnehmer werden im Vollzug des Abendmahls hineingenommen in das von Gott durch Jesus bewirkte Heilsgeschehen.

Den Einsetzungsworten würde nach diesen Überlegungen weder ein Verständnis von Brot und Kelch als „Zeichen" gerecht – schon darum nicht, weil es eben nicht um eine Deutung der *Elemente*, sondern der *Handlungen* geht –, noch dasjenige einer Verwandlung der Substanz der Mahlelemente, deren äußere Gestalt dabei erhalten bliebe („Transsubstantiation"). Solche Deutungen der Einsetzungsworte wurden vielmehr erst im Zuge des Ringens um ihr Verständnis in der späteren Kirchen- und Dogmengeschichte vorgenommen und wirken bis heute nach. Die im Anhang abgedruckten Texte machen diesen Prozess in Auszügen nachvollziehbar, der an dieser Stelle dagegen nicht weiter verfolgt wird. Dennoch ist als ein deutlich zutage tretendes Ergebnis der dargestellten Überlegungen festzuhalten, dass ein Bezug der Einsetzungsworte auf eine „Wandlung" der Elemente ihrem Verständnis im frühen Christentum nicht gerecht wird. Ein solcher Bezug ist in den frühchristlichen Texten nirgendwo hergestellt worden. Er verdankt sich vielmehr einer Deutung der Einsetzungsworte im Lichte von Joh 6, wie sie sich in der Wirkungsgeschichte häufig findet. Bei Johannes handelt es sich jedoch, wie oben gezeigt, um eine Deutung der Einsetzungsworte auf die Person Jesu Christi, die gerade nicht auf das letzte Mahl Jesu beschränkt ist.

Was aber können und dürfen wir für das letzte Mahl Jesu bezüglich der Einsetzungsworte historisch voraussetzen? Dieser Frage widmet sich der folgende Abschnitt.

3. Stammen die Einsetzungsworte von Jesus?

Alle frühchristlichen Texte führen die Einsetzungsworte als von Jesus beim letzten Mahl gesprochene Worte an. Gleichwohl hat die Annahme alle Wahrscheinlichkeit für sich, dass es sich um eine alte Interpretation handelt, in der das Urchristentum die Bedeutung des Kommens Jesu, einschließlich seines Todes, zusammenfassend zum Ausdruck brachte.

Hierfür spricht zunächst ihre sprachliche Gestalt. Die nahezu parallel gestalteten Worte weisen darauf hin, dass es sich um eine Überlieferung handelt, die im Urchristentum als Erklärung von Ursprung und Bedeutung des Abendmahls gestaltet und weitergetragen wurde. Wo genau sie Verwendung fand und ob sie fester Bestandteil der Mähler selbst war, kann dabei offen bleiben. Die Beobachtungen zu ihrer Verwendung in den besprochenen Texten haben jedenfalls gezeigt, dass Letzteres nicht pauschal vorausgesetzt werden kann.

Für einen Ursprung in der nachösterlichen Theologie spricht des Weiteren die deutlich auf die Vergegenwärtigung angelegte Form der Einsetzungsworte, die in dem Wiederholungsauftrag bei Paulus und im Lukasevangelium explizit gemacht wird. Es liegt wesentlich näher, dies vor dem Hintergrund einer bereits bestehenden Praxis einer sakramentalen Mahlfeier zu verstehen, die auf diese Weise inhaltlich gedeutet wird, als die Einsetzungsworte auf einen historischen Ursprung im letzten Mahl Jesu zurückzuführen.

Weiter ließe sich der Inhalt der Worte nur schwer mit der Verkündigung Jesu in Einklang bringen. Dass Jesus in einer derartigen Weise sein Wirken und Geschick mit einer symbolischen Handlung und entsprechenden Worten gedeutet habe, muss angesichts der ansonsten zu erkennenden Umrisse seines Wirkens als unwahrscheinlich gelten. Vor allem das Kelchwort bereitet hier Schwierigkeiten, denn die Bundesthematik fehlt ansonsten in der Jesusüberlieferung. Dass Jesus seinen Tod als durch sein vergossenes Blut besiegelten Bundesschluss gedeutet habe, ist deshalb historisch betrachtet kaum wahrscheinlich. Wesentlich besser lässt sich die Szenerie dagegen als nachösterliche Gestaltung verstehen, durch welche die Gemeinde das sakramentale Mahl im letzten Mahl Jesu verankerte.

Woher stammt der Anstoß zu einer solchen Überlieferung? Wahrscheinlich ist, dass Jesus beim letzten Mahl ein Wort mit dem Inhalt, der in Mk 14,25 zum Ausdruck kommt, gesprochen hat: Er werde vom Gewächs des Weinstocks nicht mehr trinken, bis er von Neuem davon trinken werde im Reich Gottes. Dieses sogenannte „Verzichtswort" lässt sich mit der Überzeugung Jesu, in seinem Wirken beginne die Aufrichtung der Gottesherrschaft, gut in Einklang bringen. Angesichts seines bevorstehenden Todes, der sich für Jesus durch die sich zuspitzenden Jerusalemer Ereignisse abzeichnete, könnte er mit einem solchen Wort der Hoffnung Ausdruck verliehen haben, dass sich sein Weg durch den Eingang in die Herrschaft Gottes vollenden werde.

Lässt sich dieses Wort als derjenige Bestandteil des letzten Mahles mit dem größten Anspruch auf historische Wahrscheinlichkeit bezeichnen, kann dem „Verzichtswort" auch eine Handlung zugeordnet werden: Jesus könnte beim letzten Mahl als Zeichen dafür, dass er an der Hoffnung auf das Gottesreich auch angesichts seines zu erwartenden Todes festhält, tatsächlich auf den Kelch verzichtet und ihn dafür in einer ungewöhnlichen und darum auffälligen Geste unter den Mahlteilnehmern herumgereicht haben.

Halten wir fest: Die Einsetzungsworte stammen aller Wahrscheinlichkeit nach nicht von Jesus. Sie verdanken sich jedoch zwei Anstößen: Der eine – allgemeine – Anstoß ist das Wirken Jesu. Dieses wurde von der nachösterlichen Gemeinde als ein Leben und Sterben zugunsten anderer interpretiert und in den Einsetzungsworten zusammengefasst. Der zweite – spezielle – Anstoß ist die durch das „Verzichtswort" erläuterte ungewöhnliche Handlung Jesu, der beim letzten Mahl auf den Kelch verzichtete und seinen Jüngern die Anweisung gab, aus seinem Kelch zu trinken. Aus diesen Anstößen hat sich sodann die urchristliche Überlieferung von der Einsetzung des Abendmahls durch Jesus entwickelt. In den Evangelien wurde diese Überlieferung mit dem letzten Mahl Jesu verbunden und auf diese Weise zum Bestandteil der Passionserzählungen.

4. Ergebnis

Die Einsetzungsworte gehen weder auf den irdischen Jesus zurück noch waren sie fester Bestandteil der frühchristlichen Mahlliturgien. Es handelt sich vielmehr um Ursprungserzählungen einer Kultpraxis, in der eine wichtige Deutung des Abendmahls festgehalten wird. Diese Deutung bezieht sich nicht auf die Mahl*elemente*, sondern auf die *Handlungen*, durch die allen Mahlteilnehmern Anteil an den durch Jesu Leben gewährten Heilsgütern und dem durch seinen Tod geschlossenen Bund zwischen Gott und den Menschen gegeben wird. In den Einsetzungsworten werden demnach nicht Brot und Wein, sondern die hierauf bezogenen Zeichenhandlungen des Brotbrechens und Herumreichens des Kelches gedeutet. Der Streit um „ist" oder „bedeutet" zwischen Luther und Zwingli, der auch im Anhang auszugsweise dokumentiert ist, geht deshalb am Kern der Einsetzungsworte vorbei.

Die Einsetzungsworte lassen sich nicht für den Verlauf der frühchristlichen Mahlfeiern in Anschlag bringen. Als sie in die Mahlliturgien eingebunden wurden, was nachweislich zuerst in der Traditio Apostolica der Fall ist, deutet sich zugleich eine Trennung von Sättigungs- und Kultmahl an. Die Einsetzungsworte haben demzufolge auch hier nicht den Ablauf des von der Gemeinde gefeierten Sättigungsmahles wiedergegeben, sondern wurden im Rahmen der als reine Symbole verstandenen Elemente in der Eucharistiefeier zitiert. Diesem Befund entsprechen die verschiedenen oben genannten Funktionen, die die Einsetzungsworte in den frühchristlichen Texten erfüllen konnten.

Wenn die Einsetzungsworte heute fester Bestandteil der Mahlliturgien sind, wogegen nicht das Geringste einzuwenden ist, dann sollte bewusst bleiben, dass die damit verbundene Deutung des Abendmahls im frühen Christentum in einem wesentlich breiteren Spektrum angesiedelt war. Dieses Spektrum wird durch die Einsetzungsworte verdichtet, sollte aber auch dadurch lebendig gehalten werden, dass die Vielfalt möglicher Zugänge in der Feier des Abendmahls liturgisch zum Ausdruck gebracht wird.

Synopse der Einsetzungsworte

Matthäusevangelium	*Markusevangelium*	*Lukasevangelium*	*Paulus (1 Kor 11)*
26,26 Als sie aßen, nahm Jesus Brot und sprach den Lobpreis, brach es und gab es den Jüngern und sagte: Nehmt, esst, **dies ist mein Leib.**	14,22 Und als sie aßen, nahm er Brot und sprach den Lobpreis, brach es und gab es ihnen und sagte: Nehmt, **dies ist mein Leib.**	22,19 Und er nahm Brot, sprach das Dankgebet, brach es und gab es ihnen und sprach: Dies ist mein Leib, der für euch gegeben ist; **tut dies zu meiner Vergegenwärtigung.**	11,23 in der Nacht, in der er ausgeliefert wurde, nahm er Brot, 11,24 sprach das Dankgebet, brach es und sprach: Dies ist mein Leib für euch. **Tut dies zu meiner Vergegenwärtigung.**
26,27 Und er nahm einen Kelch, sprach das Dankgebet, gab ihnen den und sagte: Trinkt alle daraus,	14,23 Und er nahm einen Kelch, sprach das Dankgebet, gab ihnen den und sie tranken alle daraus.	22,20 Und ebenso den Kelch nach dem Mahl und sagte: **Dieser Kelch ist der Neue Bund in meinem Blut,** das für euch vergossen ist.	11,25 Und ebenso den Kelch nach dem Mahl und sagte: **Dieser Kelch ist der Neue Bund in meinem Blut.**
26,28 **denn dies ist mein Blut des Bundes, das für viele vergossen ist zur Vergebung der Sünden.**	14,24 Und er sagte zu ihnen: **Dies ist mein Blut des Bundes, das für viele vergossen ist.**		**Dies tut, sooft ihr daraus trinkt, zu meiner Vergegenwärtigung.**
26,29 Ich sage euch aber: Ich werde von jetzt an nicht mehr von diesem Gewächs des Weinstocks trinken, bis zu jenem Tag, an dem ich es von neuem trinken werde mit euch im Reich meines Vaters.	14,25 Amen, ich sage euch: Ich werde nicht mehr vom Gewächs des Weinstocks trinken, bis zu jenem Tag, an dem ich es von neuem trinken werde im Reich Gottes.	22,16 Ich sage euch nämlich: Ich werde es nicht mehr essen, bis es vollendet werden wird im Reich Gottes. 22,17 Und er nahm einen Kelch, sprach das Dankgebet und sagte: Nehmt diesen und teilt ihn unter euch. 22,18 Ich werde von jetzt an nicht mehr von diesem Gewächs des Weinstocks trinken, bis das Reich Gottes kommt.	11,26 Denn sooft ihr dieses Brot esst und den Kelch trinkt, verkündet ihr den Tod des Herrn, bis er kommt.

IV. Das Abendmahl im Kontext: Religiöse Gemeinschaftsmähler in der jüdischen und griechisch-römischen Antike

1. Gemeinschaftsmähler als soziales Phänomen

Das frühe Christentum entstand zu einer Zeit, in welcher der antike Mittelmeerraum in kultureller Hinsicht weithin griechisch geprägt war, wogegen die politische Macht in den Händen der Römer lag. Auch das Judentum, aus dem heraus sich das Christentum entwickelte, war von dieser Situation und den Entwicklungen, die zu ihr führten, in vielfacher Weise beeinflusst. Das Judentum der neutestamentlichen Zeit ist deshalb generell als *hellenistisches Judentum* zu charakterisieren. Dieser Hintergrund ist auch für die Entstehung des Abendmahls zu berücksichtigen.

Das gemeinsame Mahl war in der griechisch-römischen Antike ein wichtiger Ausdruck des gesellschaftlichen Lebens. Bereits die Bezeichnung der abendlichen, in einer größeren Gesellschaft eingenommenen Hauptmahlzeit weist auf den Gemeinschaftscharakter hin: Sie hieß „Syssition", also „gemeinsames Essen", das sich daran anschließende Trinkgelage „Symposion". Mit diesen Begriffen wird die Gemeinschaft als das entscheidende Merkmal für Mahl und Trinkgelage herausgestellt.

Für den Verlauf dieser Mähler hatten sich feste Strukturen herausgebildet, die sowohl für den griechisch-römischen als auch für den jüdischen Bereich vorauszusetzen sind. Tischordnung, Platzverteilung sowie das Verhalten bei Tisch waren streng geregelt, auch der Ablauf des Mahles selbst folgte einem bestimmten Schema: Voraus ging in der Regel ein Bad, das Mahl selbst begann sodann mit der Vorspeise. Nur bei den jüdischen Mählern wurde dabei ein Mahleingangsgebet über einem Becher Wein gesprochen. Zur Vorspeise wurde mit Honig vermischter milder Wein getrunken. Anschließend wurde die Hauptmahlzeit zu sich genommen, an deren Abschluß bei paganen Mählern eine Mahlabschlusslibation (Trankspende an die verehrte Gottheit) stand, bei jüdischen Mählern ein an Gott gerichtetes Mahlabschlussgebet über einem zweiten Becher Wein. Es folgten der Nachtisch sowie das Trinkgelage („Symposion"), das in erster Linie Gesprächen und Vergnügungen der Mahlteilnehmer diente.[97] Während des Trinkgelages wurden im paganen Kontext weitere verschiedene Trankopfer (Libationen) dargebracht.

Des Weiteren sind für die Entstehung des Abendmahls die Vereine von Bedeutung, die in hellenistisch-römischer Zeit einen wichtigen Bestandteil des gesellschaftlichen Lebens bildeten. Diese Vereine konnten unterschiedlichen Zwecken dienen. Auf der einen Seite gab es die sogenannten Berufsvereine, eine Art antiker Zünfte, in denen sich Mitglieder der gleichen Berufsgruppe zur gemeinsamen Ausübung religiöser, sozialer oder auch politischer Interessen zusammenschlossen.

Daneben gab es private Vereine, in denen sich Mitglieder zusammenfanden, die zumeist derselben sozialen Schicht angehörten. Diese Vereine konnten dem Gedenken Verstorbener dienen, von denen ein Verein in der Regel noch zu Lebzeiten gestiftet worden war. Es existierten aber auch Vereine, die vorrangig der Finanzierung von Begräbnissen ihrer Mitglieder dienten. Vielfach bestanden die Vereine primär zu religiösen Zwecken und widmeten sich der Verehrung einer oder mehrerer Gottheiten. Schließlich gab es Vereine, die vor allem um der gemeinsamen Mähler willen gegründet wurden. Sie dienten also in erster Linie der Geselligkeit, wobei oftmals gesellschaftliche und politische Ideale eine Rolle spielten. Vielfach flossen auch verschiedene dieser Anliegen ineinander. Ein Verein konnte also gleichermaßen gesellschaftlichen, sozialen, politischen und religiösen Anliegen dienen.

Das Leben der Vereine wurde durch Satzungen geregelt, in denen Anordnungen für deren Mitglieder festgehalten wurden. Dazu konnten z.B. ethische Verhaltensregeln (etwa das Verbot von Ehebruch und gewalttätigen Auseinandersetzungen), Aufnahmebedingungen, die Größe des Vereins oder Finanzierungsfragen gehören. Die Strukturen dieser griechisch-römischen Vereine wurden bereits häufiger für die Beschreibung des sozialen Profils jüdischer Gruppen – vor allem für den hinter den Qumranschriften stehenden Kreis – fruchtbar gemacht. Dies wird noch genauer zu zeigen sein.

Ist das gemeinsame Mahl somit zunächst ein Phänomen des antiken Privat- und Vereinslebens, so existierten darüber hinaus speziellere Formen gemeinsamer Mähler in den Kulten. Zu nennen sind hier einerseits die nur Eingeweihten zugänglichen Mysterienkulte, andererseits die öffentlichen Kulte, wie etwa der Kaiserkult oder die reichsweiten öffentlichen Götterkulte. In diesen standen Opfer und Opfermahl, verbunden mit Dank und Bitte an eine Gottheit, im Zentrum, in den Mysterienkulten konnte es auch die Initiation eines Neueingeweihten sein. Auf eigene

Weise ist eine auf die Verbundenheit mit Gott bzw. die Zugehörigkeit zur Gemeinschaft bezogene Bedeutung auch bei jüdischen Mählern festzustellen, wie noch genauer zu zeigen sein wird. Wie in etlichen anderen Bereichen lässt sich somit auch an den Mählern die Überschneidung griechisch-römischer und jüdischer Kultur studieren.

Die antiken Gemeinschaftsmähler und Vereine stellen den Kontext dar, in dem sich das frühe Christentum entwickelte. Nicht zufällig sind deshalb diese Aspekte in der neueren Forschung zu den frühchristlichen Gemeinden wieder verstärkt in den Blickpunkt getreten. Die christlichen Gemeinden existierten in der Frühzeit als Hausgemeinden ohne übergreifende Organisationsstruktur. Sie kamen in den Häusern wohlhabenderer Gemeindeglieder zusammen, um ihrem Glauben Ausdruck zu verleihen.

Dass diese Zusammenkünfte als *Mahlgemeinschaften* begangen wurden, ergab sich dabei angesichts des kulturellen Milieus, in dem die Gemeinden lebten, gewissermaßen von selbst. Es ist darum keineswegs erstaunlich, dass mit der Entstehung des Christentums als einer antiken religiösen Gemeinschaft auch die Herausbildung eines eigenen Mahles einherging. Es wäre vielmehr geradezu undenkbar, dass im Zentrum der frühchristlichen Versammlungen *kein* Mahl gestanden hätte.[98]

Dass sich aus der Mahlpraxis des irdischen Jesus sowie seinem Abschiedsmahl ein Mahl der christlichen Gemeinschaft entwickelte, ist demnach angesichts des kulturellen Kontextes des frühen Christentums eine geradezu zu erwartende Entwicklung. Des Weiteren ergibt sich, dass für die Gestaltung des Abendmahls sowohl im Judentum wie auch im paganen griechisch-römischen Bereich Mahlformen zur Verfügung standen. Es liegt nahe, dass sich das frühchristliche Mahl in Anlehnung an diese Formen entwickelt hat.

Bei der Besprechung der frühchristlichen Texte ist der hier angesprochene Kontext bereits verschiedentlich in den Blick getreten: Die Didache setzt den Ablauf eines jüdischen Mahles voraus, das mit dem Segen über dem Kelch begann, dem dann derjenige über dem gebrochenen Brot folgte.

Ein weiterer Kontext begegnet bei den Überlieferungen vom letzten Mahl Jesu. Bei Paulus sowie im Lukasevangelium werden Nehmen des Brotes, Danksagung und Brechen des Brotes als Eröffnung der Mahlzeit dargestellt, „nach dem Mahl" folgt die Kelchhandlung. Im Markus- und Matthäusevangelium werden beide Handlungen unmittelbar nacheinander während der Mahlzeit geschildert. Die im Hintergrund stehenden Abläufe haben sich dabei zweifellos an Mahlformen aus der Umwelt angelehnt. Fraglich ist indes, ob sich daraus eine in den frühen Gemeinden praktizierte Mahlliturgie rekonstruieren läßt. Da die vor der Traditio Apostolica abgefassten Texte kein Interesse an der Schilderung eines solchen liturgischen Ablaufs erkennen lassen, werden wir die Linie einer detaillierten liturgischen Rekonstruktion hier nicht weiter verfolgen.

Obwohl das Markus-, das Matthäus- sowie das Lukasevangelium das letzte Mahl zum Zeitpunkt des Passahmahles stattfinden lassen, fehlen die entsprechenden Elemente in der Schilderung des Mahles selbst. So wird von den vier Kelchen des Passahmahles hier nur ein einziger erwähnt (im Lukasevangelium zwei), von *ungesäuertem* Brot (Mazzen) oder Bitterkräutern ist nicht die Rede. Sollte Jesu letztes Mahl ein Passahmahl gewesen sein – was möglich, aber nicht sicher ist –, hätte sich dies auf die Überlieferungen von diesem Mahl jedenfalls erstaunlich wenig ausgewirkt. Die Berichte vom letzten Mahl nehmen also in eigener Weise auf den Ablauf antiker paganer wie jüdischer Mähler Bezug, jedoch nicht speziell auf das *Passahmahl*.

Ein dritter Kontext wird bei Paulus, Justin und Tertullian sichtbar. Alle drei Autoren grenzen das Abendmahl von antiken Kultmählern ab. Paulus stellt das Mahl der durch den Herrn Jesus Christus qualifizierten Gemeinschaft sowohl den opferkultischen Mahlzeiten Israels wie auch den heidnischen „Dämonenopfermählern" gegenüber. Der Auffassung des Paulus zufolge wird also im Kultmahl eine enge, auf die verehrte Gottheit bezogene Gemeinschaft realisiert, was für Juden, Christen und Heiden gleichermaßen gilt. Justin und Tertullian grenzen das Abendmahl von den Mysterienmählern des Mithraskultes ab, was auf eine Nähe in der äußeren Gestalt der entsprechenden Mähler sowie in der Bedeutung für die jeweilige Gemeinschaft schließen lässt.

Das Abendmahl entsteht also einerseits in Anlehnung an Mahlformen der jüdischen wie paganen Umwelt, zum anderen in Analogie zu – und in Absetzung von – antiken Kultmählern. Um dies etwas näher zu veranschaulichen, gehen wir im Folgenden anhand einiger Beispiele auf den kulturellen Kontext genauer ein. Wir konzentrieren uns in der hiesigen Darstellung mit einer Ausnahme (Joseph und Aseneth) auf solche Mahlfeiern, die in einer größeren Gemeinschaft eingenommen werden und erkennbar religiösen Charakter aufweisen. Zunächst werden dabei anhand griechisch-römischer Texte die erwähnten Vereins- und Mysterienkultmähler exemplarisch vorgestellt. Anschließend lenken wir den Blick auf einige jüdische Texte, die Licht auf den kulturellen und religiösen Kontext des Abendmahls werfen.

2. Inschriften griechisch-römischer Vereine

Wir gehen auf zwei Inschriften ein, die bereits häufiger zum Vergleich mit christlichen Gemeinden sowie deren Mahlfeiern herangezogen wurden.[99]

Die erste Inschrift stammt von den Iobakchen, einem Verein von Verehrern des Bakchos (= Bacchus) aus Athen.[100] Sie wurde 1894 im Vereinshaus der Iobakchen am Westabhang der Akropolis gefunden und stammt aus den sechziger oder siebziger Jahren des 2. Jahrhunderts n. Chr. Heute befindet sie sich im Epigraphischen Museum von Athen. Die Inschrift regelt auf ausführliche Weise (der Umfang beträgt 163 Zeilen) das Leben, die Zusammenkünfte und das Aufnahmeverfahren des Vereins.

Besonderer Wert wird dabei auf ein angemessenes Verhalten bei den Zusammenkünften gelegt. Bei diesen soll weder Unruhe gestiftet noch der Platz eines anderen Mitglieds eingenommen oder eine Schlägerei begonnen werden.

Für unsere Fragestellung besonders interessant sind die Regelungen für die Mahlzusammenkünfte des Vereins. Die Iobakchen treffen sich immer am 9. des Monats, zum Jahresfest sowie zu außerordentlichen Festtagen des Gottes Bakchos (Zeile 42-44). Die Zusammenkünfte werden von einem Priester geleitet, der gemeinsam mit einer Art Vizepriester („Anthiereus") bestimmt, wer bei den Versammlungen eine Rede halten darf (Zeile 107-109). Zum gemeinsamen Mahl im Vereinshaus („Bakcheion") sind nur diejenigen Mitglieder zugelassen, die ihre finanziellen Verpflichtungen gegenüber dem Verein (Aufnahmegebühr, Mitgliedsbeiträge, Strafzahlungen) erfüllt haben (Zeile 96-107). Opfer werden vom Priester oder vom Vorsteher („Archibakchos") dargebracht (Zeile 111-120). Von den Mitgliedern selbst sollen Trankopfer dargebracht werden, wenn sie ein Erbe, ein Ehrenamt oder eine Ernennung erhalten haben (Zeile 127-135).

Die andere Inschrift stammt vom Verein der Verehrer der Göttin Diana und des von Kaiser Hadrian unter die Götter aufgenommenen Antinous.[101] Der Verein war in Lanuvium, einer südlich von Rom an den Albaner Bergen gelegenen antiken Stadt (heute Lanuvio) angesiedelt. Die in viele Einzelteile zerbrochene Inschrift lässt sich auf das Jahr 136 n. Chr. datieren. Sie wurde 1816 entdeckt und 1843 von Theodor Mommsen in seiner Dissertation publiziert. Heute befindet sie sich in rekonstruiertem Zustand im Nationalmuseum von Rom.

Der Verein setzte sich vorrangig aus Mitgliedern zusammen, die den unteren sozialen Schichten angehörten: Es werden ausdrücklich Sklaven und Freigelassene, also ehemalige Sklaven, als Mitglieder erwähnt. Der Zweck der Inschrift wird damit angegeben, spätere Beschwerden – etwa aufgrund der mit dem Beitritt verbundenen Verpflichtungen – zu vermeiden.[102] Eine wichtige Rolle spielt sodann die Regelung der Begräbnisse verstorbener Mitglieder: Wenn ein Mitglied sechs Monate lang seine Beiträge nicht bezahlt hat, werden die Bestattungskosten im Todesfall vom Verein nicht beglichen; stirbt ein Mitglied mehr als 20 Meilen außerhalb der Stadt, kümmert sich der Verein dennoch um das Begräbnis; wird der Leichnam eines verstorbenen Sklaven von seinem Herrn nicht herausgegeben, wird ersatzweise eine „Scheinbestattung" vorgenommen.

Zu den gemeinsamen Mählern werden folgende Regelungen getroffen: Sie finden an bestimmten Festtagen statt (Geburtstag des Antinous, der Diana und des Vereins sowie von Mitgliedern der Stifterfamilie); die Amtsträger des Vereins erhalten größere Essensportionen als die anderen Mitglieder; die Mähler sind von denjenigen auszustatten, die in dem betreffenden Jahr das Amt des „Speisemeisters" innehaben; diese haben je eine Amphore guten Weines, Brot im Wert von 2 Assen entsprechend der Mitgliederzahl, vier Sardinen, das Gedeck sowie warmes Wasser mit Bedienung bereitzustellen.

Die präzisen Regelungen zeigen, dass es sich um einen Verein mit beschränkten finanziellen Möglichkeiten handelte. Deshalb wurde unter Androhung der drastischen Geldstrafe von 30 Sesterzen die Pflicht zur Ausstattung des Mahles durch die Verantwortlichen detailliert festgehalten.

Leider enthalten die beiden vorgestellten Vereinsinschriften keine weiteren Aussagen über Ablauf und Regelungen der Vereinsmähler. Als Ertrag für unsere Fragestellung halten wir jedoch die wechselnden Amtsinhaberschaften und die damit verbundenen größeren Essensportionen sowie die Verteilung der Kosten auf alle Mitglieder und schließlich die Aufforderung zu friedlicher Geselligkeit während der Mahlfeiern fest.

3. Mähler im Rahmen von Mysterienkulten

Wir wenden uns nunmehr einigen Beispielen so genannter „Mysterienkulte" zu. Dabei handelt es sich um spezielle Formen von Kulten der griechischen bzw. hellenistisch-römischen Zeit. Diese Kulte unterschieden sich von den offiziellen, an öffentlich zugänglichen Tempeln oder in Privathäusern angesiedelten Kulten dadurch, dass sie von einer begrenzten Gruppe an besonderen Orten ausgeübt wurden, die für Nicht-Mitglieder unzugänglich waren. Um in diese Kulte aufgenommen zu werden, musste man bestimmte Einweihungsriten durchlaufen. Zu den Riten dieser Kulte gehörten neben Opferhandlungen und anderen religiösen Zeremonien auch kultische Opfermähler.

Obwohl es sich um Sonderformen der Religion handelt, legt sich die Betrachtung dieser Kulte im Blick auf das Abendmahl nahe. Dies ergibt sich schon daraus, dass – wie oben bei der Besprechung des Justintextes deutlich wurde – von frühchristlichen Autoren eine Konkurrenz zwischen den Ritualen der Mysterienkulte und den christlichen Sakramenten gesehen wurde. Dabei spielte insbesondere der Mithraskult eine Rolle, auf den deshalb zumindest ansatzweise einzugehen ist.

Für die neutestamentlichen Zeugnisse über das christliche Kultmahl spielt der Mithraskult jedoch als religiöser Hintergrund keine Rolle, allein schon deshalb, weil seine charakteristischen Mysterien vor 100 n. Chr. nirgends belegt sind. Zwar stammen auch die erhaltenen Quellen über Mähler im Rahmen des Sarapiskultes aus späterer Zeit, dennoch stellen sie für die Frage des Bedeutungsgehaltes des christlichen Abendmahls im 1. Jh. n. Chr. eine nähere Analogie dar und dienen der Beleuchtung des religiös-kulturellen Kontextes.

So beginnen wir denn auch die folgende Darstellung mit den Mählern im Rahmen des Sarapiskultes.

3.1 Sarapiskult

Der Verehrung des ägyptisch-griechischen Gottes Sarapis war ein Mysterienkult gewidmet. In einem polemischen Vergleich der christlichen Mähler mit denen anderer Religionen nennt Tertullian deshalb auch Sarapismähler, bei denen derartiger Qualm erzeugt werde, dass sofort die Feuerwächter herbeigerufen würden.[103]

Für den Vergleich mit dem frühchristlichen Mahl sind ein Abschnitt aus dem Sarapishymnus des Rhetors Aristides aus dem 2. Jahrhundert n. Chr. sowie verschiedene auf Papyrus erhaltene Einladungsschreiben zur „Kline des Sarapis", die ebenfalls aus dem 2. und 3. Jahrhundert n. Chr. stammen, von besonderem Interesse. Hier ist dasjenige Beispiel in Übersetzung wiedergegeben, das den Gott selbst als Einladenden nennt.

Aristides, Oratio 45,27[104]
Mit diesem Gott allein kommunizieren die Menschen in besonderer Weise die richtige Kommunion in den Opfermahlzeiten, indem sie ihn zum Herd einladen und ihn sich als Speisegenossen und Gastgeber zum Vorgesetzten machen, so daß er ... der gemeinsame Vollführer aller gemeinsamen Mahlzeiten ist und für alle, die sich um ihn versammeln, die Rolle des Vorsitzenden beim Trinkgelage hat ... Er ist gleichzeitig derjenige, der die Opferspenden darbringt und empfängt; der als Gast zum rauschenden Fest kommt und die Festgenossen zu sich einlädt.

Papyrus Köln I Nr. 57[105]
Der Gott ruft dich zur „Kline" (= zum gemeinsamen Mahl), das morgen von der neunten Stunde an im Thoeris-Tempel stattfinden wird.

In beiden Texten wird Sarapis als unmittelbar am Mahl Teilnehmender vorgestellt. Im ersten Text, der Beschreibung des Aristides, wird Sarapis einerseits zum Mahl geladen und nimmt andererseits selbst die Rolle des Gastgebers ein. Beim zweiten Text handelt es sich um eine Einladungskarte auf einem Papyrus, auf welcher Sarapis selbst als der zur Kline, also zum Mahl Rufende erscheint. Als einladender Gastgeber nimmt er dabei selbstverständlich auch selbst am Mahl teil. Hinzuweisen ist auch darauf, dass hier, ähnlich wie bei den frühchristlichen Bezeichnungen (z.B. „Brotbrechen" oder „Eucharistie"), ein bestimmtes Merkmal des Mahles zur Bezeichnung des Mahles insgesamt wird. Hier scheint die Art und Weise, in der das Mahl abgehalten wird, besonders charakteristisch zu sein. Es ist nämlich offenbar vorausgesetzt, dass man beim Mahl auf Liegen („Klinai") liegt, möglicherweise gemeinsam mit dem Gott Sarapis.

Es legt sich ein Vergleich mit 1 Kor 10 und 11 nahe. Auch Paulus stellt das Mahl der korinthischen Gemeinde als ein solches dar, bei dem Jesus die Rolle des Gastgebers übernimmt. Dieser Vorstellung dient, wie oben gezeigt, die Rezitation der Einsetzungsworte. Die Schilderungen des letzten Mahles Jesu im Markus-, Matthäus- und Lukasevangelium sowie das Brotbrechen des Auferstandenen mit den Emmausjüngern stellen Jesus als Tischherren dar. Wenn diese Texte durchlässig sind für den Bedeutungsgehalt der frühchristlichen Abendmahlsfeier, liegt es nahe, dass analog zu Sarapis im Sarapiskult im christlichen Abendmahl der Auferstandene als der Gastgeber und Speisen Zuteilende vorgestellt ist. Angesichts der Texte aus dem Sarapiskult ist demnach gut vorstellbar, dass die mehrheitlich aus ehemaligen Heiden bestehende korinthische Gemeinde, aber auch andere frühchristliche Gemeinden, das „Herrenmahl" als Kultmahl der christlichen Gemeinschaft identifizieren, in der Jesus Christus als dem „Gastgeber" und „Mahlvorsitzenden" eine entsprechende Funktion zukam.

3.2 Isiskult

Als weiteres Beispiel für einen Mysterienkult sei die bei Apuleius von Madaura (ca. 125-170 n. Chr.) geschilderte Einweihung in die Isismysterien genannt.[106] Apuleius erzählt in seinem vergnüglichen Roman „Metamorphosen" die Geschichte des Haupthelden Lucius, der in einen Esel verwandelt wird, als ein solcher etliche Abenteuer erlebt, schließlich wieder in einen Menschen zurückverwandelt wird und in Kenchreae, einer der beiden Hafenstädte des antiken Korinth, in der es auch ein Isisheiligtum gab, in die Isismysterien eingeweiht wird.

Aus dieser Einweihung (Buch 11, Kapitel 23-25) sind für unseren Zusammenhang folgende Aspekte von Interesse: Lucius wird von dem Oberpriester zunächst zu einem Bad geführt und nach Anrufung der Götter vollkommen gereinigt und mit Wasser besprengt. Anschließend wird er zum Tempel zurückgeführt, wo er zehn Tage lang ohne Essen und Wein leben soll. Vor der eigentlichen Einweihung werden alle Ungeweihten entfernt, Lucius selbst wird, mit einem groben Leinengewand bekleidet, ins Innere des Heiligtums geführt. Die eigentliche Einweihung schildert Lucius nicht, da sie der Geheimhaltung unterliege. Allerdings verrät er, dass er an die Grenze des Todes gekommen sei, die Schwelle der „Proserpina" (Göttin der Unterwelt, griechisch „Persephone") betreten und alle Elemente durchfahren habe, um dann zurückzukehren. Dabei sei er auch den Göttern bis vors Angesicht genaht und habe sie aus nächster Nähe angebetet.

Am Morgen danach wurde die Einweihung zu Ende gebracht. Lucius sei in ein feines Gewand gekleidet und mit Fackel und Palmenkranz ausgestattet worden. So habe er seinen Geburtstag als Eingeweihter gefeiert, wozu ein religiöses Mahl stattfand, das die Einweihung vollendete. Schließlich richtet Lucius ein ausführliches Dankgebet an Isis, die Retterin des Menschengeschlechts.

Für den Vergleich mit dem Abendmahl sind folgende Aspekte herauszustellen: Der Initiation geht eine längere Phase der Vorbereitung voraus. Lucius berichtet davon, dass ihm die Göttin (Isis) regelmäßig in der Nacht erschienen sei und ihn zur Einweihung aufgefordert habe. Er,

Lucius, habe dies aber hinausgeschoben, weil er sich noch nicht bereit gefühlt habe zum schwierigen Gehorsam gegenüber der Religion. Hierin kann eine zumindest entfernte Analogie zum Katechumenat vor der Taufe gesehen werden.

Das Reinigungsbad vor der Initiation lässt sich mit der Taufe vergleichen, die bereits in der Didache als Akt des Eintritts in die Gemeinschaft der Christen und Vorbedingung für die Teilnahme der Eucharistie erscheint. Das Bad bei Apuleius dient zwar nur der Vorbereitung, in beiden Fällen ist jedoch die Reinigung, welche die Trennung des profanen vom heiligen Bereich besiegelt, notwendiger Bestandteil der Aufnahme. Weiter ist vergleichbar, dass die Einweihung durch ein religiöses Mahl – im Christentum: die Ersteucharistie (vgl. z.B. die Schilderung bei Justin sowie in der Traditio Apostolica) – abgeschlossen wird. Schließlich stellt auch das Dankgebet einen vergleichbaren Ritus dar.

Dass die christliche Taufe von Außenstehenden als der Initiation eines Mysterienkultes vergleichbar angesehen, vielleicht sogar als Einweihung in einen Geheimkult gedeutet wurde, überrascht angesichts dieses Befundes nicht. Die scharfe Polemik, mit der sich etwa Justin und Tertullian gegen die Mithrasmysterien wenden und diese als Nachäffung der Sakramente verurteilen, zeigt, dass eine Abgrenzung als notwendig empfunden wurde. Es zeigt sich aber auch, dass die Gestaltung der Aufnahme ins Christentum durch Taufe und anschließende Eucharistiefeier von vergleichbaren Ritualen aus der religiösen Umwelt beeinflusst war. Dies werden wir, wie bereits erwähnt, auch am Mithraskult studieren können, dessen Vorstellung wir uns nun zuwenden.

3.3 Mithraskult

Zum Charakter des Mithraskultes wurde oben bei Justin bereits einiges gesagt, was hier nicht wiederholt zu werden braucht. Die schriftlichen Quellen, die von Mählern im Mithraskult handeln, sind sehr spärlich und nur unter Vorbehalt für den Mahlverlauf auszuwerten. Der archäologische Befund der Kultstätten, der sogenannten Mithräen, ergibt, dass es sich bei diesen Kultstätten um unterirdische, zumeist recht kleine Räume handelte. In diesen versammelte sich die Gemeinschaft zum rituellen Mahl. Die bildlichen Darstellungen an den Wänden zeigen zumeist die Tötung eines Stiers durch den Gott Mithras. Einige

Darstellungen zeigen auf der Rückseite des drehbaren Reliefs ein Mahl, das Mithras und der durch die Sonne symbolisierte Sonnengott Helios über dem geopferten Stier abhalten. Daraus hat man gefolgert, dass die Opferung – bzw. ein Bericht über die Tat des Mithras – und das Mahl zwei Teile der Mithrasliturgie darstellten. Dies könnte erklären, dass äußerlich betrachtet zwischen den frühchristlichen Gottesdiensten und den kultischen Versammlungen der Mithrasanhänger offenbar etliche Gemeinsamkeiten wahrgenommen wurden.

Aus den Bemerkungen bei Justin und Tertullian lässt sich darüber hinaus entnehmen, dass gerade die kultischen Mähler vergleichbar waren. Wie in Teil II.7 bereits vermerkt, könnte die Erwähnung der Darbringung von Brot und Wasser bei Justin auf die Einweihung in einen der unteren Grade des Mithraskultes hindeuten. Dabei erwähnt Justin auch, dass bestimmte Sprüche hinzugesetzt wurden. Offenbar wurden also bei den Mählern des Mithraskultes – ähnlich wie beim Abendmahl – die Mahlelemente mit deutenden Worten gereicht. Dass dabei Initiation und Ersteucharistie nach der Taufe eine Analogie zu den entsprechenden Ritualen des Mithraskultes darstellten, wurde ebenfalls bereits vermerkt. Schließlich erwähnt Tertullian eine Darbringung von Brot und eine Darstellung der Auferstehung als Bestandteil der Mithrasmysterien.[107]

Dass die frühchristlichen Autoren behaupteten, die christlichen Sakramente würden im Mithraskult von den Dämonen bzw. vom Teufel nachgeäfft, wundert angesichts dieses Befundes nicht. Der Mithraskult stellte gerade wegen der äußeren Vergleichbarkeit seiner Rituale eine ernste Konkurrenz für das frühe Christentum dar. Deshalb – und wohl auch wegen seiner starken Verbreitung parallel zu derjenigen des frühen Christentums – wurde der Mithraskult vom Christentum bekämpft, bis hin zur Zerstörung seiner Kultstätten und der später von christlichen Kaisern erlassenen Verbote nächtlicher Opferhandlungen.

4. Mähler in jüdischen Gemeinschaften

In den folgenden Abschnitten werden die Nachrichten von Mahlfeiern in spezifischen jüdischen Gruppen der hellenistisch-römischen Welt vorgestellt, die über formale Analogien hinaus auch inhaltliche Gemeinsamkeiten mit dem christlichen Abendmahl aufweisen.

4.1 Qumran

Die Gemeinschaft, die hinter den in Qumran gefundenen Schriften steht, ist für unsere Fragestellung schon deshalb von Interesse, weil sich Analogien zu griechisch-römischen Vereinen feststellen lassen. Diese sind bereits mehrfach untersucht worden.[108] Die Gemeinschaft hatte sich in entsprechenden Schriften – vornehmlich der sogenannten Sektenregel (1 QS) sowie der sogenannten Gemeinschaftsregel (1 QSa) – Satzungen gegeben, die sich formal, zum Teil aber auch inhaltlich, mit den oben besprochenen Vereinsstatuten vergleichen lassen. In diesen Schriften finden sich ebenfalls Vorschriften für das Mahl, das die Gemeinschaft feiert.[109]

> *1 QS VI,3b-7a*[110]
> Und an jedem Ort, wo sich zehn Männer vom Rat der Einung befinden, soll von ihnen nicht weichen ein Mann (4) priesterlichen Standes, und sie sollen ein jeder entsprechend seiner Rangordnung vor ihm sitzen und so soll man nach ihrem Ratschluß hinsichtlich jeglicher Sache fragen.
> Und wenn man den Tisch bereitet, um zu essen oder um (neuen) Wein (5) zu trinken: Der Priester strecke seine Hand zuerst aus, um die Benediktion zu rezitieren über die Erstlingsgabe des Brotes und (auch), um den (neuen) Wein zu trinken. Der Priester strecke zuerst seine Hand aus, (6) um die Benediktion zu rezitieren über die Erstlingsgabe des Brotes und des (neuen) Weins![111]
> Und nicht weiche von einem Ort, wo sich die Zehn befinden, ein Mann, der in Bezug auf die Torah (Anweisungen) erteilt, tagsüber und nachts, (7) ständig, bezüglich des guten (Verhaltens) eines jeden zu seinem Nächsten.

Der Text regelt die Art und Weise, wie in der Gemeinschaft das Mahl gefeiert werden soll. Dabei handelt es sich offenbar um das täglich gefeierte Mahl, das in Qumran besonderen Regeln unterlag.

Notwendig ist die Anwesenheit von zehn Männern sowie eines Priesters. Vorgeschrieben ist des Weiteren eine exakte Sitzordnung, die der Rangordnung der Anwesenden entspricht, bei welcher der Priester an erster Stelle sitzt.[112] Diese Sitzordnung, mit der Vergabe des Ehrenplatzes an den Priester, könnte auf das Selbstverständnis der Gemeinschaft hindeuten, in der der kultische Aspekt besonders wichtig war: Man verstand sich als eine heilige, reine Gemeinschaft, in der die Priester eine besondere Rolle spielten.

Zur Funktion des Priesters, der den Vorsitz beim Mahl innehat, gehört die Segnung von Brot und Wein. Die Reihenfolge, in der diese Benediktionen genannt werden, entspricht derjenigen des Berichts vom letzten

Mahl Jesu, nicht derjenigen von 1 Kor 10,16 und der Didache. Offenbar ist es in 1 QS so vorgestellt, dass der Brot- und Weinsegen *vor* dem Mahl gesprochen werden, was sich am stärksten mit den Berichten vom letzten Mahl bei Markus und Matthäus berührt, wogegen Brot- und Kelchsegen in 1 Kor 11 und bei Lukas das Mahl rahmen.[113]

Eine etwas ausführlichere Beschreibung einer Mahlfeier findet sich in einem weiteren Text, der aus der „Gemeinschaftsregel" stammt:

1 QSa II,17-22[114]
[Und wenn sie zum Tisch] sich gemeinschaftlich verein[en zu Brot und Neu-] wein, und es ist zubereitet der Tisch (18) der Einung [um zu essen und um den] Neuwein zu trink[en, strecke nie]mand seine Hand aus nach der Erstlingsgabe (19) des Brotes und [dem Neuwein] vor dem Priester. Sonder[n er be]nedeie das Erstlingsbrot (20) und den Neuwei[n und er strecke aus] seine Hand nach dem Brot zuvor, und dana[ch strec]ke der Gesalbte Israels seine Hand aus (21) nach dem Brot, [und danach benedei]e die ganze Gemeinde der Einung, ein jeder nach seiner Würde. Und nach dieser Vorschrift verfahre [man] (22) in bezug auf jeden [Po]sten, wenn sie [sich vers]ammeln zu (mindestens) zehn Männ[ern].

Der wesentliche Unterschied zu dem erstgenannten Text ist die Erwähnung des Gesalbten, der ebenfalls an dem Mahl teilnimmt. Hier wird also ein endzeitliches Mahl dargestellt, das der Gesalbte Israels zusammen mit der Gemeinschaft feiern wird. Die Qumrangemeinschaft beging ihr Mahl also offenbar in Erwartung eines endzeitlichen Mahles, das in der gegenwärtigen Mahlfeier der Gemeinschaft bereits im Voraus abgebildet wurde. Hierin besteht eine Analogie zu dem in den frühchristlichen Texten nahezu durchgehend anzutreffenden endzeitlichen Bezug des Abendmahls. Dieser lässt sich bereits für Jesus selbst vermuten, der bei seinem letzten Mahl auf die Mahlfeier im Gottesreich vorausblickte; er begegnet dann bei Paulus, der das Mahl als von der Gemeinde bis zur Wiederkunft Jesu zu feierndes bezeichnet; er ist auch im Lukasevangelium anzutreffen, der das Mahl der Gemeinde als zwischen dem Mahl Jesu und dem endzeitlichen Passah zu feierndes darstellt. Dieser Bezug begegnet auch in den Mahlgebeten der Didache, wo Gott um die endzeitliche Sammlung der Kirche gebeten wird, sowie in der Nennung der Hoffnung auf die endzeitliche Auferstehung in etlichen der untersuchten Texte. Es handelt sich also um ein prägnantes Merkmal der frühchristlichen Mahltexte, das auch in der Mahlbeschreibung der Gemeinschaftsregel aus Qumran anzutreffen ist. In etlichen der paganen Texte finden sich analoge Vorstellungen, so dass von einer in der Antike weitverbreiteten Idee religiöser Mahlgemeinschaften ausgegangen werden kann.[115]

4.2 Das Therapeutenmahl

Einzugehen ist des Weiteren auf das von dem jüdischen Religionsphilosophen Philo von Alexandria (ca. 15 v. Chr. – nach 42 n. Chr.) geschilderte Mahl der sogenannten Therapeuten. Philo berichtet über diese jüdische Sondergruppe in seiner Schrift „Über das betrachtende Leben".[116] Es handelt sich bei den Therapeuten um eine jüdische Gruppe, die Philo in seiner Schrift in idealisierender Weise schildert. Sie leben in Einsamkeit überall in Ägypten, ihre Lebensweise ist asketisch und vollständig der allegorischen Schriftauslegung, dem Gebet und der Dichtung von Hymnen gewidmet.

Auf das Mahl der Therapeuten, deren Namen Philo mit ihrer Beherrschung der Heilkunst bzw. mit ihrer Verehrung des Seienden in Zusammenhang bringt, kommt er vor allem im letzten Teil seiner Schrift (§ 64-89) zu sprechen. Geht es Philo in der Schrift insgesamt darum, die Therapeuten als ideale Gottesverehrer anderen Gruppierungen (den Verehrern der Elemente, der Gestirne, der Götterstatuen aus Holz und Stein sowie der ägyptischen Gottheiten) gegenüberzustellen, so wirkt sich dies auch auf die Darstellung ihres Mahles aus.

Philo stellt nämlich, bevor er auf die Mähler und Trinkgelage („Pannychien") der Therapeuten eingeht, die religiösen Mahlfeiern anderer Gruppen ausführlich vor. Dazu beschreibt er Trinkgelage mit ungemischtem Wein, bei denen es zu vielfältigen Ausschweifungen kommt und die mit großem Aufwand begangen werden (§ 40-56). Sodann geht er auf die von Xenophon und Plato beschriebenen Symposien ein, an denen auch Sokrates teilgenommen hatte (§ 57-63). Auch diese werden kritisiert, weil es in ihnen nur um irdische Vergnügungen, bei Plato insbesondere um die nicht-eheliche Liebe, gehe.

Diesen Mählern stellt Philo das alle sieben Wochen gefeierte große Festmahl der Therapeuten gegenüber. Zu diesem versammelten sich die Therapeuten weiß gekleidet, erhoben Blick und Hände für das Gebet zum Himmel und baten Gott darum, dass ihre „Pannychis" seinen Gefallen finden möge. Anschließend beschreibt Philo die Sitzordnung des Mahles (Frauen und Männer sitzen getrennt auf Gestellen aus einfachem Holz, entsprechend ihrem Eintrittsalter) und erwähnt ausdrücklich, dass es keine Bedienung durch Sklaven gebe, da die Natur nur freie Menschen hervorgebracht habe.

Ein wichtiges Merkmal des Therapeutenmahles sei, dass bei ihm kein Wein, sondern nur Wasser ausgeschenkt werde. Auch nähmen die Therapeuten kein Fleisch, sondern nur Brot mit Salz und bisweilen Ysop zu sich. Philo weiß, dass dies einen gravierenden Gegensatz zu den Symposien der Griechen darstellt, weshalb er diese Praxis ausdrücklich dagegen in Schutz nimmt, lächerlich gemacht zu werden: Wein sei ein Gift, das Torheit erzeuge, weshalb es vernünftig sei, nüchtern zu leben.

Weiter erwähnt Philo die Erörterung eines Problems oder einer Frage aus den Heiligen Schriften durch den Vorsteher, der zugleich der gebildetste und weiseste ihrer Anhänger ist. Diese Auslegung erfolge so, dass die verborgene Bedeutung zutage trete. Es handelt sich also um eine allegorische Schriftauslegung. Anschließend erhebt sich der Vorsteher und singt einen Hymnus, darauf singen auch alle anderen der Reihe nach. Anschließend wird der Tisch mit der „hochheiligsten Speise" – gesäuertes Brot mit Salz und Ysop – hereingetragen.

Im Anschluss an das Mahl findet schließlich eine „heilige Nachtfeier" statt. Bei dieser wird gesungen und getanzt, wobei die Therapeuten in religiös-spiritueller Ekstase, Trunkenen gleich, den Chor nachahmen, der einst am Roten Meer die Rettung Israels besungen habe. Die religiöse Ekstase ist für Philo ein Zeichen besonderer Nähe zur Gottheit, und er kann eine solche Ekstase auch an anderen Stellen seines Werkes in Mahl- und Symposienterminologie beschreiben. Die ekstatische religiöse „Trunkenheit" im Kontext des Mahles ist also von einem „profanen" Betrinken grundsätzlich unterschieden. Sie ist ein besonderer Zustand der Ergriffenheit und Nähe zu Gott, der am nächsten Morgen beendet ist, an dem die Therapeuten unverzüglich wieder an ihre Arbeit, nämlich die Schriftauslegung, gehen.

Die Darstellung Philos zeigt, dass er das Mahl der Therapeuten von den Symposien der Umwelt dadurch unterscheidet, dass es nicht auf irdische Vergnügungen, sondern auf Gottesverehrung gerichtet sei. Er hebt deshalb die asketische Ausrichtung dieses Mahles ausdrücklich hervor.

Dies lässt sich mit der Argumentation des Paulus in 1 Kor 11 vergleichen, der dort das Herrenmahl von Symposien, bei denen ohne Rücksicht auf die anderen gegessen und getrunken wird, abgegrenzt hatte. Auch Paulus hatte dort, ähnlich wie Philo, das Betrunkensein einiger erwähnt und als dem Herrenmahl nicht angemessen bezeichnet. Zwar geht es Paulus nicht um eine asketische Ausrichtung des Herrenmahls, gleichwohl ist die Unterscheidung von heidnischen Symposien, bei denen der Genuss im Vordergrund steht, erkennbar.

Des Weiteren lässt sich eine Analogie zu den Abendmahlsfeiern mit Wasser konstatieren, auf die wir bei den apokryphen Apostelakten, den von Irenäus kritisierten Ebioniten sowie bei Cyprian gestoßen waren. Damit soll keine historische Verbindung behauptet werden, vielmehr handelt es sich um eine interessante Analogie: Sowohl bei den Therapeuten (jedenfalls in der Darstellung Philos) als auch bei den entsprechenden frühchristlichen Gruppen wird der Genuss von Wein offenbar aus asketischen Gründen – und damit als deutliches Zeichen der Abgrenzung von der Umwelt – abgelehnt. Wir hatten gesehen, dass sich dies im Christentum unter anderem deshalb nicht durchsetzte, weil man sich an den Berichten vom letzten Mahl Jesu orientierte.

Interessant ist weiterhin, dass die Versammlungen der Therapeuten aus Gebeten, Schriftauslegung und gemeinsamem Mahl bestanden. Hierin lässt sich ein Ablauf erkennen, der bei Justin – und auch in der Apg 2,42 erwähnten Zusammenstellung von Lehre der Apostel, Gemeinschaft, Brotbrechen und Gebeten – Analogien besitzt. Die frühchristlichen Gottesdienste sind demnach mit entsprechenden frühjüdischen Versammlungen vergleichbar und sicher von diesen beeinflusst.

Schließlich ist bemerkenswert, dass Philo das Leben und den Charakter einer Gruppe zu einem wesentlichen Teil dadurch schildert, dass er ihre gemeinschaftlichen Mahlfeiern beschreibt. In analoger Weise wie bei den Qumrantexten zeigt dies, dass für antikes Verständnis die Mahlfeiern einen wesentlichen Bestandteil des Lebens einer Gemeinschaft darstellten und ihren Charakter zu erkennen gaben.[117] Dies trifft in analoger Weise auch auf das frühe Christentum zu. Es unterstreicht noch einmal, dass das sakramentale Mahl für das Selbstverständnis der frühen Christen und die Gestaltung ihrer Gemeinschaft grundlegende Bedeutung besaß.

5. Joseph und Aseneth

Eine weitere frühjüdische Schrift, von der Licht auf die Bedeutung des christlichen Abendmahls fällt, ist der zwischen dem 2. vorchristlichen Jahrhundert und dem Bar-Kochba-Aufstand (132-135 n. Chr.) entstandene jüdische Bekehrungsroman Joseph und Aseneth (JosAs).[118] Er knüpft an die im biblischen Bericht erwähnte Notiz von der Heirat

Josephs mit der Tochter eines ägyptischen Priesters[119] an und erzählt, wie es zu dieser Heirat gekommen ist. Entscheidend dabei ist der Bericht von der Bekehrung der Aseneth zum jüdischen Glauben, die den Inhalt von JosAs wesentlich prägt.

Anzumerken ist, dass die folgenden Analogien zum Abendmahl unter dem Vorbehalt stehen, dass es sich bei den Schilderungen des Mahles in JosAs um ein individuelles, nur von Aseneth eingenommenes Mahl handelt, wogegen in allen zuvor genannten Texten ausdrücklich *Gemeinschafts*mähler im Blick waren. Die Entsprechungen beziehen sich deshalb nur auf einzelne Aspekte wie die symbolisch an Speise und Trank gebundene Vermittlung von Heilsgütern, nicht aber auf die Mahlfeier insgesamt.

Die erste für unseren Zusammenhang relevante Passage begegnet in Kapitel 8. Aseneth, die Joseph zuvor abgelehnt und verachtet hatte, wird ihm nunmehr im Haus ihrer Eltern vorgestellt. Joseph weist es jedoch von sich, von ihr mit einem Kuss begrüßt zu werden.

> 8,5 Nicht geziemt es einem gottesfürchtigen Mann, der mit seinem Mund Gott den lebendigen segnet und ißt gesegnetes Brot des Lebens und trinkt den gesegneten Kelch der Unsterblichkeit und wird mit gesegneter Salbe der Unvergänglichkeit gesalbt, eine fremde Frau zu küssen, die mit ihrem Mund tote und stumme Götzenbilder segnet und ißt von ihrem Tisch Brot der Erwürgung und trinkt aus ihrem Kelch des Hinterhalts und wird mit der Salbe des Verderbens gesalbt.
> 8,6 Sondern ein gottesfürchtiger Mann wird seine Mutter und die Schwester, die von seiner Mutter stammt, und die Schwester aus seinem Stamm und seiner Verwandtschaft und die Frau, die bei ihm schläft, küssen; die sind es, die auch mit ihrem Mund den lebendigen Gott segnen.
> 8,7 Desgleichen ziemt es auch einer gottesfürchtigen Frau nicht, einen fremden Mann zu küssen, denn dieses ist ein Greuel vor Gott dem Herrn.

Bemerkenswert ist, dass die Zugehörigkeit zum Gott Israels bzw. zu heidnischen Göttern mit dem Segnen von Speise und Trank sowie mit der Salbung dargestellt wird. Dabei begegnen die Wendungen „gesegnetes Brot des Lebens", „gesegneter Kelch der Unsterblichkeit" sowie „gesegnete Salbe der Unvergänglichkeit". Dem werden negative Qualifizierungen in Bezug auf heidnische Speise und Salbe gegenübergestellt. Der Passus zielt darauf, dass sich Aseneth für die Gemeinschaft mit Joseph von den heidnischen Götzen (den Göttern Ägyptens) lossagen muss.

Die Wendungen vom gesegneten „Brot des Lebens" und vom gesegneten „Kelch der Unsterblichkeit" besitzen Analogien im Johannesevangelium, bei Paulus sowie im Brotwort des Markus- und Matthäusevangeliums. Sie zeigen, dass die Segnung von Brot und Kelch aus dem Judentum stammende Bestandteile des christlichen Abendmahls sind. Weiter zeigt sich, dass die Verbindung der Mahlelemente mit den Heilsgütern Leben, Unsterblichkeit und Unvergänglichkeit, die häufig (Johannesevangelium, Didache, Ignatius, Irenäus, Philippusevangelium) begegnet waren, auch hier, in einem jüdischen Text, anzutreffen sind. Schließlich bildet der deutliche Kontrast zwischen der am Mahl erkennbaren Zugehörigkeit zum Gott Israels oder zu den heidnischen Götzen eine Analogie zu 1 Kor 10,14-22, wo Paulus beides in vergleichbarer Weise einander alternativ gegenüberstellt.

Bemerkenswert ist weiter der enge Zusammenhang von Speise, Trank und Salbung. Die Salbung war als Sakrament im Philippusevangelium begegnet, sie wird auch bei Tertullian und in der Traditio Apostolica erwähnt. Die koptische Fassung der Didache überliefert zudem im Anschluss an die Mahlgebete ein Gebet über dem Salböl (Did 10,8). Die – gelegentlich mit der Taufe verbundene – Salbung, die als Ritus z.B. bei Firmung und Krankensalbung in der katholischen Kirche bis heute fortlebt, hat demnach – zumindest auch – jüdische Wurzeln.

Die für das christliche Abendmahl konstitutive Vorstellung einer besonderen Speise besitzt in JosAs demnach eine Analogie. In der christlichen Sprache ist freilich – im Unterschied zum jüdischen Sprachgebrauch – sehr bald der Terminus „danken" an die Stelle von „segnen" getreten – woraus sich die Bezeichnung des sakramentalen Mahles als „Danksagung" ergab. In den Einsetzungsworten im Markus- und Matthäusevangelium stehen dagegen beide Termini noch nebeneinander, ebenso bei Paulus in 1 Kor 10 und 11.

In JosAs geht es allerdings, wie oben bereits erwähnt, nicht um ein regelmäßig gefeiertes religiöses Gemeinschaftsmahl. Hier wird vielmehr von dem zur jüdischen Religion gehörigen Umgang mit Speise, Trank und Salböl gesprochen, der zum Kernbestand der jüdischen Identität gehört.[120] Der Grundbestand jüdischer Identität wird hier an die Erzählung der Bekehrung Aseneths gebunden, bei der Aseneth – entsprechend allen Juden, die mit den Elementen Speise, Trank und Salböl umgehen – die göttlichen Heilsgüter, vorrangig Unsterblichkeit, vermittelt werden.[121] Die Verbindung von Heilsgütern und Mahlelementen kann dabei als Analogie zur Rede von „geistlicher Speise" und „geistlichem Trank" in 1 Kor 10 und der Didache gesehen werden. Eine etwas weiter reichende Entsprechung schließlich kann die von Aseneth im Zuge ihrer Bekehrung genossene Honigwabe darstellen, die in JosAs 16,14 als Manna charakterisiert ist. Auch Paulus in 1 Kor 10 und 11 und das Johannesevangelium stellen einen Bezug zwischen dem Manna in der Wüste und dem im Abendmahl genossenen Brot her.

JosAs ist demnach für den Hintergrund des Abendmahls insofern von Interesse, als zu der geschilderten Bekehrung der Aseneth die Abwendung von Speise und Trank der heidnischen Götter und die Hinwendung zu gesegneter Speise und gesegnetem Trank des Gottes Israels konstitutiv dazugehören. Damit wird zum einen Licht auf den Zusammenhang von religiöser Zugehörigkeit und Mahl, zum anderen auf die Bekehrungssituation geworfen, die auch in den frühchristlichen Texten häufig im Hintergrund steht. Wenn zudem in frühchristlichen Texten von Gebet oder Anrufung die Rede ist, durch welche die Speise der Eucharistie das Wort Gottes aufnimmt und Leben vermittelt, besteht eine Verbindung zu den Wendungen „Brot des Lebens", „Kelch der Unsterblichkeit" und „Salbe der Unverweslichkeit" in JosAs.

6. Zusammenfassung

Der dargestellte Befund lässt sich folgendermaßen auswerten: Das sakramentale Mahl des Urchristentums entstand in einem Kontext, der sich in soziologischer Hinsicht durch die Organisationsform griechisch-römischer Vereine, aber auch die Gemeinschaft von Qumran sowie die Therapeuten erhellen lässt. Der Grund hierfür liegt vor allem darin, dass die frühen Gemeinden von ihrer sozialen Verfasstheit her Ortsgemeinden waren. Dies änderte sich im späten 2. und dann vor allem im 3. Jahrhundert mit dem zahlenmäßigen Anwachsen der christlichen Gemeinden und der Ausbildung übergreifender institutioneller Strukturen. Die Ausbildung eigener liturgischer Formen, in denen die Identität christlicher Gemeinden verdichtet zum Ausdruck kam, sowie das wachsende Bewusstsein des Christentums, eine auch organisatorisch und institutionell selbstständige religiöse Gemeinschaft zu sein, gehen deshalb Hand in Hand und gehören sachlich zusammen.

Allgemein betrachtet ließ sich zunächst der Zusammenhang von Gemeinschaftsverständnis und Mahl feststellen. Diese Verbindung spielte in allen der betrachteten Texte auf je eigene Weise eine Rolle. Dies zeigt, dass es sich um ein gemeinantikes Phänomen handelt, das damit auch den kulturellen Kontext der Entstehung des Abendmahls darstellt.

Nähere inhaltliche Beziehungen zeigten sich zu den besprochenen jüdischen Mählern. Die Segnung von Brot und Kelch, der Bezug zum Manna, die Bezeichnung „Brot des Lebens", „gesegneter Kelch der Unsterblichkeit", der enge Zusammenhang mit der Salbung sowie die Abgrenzung von heidnischen Kulthandlungen und -mählern sowie die Anklänge an ein endzeitliches Mahl zeigen, dass das christliche Abendmahl von jüdischen Vorstellungen wichtige Impulse empfangen hat. Dazu gehört nicht zuletzt auch die Vorstellung von der im Mahl symbolisierten Zugehörigkeit zu Gott bzw. zum Herrn Jesus Christus.

Dass auch Vorstellungen aus dem paganen griechisch-römischen Bereich Analogien im Abendmahl besitzen, nimmt angesichts der Tatsache, dass christliche Gemeinden sehr bald zu einem wesentlichen Teil aus bekehrten Heiden bestanden und im 2. Jahrhundert wichtige Theologen wie z.B. Justin aus dem Heidentum kamen, nicht wunder. Bereits Paulus lässt dies erkennen, wenn er Kelch und Tisch der Dämonen und des Herrn einander gegenüberstellt. In den Papyruseinladungen sowie dem Zeugnis des Aristides über den Sarapiskult kommt die Vorstellung vom Gott als dem Einladenden und dem Mahl Vorsitzenden zum Ausdruck, die sich mit 1 Kor 11 vergleichen lässt. In der äußeren Gestalt besaß das von Justin beschriebene Abendmahl offenbar Gemeinsamkeiten mit den Mählern im Mithraskult. Dem Ablauf von Taufe und anschließendem Abendmahl lässt sich die von Apuleius geschilderte Einweihung in die Isismysterien vergleichen. Ähnlich wie Philo das Therapeutenmahl heidnischen Trinkgelagen gegenüberstellte, sahen sich deshalb auch die frühchristlichen Autoren genötigt, ihr sakramentales Mahl von heidnischen Kultmählern abzugrenzen.

Das Abendmahl als sakramentales Mahl stellte somit einen wichtigen Bestandteil der Entwicklung des Christentums als einer eigenständigen antiken Religionsgemeinschaft dar. Es zeigt zugleich, dass die Vorstellungen, die sich mit diesem Mahl verbanden, Impulse sowohl von jüdischen wie auch von griechisch-römischen Mählern empfingen. Dabei lässt sich ein Unterschied dergestalt feststellen, dass die Analogien zu den paganen Texten stärker auf der Ebene der Vergleichbarkeit des Mahlvollzugs liegen, wogegen sich zu den jüdischen Texten darüber hinaus auch inhaltliche Bezüge erheben ließen.

Allen besprochenen antiken Mählern gemeinsam ist jedoch, dass sie idealerweise in einer konfliktfreien, friedvollen und einträchtigen Atmosphäre stattfinden, die Ausdruck der zu einer Einheit gewordenen Gemeinschaft ist. Dies wird bereits in der Symposion-Literatur, angefangen bei Platon und Xenophon, erkennbar. Es zeigt sich darüber hinaus in den auf Inschriften erhaltenen Vereinsstatuten sowie in den Zeugnissen über die Mahlfeiern in Qumran und bei den Therapeuten. Dass dieser Aspekt auch für die frühchristlichen Abendmahlsfeiern in hohem Maße virulent war, wurde bereits in den Anweisungen deutlich, die Paulus als Reaktion auf die Missstände in der korinthischen Gemeinde formulierte.

V. Das Abendmahl im frühen Christentum: Ein Resümee

1. Das Abendmahl als sakramentales Mahl des frühen Christentums

Nach dem Durchgang durch die Texte soll nunmehr der Ertrag in einer systematisierenden Zusammenschau dargestellt werden. Vorab sind dazu zwei grundsätzliche Ergebnisse zu nennen, die sich aus den Textanalysen ergeben haben und die für die gegenwärtige Diskussion über Ursprung und Deutungen des Abendmahls von Bedeutung sind. Dies führt zugleich zu den Bemerkungen zur Forschungssituation im ersten Kapitel dieses Buches zurück.

1) Das sakramentale Mahl war im frühen Christentum zentraler Ausdruck der Beziehung zum erhöhten Herrn und damit konstitutiv für die Identität christlicher Gemeinden. Die Mähler der christlichen Gemeinden wurden deshalb von frühester Zeit an als *sakramentale* Mähler gefeiert, in denen eine besondere Speise genossen und die lebendige Beziehung zum erhöhten Herrn gefeiert wurde. Seit den ältesten Texten besteht dabei nirgendwo ein Zweifel daran, dass das in der Gemeindeversammlung gefeierte Mahl eine Handlung ist, durch welche die Gemeinde Leben, Sterben und Auferstehen Jesu Christi vergegenwärtigt und sich der daraus folgenden Gestalt ihrer eigenen, auf Jesus Christus gründenden Gemeinschaft vergewissert. Dass dabei unterschiedliche Akzente gesetzt und verschiedene Begriffe verwendet werden konnten, liegt auf der Hand und wird durch die besprochenen Texte eindrucksvoll belegt. Der Charakter des Abendmahls als *des* christlichen „Kultmahls" stand dabei jedoch nie infrage. Die Neuerung ist deshalb nicht die Einführung eines eigenen sakramentalen Mahles, sondern, gerade im Gegenteil, die zuerst in der Traditio Apostolica deutlich greifbare Absonderung eines hiervon unterschiedenen, nicht-sakramentalen Mahles, das dort „Eulogie" genannt wird.

2) Die These mehrerer nebeneinander existierender „Mahltypen", von denen nur einer an den Einsetzungsworten orientiert gewesen sei, erweist sich angesichts der frühchristlichen Texte als überaus unwahrscheinlich. Weder lässt sich die Vorstellung bestätigen, die besprochenen frühchristlichen Texte ließen sich auf verschiedene „Typen" von Mählern aufteilen, noch stehen die Einsetzungsworte für eine bestimmte Mahlgestalt neben anderen. Die Einsetzungsworte stellen

vielmehr eine bestimmte Deutung dieses Mahles dar, indem sie seinen Ursprung auf das letzte Mahl Jesu zurückführen und zugleich eine symbolische Deutung des Mahlvorgangs (Brechen und Verteilen des Brotes, Trinken aus dem gemeinsamen Kelch) auf die Verbindung der Mahlteilnehmer untereinander sowie auf die Beziehung zu Jesus Christus vornehmen. Diese Deutung, die einen sehr intensiven Ausdruck der Bedeutung des Abendmahls darstellt, bildet den frühen Texten zufolge keinen festen Bestandteil der Mahlliturgie. Schon deshalb geht die Rede von einem an diesen Worten ausgerichteten „Mahltyp" in die Irre. Die Einsetzungsworte stellen vielmehr eine frühchristliche Überlieferung über Herkunft und Bedeutung des Abendmahls dar, die in verschiedenen – argumentativen, narrativen, dann auch liturgischen – Zusammenhängen Verwendung finden konnte und schließlich einen festen Platz innerhalb von Mahlliturgien erhielt.

Weiter zeigte sich, dass in den Texten verschiedene Möglichkeiten, das sakramentale Mahl zu interpretieren, zum Ausdruck kommen. In Entsprechung zu den jeweiligen Auffassungen über die Bedeutung Jesu Christi bzw. über das Heilshandeln Gottes in Jesus Christus wurden dabei unterschiedliche Akzentuierungen vorgenommen, sodass die Deutungen des Abendmahls zugleich ein Stück Theologiegeschichte des frühen Christentums vor Augen führen.

Die Frage nach der liturgischen Gestaltung des Mahles steht dabei zumeist im Hintergrund. Sie wird vor allem an einer Stelle greifbar, nämlich bei der von Irenäus und Cyprian kritisierten, in den apokryphen Aposteakten dagegen vorausgesetzten Praxis, beim Abendmahl Wasser anstelle des Mischkelchs zu verwenden. Der Hintergrund dieser Kontroverse ist vermutlich darin zu sehen, dass bestimmte frühchristliche Gruppen aus asketischen Gründen auf Wein verzichten wollten, dies von frühkirchlichen Theologen jedoch deshalb kritisiert wurde, weil sie darin eine Abweichung von dem auf Jesus selbst zurückgeführten Mahl und damit zugleich die Gefahr der Auflösung einer einheitlichen christlichen Mahlpraxis sahen.

2. Woher stammt das Abendmahl?

Eingangs wurde darauf hingewiesen, dass der Ursprung des Abendmahls im letzten Mahl Jesu verschiedentlich relativiert oder sogar bestritten wurde. Es wurde auf Anknüpfungen an Jesu galiläische Mähler verwiesen, die eine neben dem urchristlichen Kultmahl eigene

Fortsetzung erfahren hätten, oder auf die Mähler antiker Vereine, welche die Entstehung des Abendmahls als eines christlichen Gemeinschaftsmahls erklärten. Welcher Befund legt sich angesichts der frühchristlichen Texte nahe?

Bei Paulus und Lukas stellt der Bezug auf das letzte Mahl Jesu einen zentralen Aspekt der Entstehung und Bedeutung des in der christlichen Gemeinde gefeierten Mahles dar. Für Paulus ergibt sich aus dem Bezug auf das letzte Mahl Jesu eine ethische Verantwortung im Blick auf die Gestaltung der Feier dieses Mahles in der Gemeinde, bei Lukas stellt das „Brotbrechen" der nachösterlichen Gemeinde die Verbindung zum irdischen Wirken Jesu und seinen testamentarischen Verfügungen her. Es ist zugleich dasjenige Mahl, das bis zur Feier des endzeitlichen Passahfestes in der Gottesherrschaft von der Gemeinde zu feiern ist. Für beide ist das Mahl dabei Vergegenwärtigung des Herrn und des durch ihn begründeten Neuen Bundes.

Im Markus- und Matthäusevangelium wird zwar nicht explizit von einer Fortsetzung des Mahles durch die Gemeinde gesprochen, das letzte Mahl macht hier jedoch – wie auch im Lukasevangelium – die Bedeutung der früheren Mähler Jesu transparent und steht damit in Kontinuität zu seinem vorangegangenen Wirken. Erst vom letzten Mahl und der Vollendung seines Weges in der Gottesherrschaft her erschließt sich der Sinn seines irdischen Wirkens. Im letzten Mahl und den Deuteworten wird damit die Bedeutung des Kommens Jesu in besonders dichter Weise zum Ausdruck gebracht und für die Gemeinde, die sich in seinem Namen versammelt und das Mahl feiert, transparent.[122]

Es kann nicht zweifelhaft sein, dass diesen Berichten historische Erinnerungen an die Mahlgemeinschaften Jesu und sein letztes Mahl in Jerusalem zugrunde liegen. Wir haben bei der Behandlung der Einsetzungsworte gesehen, dass diese vermutlich nicht von Jesus selbst gesprochen wurden. Gleichwohl wurde in der literarischen Gestaltung des letzten Mahles Jesu ein Ereignis festgehalten, das im Rahmen des Passionsgeschehens eine wichtige Rolle spielte. Deshalb bot es sich dazu an, in seiner späteren Ausgestaltung durch das Markus-, Matthäus- und Lukasevangelium sowohl durch die Szenerie wie auch durch die Einfügung der Einsetzungsworte das Kommen Jesu zusammenfassend zu deuten und auf seine Vollendung vorauszuschauen.

Angesichts dessen lässt sich die historische Entwicklung folgendermaßen skizzieren:

Die Mahlgemeinschaften Jesu mit dem Volk, seinen Jüngern und seinen Gegnern sind Bestandteil seiner Verkündigung der anbrechenden Gottesherrschaft, die sich in diesen zeichenhaft verwirklicht. Dies wird dadurch unterstützt, dass auch außerhalb der geschilderten Mähler selbst die Mahlmetaphorik eine wichtige Rolle in der Verkündigung Jesu spielt: Die Zeit der Anwesenheit Jesu ist eine messianische Freudenzeit, in der nicht gefastet, sondern mit dem Bräutigam gefeiert wird (Mk 2,18-20); Jesus wird von seinen Gegnern als Fresser und Weinsäufer bezeichnet (Lk 7,34); in den Gleichnissen wird das Motiv des Hochzeits- oder Freudenmahles metaphorisch für die Gottesherrschaft verwendet (Lk 13,28f.; 14,16-24; 15,11-32). Dass das Freudenmahl eine zentrale Kategorie war, mit der Jesus die Gottesherrschaft schilderte und vorausgreifend praktizierte, duldet somit keinen Zweifel. Jesus greift damit das in der alttestamentlich-jüdischen Tradition verbreitete Bild vom Gottesreich als einem Freudenmahl auf.

Das letzte Mahl in Jerusalem hat bei der Entstehung des Abendmahls eine Sonderstellung inne. Bei der Deutung dieses Mahles begegnen wir zugleich der entscheidenden Weichenstellung zwischen dem vorösterlichen Wirken Jesu und seiner nachösterlichen Deutung. Ist das letzte Mahl eine von Jesus angesichts seines bevorstehenden Todes vollzogene Zeichenhandlung – was zweifellos die historisch wahrscheinlichste Möglichkeit ist – ergibt sich, dass Jesus diesem Mahl selbst eine besondere Bedeutung beigemessen hat. Sein gesamtes Wirken zeigt, dass er den Anspruch erhob, der entscheidende Repräsentant Gottes zu sein, und die Realisierung der Gottesherrschaft eng mit seiner Person verknüpfte. Vermutlich geriet er aufgrund dieses Anspruchs in Konflikt mit der jüdischen und römischen Obrigkeit, weshalb sich seine Verhaftung und sein Tod in Jerusalem auch für ihn selbst erkennbar abzeichneten. Das letzte Mahl lässt sich dann als eine zeichenhafte Handlung angesichts dieser bevorstehenden Ereignisse verstehen: Jesus blickt auf seine eigene Vollendung in der Gottesherrschaft voraus und gibt seinen Jüngern symbolisch Anteil an seiner Person.

Die ältesten Überlieferungen vom letzten Mahl bestätigen diesen Befund. In Mk 14,25 (Mt 26,29; Lk 22,16.18) kündigt Jesus das Ende seiner irdischen Mähler an und blickt zugleich auf das Mahl in der Gottesherrschaft voraus. Das hier begegnende Thema der Vollendung der Gottesherrschaft stellt einen kohärenten Bestandteil der Jesusverkündigung dar. Vermutlich kann darin deshalb ein Vorausblick des irdischen Jesus auf seinen Tod erkannt werden. Jesus hätte seinen Tod dann als Konsequenz und Vollendung seines Weges als Repräsentant der Gottesherrschaft – und jedenfalls nicht als sein Scheitern – betrachtet.

Eine Verbindung zu den späteren Deutungen des Mahles besteht in der Aufnahme des Aspektes der symbolischen Anteilhabe an Jesus und der durch ihn begründeten und in den Mählern gefeierten Gemeinschaft sowie in dem eschatologischen Ausblick, der sich im Markus-, Matthäus- und Lukasevangelium sowie bei Paulus, aber auch in der Deutung des Mahles als Vermittlung von Auferstehung, ewigem Leben und Unsterblichkeit in der Didache, bei Ignatius, Justin und Irenäus sowie im Philippusevangelium, findet. Beides erweist sich als Weiterwirken von Impulsen Jesu, die im frühen Christentum in verschiedenen theologischen Konzeptionen verarbeitet wurden.

Anknüpfend an das Wirken Jesu wurde das sakramentale Mahl im Urchristentum sehr bald zu einem zentralen Bestandteil der Gemeindeversammlung und zum Gegenstand intensiver Reflexionen. Die Erwähnung der Jerusalemer Mahlfeiern in der Apostelgeschichte, die Aussagen über den Tod Jesu als zugunsten anderer (vieler) geschehen sowie das Motiv des (Neuen) Bundes in den Einsetzungsworten, die christologische Reflexion des Johannesevangeliums oder die in der Didache verarbeiteten Mahlgebete sind auf je eigene Weise Beispiele für einen sehr früh einsetzenden Prozess theologischer Ausdeutungen des sakramentalen Mahles des Christentums. In der weiteren Entwicklung ließen sich die Einbindung der Reflexionen über das Abendmahl in theologisch weitreichende Konzeptionen über das Handeln Gottes in Jesus Christus sowie die Herausbildung einer spezifisch christlichen Gestalt des Mahles als Bestandteil des christlichen Gottesdienstes beobachten.

Die Entwicklung vom letzten Mahl Jesu zum frühchristlichen Abendmahl stellt somit einen Vorgang dar, bei dem eine Zeichenhandlung des irdischen Jesus[123] mit der Erfahrung seiner Auferweckung verbunden, zu seinem irdischen Wirken in Beziehung gesetzt und auf diese Weise zum sakramentalen Mahl als einem zentralen religiösen Symbol des Urchristentums ausgedeutet wurde. Die urchristlichen Mahlgemeinschaften sind dabei nicht einfach aus der jüdischen oder paganen Umwelt des Urchristentums ableitbar, wenngleich die dort praktizierten Mähler auf die konkreten Gestaltungen der urchristlichen Mahlfeiern eingewirkt haben und inhaltliche Analogien zu diesen aufweisen. Die sakramentalen

Mähler des Urchristentums sind nur als Verbindung spezifischer historischer Erinnerung und deren sakramentaler Vergegenwärtigung angemessen zu erfassen.

3. Wie nannten die frühen Christen das Abendmahl?

In den hier besprochenen Texten begegnete eine Vielzahl von Bezeichnungen für das Abendmahl. Der älteste Begriff ist der von Paulus verwendete Ausdruck „Herrenmahl", der in den späteren Texten allerdings nur noch selten begegnet. Er taucht in der Traditio Apostolica, Kapitel 27, sowie bei Tertullian (Ad Uxorem 2,4) auf. Er besagt, dass es ein vom Herrn her bestimmtes, in seiner Gestalt von der engen Beziehung zu ihm, vor allem zu seinen Mahlhandlungen, geprägtes Mahl ist. Leitend ist dabei die Vorstellung, dass der Herr selbst die Funktion des Gastgebers innehat.

Dem tritt dann, zuerst im Lukasevangelium und der Apostelgeschichte, die Bezeichnung „Brotbrechen" an die Seite. Dieser an der jüdischen Sitte des Brotbrechens orientierte Ausdruck wird sowohl als technische Bezeichnung für das gesamte Mahl wie auch zur Beschreibung des tatsächlichen Vorgangs des Brotbrechens gebraucht. Der Begriff begegnet nicht durchgehend (er fehlt z.B. bei Justin und Irenäus sowie in der Traditio Apostolica), das Brotbrechen wird aber noch in den Johannes- und Thomasakten ausdrücklich als Bestandteil der Mahlfeier erwähnt. Dahinter steht möglicherweise die Praxis, das Abendmahl nur gelegentlich mit Brot *und Wein* zu feiern, was mitunter – z.B. in den apokryphen Apostelakten – auf asketische Tendenzen zurückzuführen ist.

Seit dem Beginn des 2. Jahrhunderts begegnet der Begriff „Eucharistie" in den griechischen Texten. Er wird dann sehr bald zu einer vorherrschenden Bezeichnung des Mahles. Der Ausdruck leitet sich von den über den Mahlelementen gesprochenen Dankgebeten her und kann dann auch diese Elemente selbst und sogar das Mahl insgesamt bezeichnen. Die Bedeutung des Danksagens bleibt dabei erhalten. „Eucharistie" ist im frühen Christentum also stets eine inhaltlich qualifizierte Bezeichnung. Die Gemeinde dankt Gott für seine Schöpfung sowie für das in Jesus Christus gekommene Heil und weiß sich dem verpflichtet. Damit bilden die Dankgebete einen wesentlichen Bestandteil der frühchristlichen Mahlfeiern, in dem die Identität der Mahlgemeinschaft sowohl in theologischer wie in ethischer Hinsicht auf charakteristische Weise zum Ausdruck gebracht wird.

Auf den Bezug des Mahles zur Ethik der Gemeinde weist insbesondere der Begriff „Agape"/„Liebe" hin, mit dem Ignatius und Tertullian das christliche Mahl bezeichnen. Hier kommt die Einbindung des Mahles in die Ordnung der christlichen Gemeinde als einer von Liebe und Solidarität bestimmten zum Ausdruck. Dies ist bereits in den neutestamentlichen Zeugnissen (so etwa bei Paulus, im Matthäusevangelium und in der Apostelgeschichte) anzutreffen und wird im 2. Jahrhundert zu einem wichtigen Merkmal des Eucharistieverständnisses.

Ein weiterer, seit dem frühen 2. Jahrhundert begegnender Begriff ist „Opfer". Bei der Verwendung dieses Ausdrucks treten zwei Bedeutungen in den Vordergrund. Er dient zum einen zur Bezeichnung des Dankes, den die Gemeinde Gott in den Gebeten entgegenbringt (so in der Didache, bei Justin und Irenäus), zum anderen wird damit die Überbietung der alttestamentlichen Opfer durch die Eucharistie als Opfer der Kirche bzw. die Entsprechung zwischen beiden ausgedrückt (so bei Justin, Irenäus und Cyprian). Aus den genannten Belegen des Begriffs im frühen Christentum geht somit hervor, dass er in erster Linie an der Vorstellung des Opfers als Dankesbezeugung der Menschen gegenüber Gott orientiert ist. Das Verständnis eines vom Priester dargebrachten Opfers als Wiederholung des Selbstopfers Christi deutet sich bei Cyprian an, bleibt dabei aber in den größeren Zusammenhang eines von der Gemeinde in Entsprechung zur Einsetzung durch Jesus Christus zu vollziehenden Opfers einbezogen.

Bei Tertullian und Cyprian kann das Abendmahl auch einfach nur „unser Mahl" oder „Gemeinschaftsmahl" heißen. Die genaueren Kennzeichen des Mahles der christlichen Gemeinde ergeben sich dann aus seiner näheren Beschreibung, die Tertullian vor allem in Apologie, Kapitel 39, vornimmt.

Bei Tertullian, etwas später dann auch bei Cyprian, begegnet darüber hinaus zum ersten Mal der Begriff „Sakrament" als Bezeichnung für das Abendmahl und als Wiedergabe des griechischen Begriffs für „Geheimnis".[124] Dadurch wird der besondere Charakter des Mahles als einer Verbindung von göttlichem und irdischem Bereich betont.

Jeder der genannten Begriffe hebt einen spezifischen Aspekt hervor, der als besonders charakteristisch für das Abendmahl angesehen wurde. Die Vielfalt der Bezeichnungen weist deshalb zugleich auf die Mannigfaltigkeit der Deutungen hin, die sich mit dem Abendmahl verbinden konnten. Dies führt zum nächsten Punkt.

4. Was bedeutete den frühen Christen das Abendmahl?

In den besprochenen Texten ist eine Vielzahl von Aspekten begegnet, die im frühen Christentum mit dem Abendmahl verbunden wurden. Dabei ließen sich konstante Motive, die allen Texten gemeinsam sind, und je eigene Akzentsetzungen erkennen.

Zu den Gemeinsamkeiten gehört zunächst die durchgehend anzutreffende Überzeugung, dass es sich beim Abendmahl um ein sakramentales Mahl handelt, bei dem „geistliche Speise" und „geistlicher Trank" genossen werden und irdischer und himmlischer Bereich miteinander in Beziehung treten. Das gottesdienstliche Mahl wird demnach von Beginn an als ein besonderes Mahl verstanden, bei dem die Gemeinde zu ihrem Herrn Jesus Christus in Verbindung tritt. Es ist dagegen nie als ein nicht-religiöses, nicht-sakramentales Gemeinschaftsmahl verstanden worden.

Zu den Gemeinsamkeiten gehört auch, dass das Abendmahl fester Bestandteil der Gemeindeversammlungen ist. Es wird als sichtbarer Ausdruck der Einheit der Gemeinde und als Vergegenwärtigung der durch Jesus Christus verfügten Heilsgüter verstanden. Die frühchristlichen Autoren wenden sich gegen eine ethisch unangemessene, unwürdige Praxis und gegen die Feier des Abendmahls in Kleingruppen, weil sie darin die Einheit der Gemeinde und ihre von Jesus Christus her bestimmte Gestaltung bedroht sehen. Das Zusammenkommen der Gemeinde in ethisch angemessener Weise ist für die rechte Feier des Abendmahls unerlässlich und bringt damit dessen eigentlichen Charakter in der Feier der Gemeinde zum Ausdruck. Somit spiegelt das Abendmahl nicht zuletzt in grundlegender Weise die frühchristliche Gemeindeethik wider, die in einer neuen, von Jesus Christus her bestimmten Ordnung lebt. Diese Ordnung bildet sich in den Gemeindeversammlungen und in konzentrierter Weise im eucharistischen Mahl ab.

Gemeinsame Überzeugung des frühen Christentums ist weiter, dass die im Abendmahl genossene Speise durch die darüber gesprochenen Gebete zu einer besonderen, von der alltäglichen Speise unterschiedenen wird. Die für das Abendmahl wichtige – und in der Theologie- und Liturgiegeschichte zugleich heftig umstrittene – Frage, wie aus gewöhnlicher Speise besondere, „geistliche" Speise wird, ist im frühen Christentum demnach eng mit den beim Mahl gesprochenen Gebeten verknüpft. Dagegen werden die Einsetzungsworte nirgendwo im Sinne einer „Wandlung" der Mahlelemente verstanden. Wo die Vorstellung einer Wandlung begegnet – bei Justin und Irenäus –, ist sie vielmehr so gedacht, dass die Gemeinde bei ihrer Versammlung durch die Gebete den göttlichen Logos auf die Mahlelemente herabruft, die dann eine Verwandlung der Gemeindeglieder bewirken, indem sie ihnen symbolisch Auferstehung und ewiges Leben vermitteln. Analog dazu versteht die Traditio Apostolica die Herabrufung des Heiligen Geistes auf die Mahlelemente, die ebenfalls durch den Heiligen Geist die Mahlfeiernden in ihrem Glauben stärken.

Dem frühen Christentum zufolge ist das Abendmahl also eine Symbolhandlung – ein „sakramentales Mahl" – und als solche lebendige Feier der durch Jesus Christus vermittelten Heilsgüter. Diese können als Neuer Bund, als neu gewonnenes Leben, als Auferstehung, Unsterblichkeit oder ewiges Leben, als Befreiung von den Sünden oder als Vereinigung der Menschen mit ihren himmlischen Urbildern ausgedrückt werden. In dieser Mannigfaltigkeit, die sich in dem gemeinsam gefeierten Mahl ausdrückt, ist das Abendmahl zugleich ein Zeugnis für den Reichtum frühchristlichen Glaubenslebens.

Ein wichtiger Aspekt des Abendmahls im frühen Christentum besteht schließlich darin, dass es bereits gegenwärtig Anteil gibt am endzeitlichen Heilsgut. Zwar wird dabei deutlich festgehalten, dass die Verwirklichung dieses Heilsgutes erst in der Zukunft erfolgt – eine Ausnahme stellen hier lediglich das Philippusevangelium und die Thomasakten dar –, jedoch vermittelt das Mahl bereits in der Gegenwart die verbürgte Hoffnung darauf und insofern die bereits gegenwärtige Teilhabe daran. Dieser Bezug auf das endzeitliche Heilsgut ist deshalb ein weiteres in der Gegenwart zu Unrecht in den Hintergrund getretenes Merkmal, das die frühchristlichen Texte miteinander verbindet.

5. Wann und wie feierten die frühen Christen das Abendmahl?

Wie häufig die Gemeinden in der ersten Zeit zum gemeinsamen Mahl zusammenkamen, lässt sich nicht genau sagen. Paulus setzt die Zusammenkunft zu einer abendlichen Mahlfeier voraus, ohne sich über dessen Häufigkeit zu äußern. Hinweise auf eine Feier des Abendmahls am „Herrentag" (also am Sonntag) finden sich vermutlich in Apg 20,7-12, sicher in der Didache, bei Plinius sowie bei Justin. Andererseits fordert Ignatius am Anfang des 2. Jahrhunderts ausdrücklich zur *häufigen* Feier der Eucharistie auf, und auch die Apostelgeschichte setzt möglicherweise voraus, dass das Abendmahl *täglich* gefeiert wurde (Apg 2,42-46). Bei Plinius ist die Eucharistiefeier offensichtlich eine vom

Morgengottesdienst unterschiedene abendliche Mahlfeier, und auch bei Justin ist nicht eindeutig, ob die Gemeinde am Sonntagmorgen zum gemeinsamen Mahl zusammenkam.

Deutliche Hinweise auf eine Eucharistiefeier am Sonntagmorgen finden sich dagegen bei Tertullian sowie bei Cyprian. Tertullian erwähnt, dass das von Jesus zwar als Abendmahl dargereichte Sakrament der Eucharistie gleichwohl auch in morgendlichen Versammlungen empfangen werde.[125] Allerdings ist dies auch bei Tertullian nicht die einzige Feier der Gemeinde. Vielmehr schildert er in Apologie 39,16-21 eine abendliche Mahlfeier, die er offenbar als die gängige gottesdienstliche Zusammenkunft der Gemeinde von Karthago betrachtet.[126] Cyprian begründet die morgendliche Feier ausdrücklich damit, dass nur dort die gesamte Gemeinde anwesend sein könne. Dies zeigt, dass auch er abendliche Mahlfeiern kennt.

Am Beginn der christlichen Eucharistiefeiern hat also allem Anschein nach die Zusammenkunft am Abend als der gängigen Zeit für die Hauptmahlzeit – und damit auch für kultische Mähler – gestanden. Daraus entwickelte sich, in Entsprechung zur recht früh belegten sonntäglichen Gemeindeversammlung als Feier der Auferstehung,[127] im Laufe des 2. Jahrhunderts die wöchentliche Mahlfeier der gesamten Gemeinde. Diese war allerdings zunächst nicht in den Morgengottesdienst integriert, sondern fand am Sonntagabend statt, was sich vor allem bei Plinius zeigt. Zudem ist anzunehmen, dass daneben weitere Eucharistiefeiern an den Wochentagen abgehalten wurden. Dass Auferstehungsfeier am Sonntagmorgen und abendliche Eucharistiefeier bis zum Anfang des 3. Jahrhunderts nebeneinander existiert haben, lässt sich noch bei Tertullian, Cyprian sowie in der Traditio Apostolica erkennen. Die Integration der Eucharistiefeier in den Gottesdienst am Sonntagmorgen ist dagegen offenbar eine Entwicklung, die sich erst im 3. Jahrhundert durchsetzte. Mit ihr einher geht die in der Traditio Apostolica zu beobachtende Unterscheidung der Eucharistie von anderen Gemeindemählern, die allerdings in liturgischer Hinsicht noch an den Anfängen steht.

Die Gestaltung der Abendmahlsfeier lehnte sich seit früher Zeit an die gängigen Mahlformen der Umwelt an. Es ist damit zu rechnen, dass sich je nach kultureller und religiöser Prägung der Gemeinden entweder jüdische oder griechisch-römische Elemente stärker auf den konkreten Ablauf der Mähler auswirkten – wobei diese Bereiche, wie oben erörtert, nicht als einander ausschließende vorzustellen sind. Bemerkenswert ist jedoch, dass diese unterschiedlichen Prägungen in den frühchristlichen Texten nicht zu Kontroversen führten und diesbezüglich auch kein Regelungsbedarf gesehen wurde. Entscheidend war vielmehr, dass die christlichen Mähler mit neuen *Inhalten* besetzt wurden. Auch die Überlieferung vom letzten Mahl Jesu diente nicht der Regelung der *Gestaltung* der frühchristlichen Mahlfeier. Sie hält vielmehr eine Aussage über deren *Bedeutung* fest, nämlich den Bezug zum letzten Mahl Jesu, das die Gemeinde in ihrer Feier vergegenwärtigt und sich dadurch mit den durch Jesus Christus gewährten Heilsgütern verbindet.

Entscheidend für die Gestalt der frühchristlichen Mahlfeiern war deshalb, dass sich in ihnen die durch Jesus Christus begründete Ordnung widerspiegelt. Dieses Anliegen lässt sich bereits bei Paulus wahrnehmen, es taucht dann in etlichen Texten wieder auf, die sich mit der Gestalt der Mahlfeier befassen – in der Didache (Kapitel 14), bei Ignatius, Justin, Irenäus, aber auch in den Johannesakten. Die Vergegenwärtigung Jesu Christi im Abendmahl hat also nicht zuletzt eine dezidiert ethische Pointe: Die Gemeinde vergewissert sich der durch Jesu Wirken und seinen Tod begründeten Identität ihrer Gemeinschaft und erneuert diese im gemeinsamen Mahl.

Wiederum lassen sich im späteren 2. sowie im 3. Jahrhundert Entwicklungen erkennen, die dies in der Fixierung der liturgischen Ausgestaltung der Eucharistiefeier zum Ausdruck bringen. Zu nennen ist hier zum einen die Kontroverse über den Gebrauch von Brot und Wein. Gegenüber Tendenzen, die Eucharistie nur mit Brot zu feiern bzw. Wasser statt Wein zu verwenden, wird von frühchristlichen Theologen die Verwendung von Brot *und* Wein (bzw. einer Mischung aus Wasser und Wein) als verbindlich erklärt. Cyprian bezieht sich hierzu auf die Überlieferung vom letzten Mahl Jesu, Klemens von Alexandrien dagegen auf den „Kanon der Kirche".[128] Geben noch Paulus und Lukas unbefangen zu erkennen, dass das Abendmahl auch ohne Wein gefeiert werden konnte, wie die in diesem Sinne ausgewerteten Indizien in 1 Kor 11,25 („sooft ihr daraus trinkt") und die Bezeichnung „Brotbrechen" bei Lukas zeigen, wird die Praxis eines in Entsprechung zum letzten Mahl Jesu gefeierten Mahles später als zur einheitlichen und verbindlichen Gestalt der Kirche gehörig angesehen, die damit zugleich den Bezug zu ihren Ursprüngen wahrt.

Im 3. Jahrhundert erhielten die Einsetzungsworte einen festen Platz in Mahlliturgien. Auch dann behielten sie jedoch die Funktion einer vergegenwärtigenden Erinnerung und regelten nicht die Gestaltung des Mahles. Dass Cyprian von der Praxis der abendlichen Mahlfeier der gesamten Gemeinde abweichen und gleichzeitig die Bindung an das von Jesus eingesetzte Mahl betonen kann, zeigt dies ebenso wie der Befund, dass in der Traditio Apostolica einerseits die Einsetzungsworte Bestandteil der Eucharistiefeier sind, andererseits die Eucharistie von anderen, nicht-eucharistischen Gemeindemählern unterschieden wird.

Die Einsetzungsworte haben also offensichtlich nie die Funktion einer Regelung des Verlaufs der christlichen Mahlfeiern besessen. Vielmehr dienten sie stets dazu, diese Feiern als Erinnerungs- oder besser: „Vergegenwärtigungsmähler" zu deuten, in denen sich die Gemeinde gleichermaßen mit dem irdischen Jesus und dem erhöhten Herrn in Beziehung setzt. Damit bringen sie die Funktion dieser Mähler, die sich derjenigen des parallel zur Ausbildung einer deutlich konturierten Liturgie der frühchristlichen Mahlfeier festere Konturen gewinnenden Kanons verbindlicher Schriften vergleichen lässt, zum Ausdruck: Wie in den Schriften des Neuen Testaments schafft sich das frühe Christentum auch in der Mahlfeier eine Institution, durch die es sich dauerhaft mit seinen Ursprüngen verbindet und diese immer wieder neu zur Geltung bringt.

VI. Das Abendmahl in Antike und Gegenwart: Impulse aus den frühchristlichen Texten für gegenwärtiges Verständnis und gegenwärtige Praxis des Abendmahls

Zum Abschluss dieses Bandes soll nach Impulsen gefragt werden, die sich aus den frühchristlichen Texten für gegenwärtige Zugänge und Gestaltungen des Abendmahls in christlichen Gemeinden ergeben könnten. Damit kommen wir zugleich auf die eingangs aufgeworfenen Fragen zurück.

1) Die sakramentalen Mähler sind ein fester, vielleicht sogar der wichtigste Teil der frühchristlichen Gemeindeversammlungen. Die Gemeinde feiert in diesen Mählern die Gemeinschaft und Einheit untereinander mit dem engen Bezug auf ihren Herrn Jesus Christus. Das Abendmahl ist deshalb sichtbarer Ausdruck der Grundlage der christlichen Gemeinde sowie Aneignung der durch Jesus Christus vermittelten Heilsgüter.

Die – glücklicherweise nur noch gelegentlich in protestantischen Gottesdiensten anzutreffende – Praxis, das Abendmahl vom Hauptgottesdienst abzusetzen und als einen separaten „Anhangsgottesdienst" zu begehen, erscheint angesichts dessen als in hohem Maße fragwürdig. Das Abendmahl gehört theologisch wie liturgisch in die Mitte des Gottesdienstes, denn hier vollzieht die Gemeinde immer wieder neu ihre Beziehung zu Jesus Christus als dem alleinigen Fundament ihrer Existenz und Identität. Diese Bedeutung muss in der Gestaltung des Gottesdienstes sichtbar zum Ausdruck kommen.

Im Abendmahl feiert die Gemeinde. Sie dankt Gott für die Heilsgüter, die er ihr zuteilwerden lässt, nimmt daran bereits gegenwärtig teil und blickt auf die zukünftige Vollendung dieser Heilsgüter voraus. Das Abendmahl ist darum ein frohes Ereignis, das in einem liturgischen Rahmen begangen werden sollte, der seiner besonderen Bedeutung sowie seinem freudigen Charakter Ausdruck verleiht.

2) Das Abendmahl ist nicht einfach ein „Gemeinschaftsmahl". Sein spezifischer Charakter kommt in der Qualifizierung von Speise und Trank als „geistlich" sowie in der in den nach-neutestamentlichen Texten vielfach anzutreffenden Mahnung, nur „würdige", getaufte Gemeindeglieder zur Teilnahme zuzulassen, zum Ausdruck.

Für die Feier des Abendmahls folgt daraus zweierlei. Zum einen wäre eine allgemeine Öffnung dieses Mahles für Ungetaufte theologisch nicht vertretbar. Selbstverständlich richtet sich die Einladung des christlichen Glaubens an alle Menschen – was schon aus dem Charakter des Christentums als einer missionarischen Religion folgt. Dies ist jedoch von den Formen, in denen die christliche Gemeinde ihren Glauben feiert, zu unterscheiden. Sinnvoll erscheint deshalb, der seit dem frühen Christentum feststellbaren Praxis zu folgen, die der Teilnahme am Abendmahl auf jeden Fall die Taufe, in der Regel auch eine Unterweisung in den Inhalten des christlichen Glaubens, vorangehen lässt. Gerade so kann der Charakter des Abendmahls als eines besonderen religiösen Vollzugs gewahrt bleiben und auch Außenstehenden verdeutlicht werden.

Die andere Konsequenz betrifft die „Würdigkeit" der christlichen Gemeindeglieder selbst. Wir können hierzu auf das Ende der Eucharistiegebete in der Didache zurückgreifen. Dort heißt es: „Wenn jemand heilig ist, komme er. Wenn er es nicht ist, tue er Buße." Ob man „würdig" ist, zur Eucharistie zu kommen, soll hier demnach von jedem Gemeindeglied für sich selbst eingeschätzt werden, nicht von einer übergeordneten gemeindeleitenden Instanz.

Wichtig ist weiter: Der Status der „Würdigkeit" kann der Didache wie auch späteren Texten zufolge durch Buße wiedererlangt werden. Dazu gehört in erster Linie das Bewusstsein für eigenes Fehlverhalten, das die Voraussetzung für die Versöhnung bildet. Der Zusammenhang von Eucharistie und Buße macht somit deutlich, dass die Feier des Abendmahls und die Einheit der Gemeinde unmittelbar miteinander zusammenhängen.

3) Das Abendmahl ist zwar nicht einfach ein Gemeinschaftsmahl, es ist aber auf jeden Fall ein *gemeinschaftliches*, in der Gemeinde zu feierndes Mahl und keine isolierte Kulthandlung, die etwa ein Geistlicher nur für sich vollziehen könnte. Eine solche Praxis wäre mit den frühchristlichen Texten gänzlich unvereinbar. Hier ist das Abendmahl vielmehr sichtbarer Ausdruck des Lebens und der in Christus begründeten Ethik der christlichen Gemeinde.

Für die liturgische Gestaltung folgt hieraus, dass die im Mahl vollzogene Gemeinschaft der sich um ihren Herrn versammelnden sowie sich an ihm orientierenden Gemeinde sichtbaren Ausdruck finden sollte. In großen Gottesdiensten mit sehr vielen Teilnehmern ist dies oft nur in Grenzen möglich. Hier wird mitunter die Praxis eines

„Wandelabendmahls" angewandt, bei dem die Mahlteilnehmer nicht zu einzelnen Kreisen zusammenkommen, sondern je für sich Brot und Wein empfangen. Es handelt sich dabei um eine notwendige Kompromisslösung, bei der dem Gehalt des Abendmahls als eines Gemeinschaftsmahls dadurch Rechnung getragen werden kann, dass dieser Aspekt in dem Eucharistiegebet in besonderer Weise hervorgehoben wird.

Eng mit dem Charakter des Abendmahls als Feier der christlichen Gemeinschaft verbunden ist der ethische Aspekt: Im Abendmahl stellt sich die Gemeinde in die durch Jesus Christus begründete Ordnung hinein. Das Abendmahl bildet diese Einheit ab und hat zugleich eine enge Beziehung zur Gestalt der Gemeinde. Dieser für die frühchristlichen Texte durchgehend wichtige Aspekt stellt eine Herausforderung auch für ein gegenwärtiges Verständnis des Abendmahls als eines eng mit dem Selbstverständnis und dem Leben der christlichen Gemeinde verbundenen Ritus dar.

4) Das zentrale Element, mit dem in den frühchristlichen Texten die Bedeutung des Abendmahls – und damit zugleich das Verständnis der christlichen Identität überhaupt – zum Ausdruck gebracht wird, sind die Mahlgebete. Diese können – wie in der Didache, den Johannesakten oder der Traditio Apostolica – explizit angeführt werden oder – wie bei Justin und Irenäus – als derjenige Vorgang, durch den sich das Wort Gottes mit den Mahlelementen verbindet, theologisch reflektiert werden. Die Eucharistiegebete erweisen sich damit als der Ort, an dem die verschiedenen mit dem Mahl verbundenen Aspekte zum Ausdruck gebracht werden. Die in der Didache genannten, von Gott durch Jesus kundgetanen Heilsgüter sowie die umfassende Betrachtung der Person Jesu Christi in der Traditio Apostolica sind eindrückliche Belege hierfür.

Die Einsetzungsworte waren dagegen, anders als die Mahlgebete, in den ersten beiden Jahrhunderten kein unverzichtbarer Bestandteil der Abendmahlsfeier. Sie können die Mahlgebete auch nicht ersetzen, sondern stellen eine eigene, zugespitzte Deutung des Abendmahls dar. Dieser Befund ist angesichts der Wirkungsgeschichte der Einsetzungsworte besonders hervorzuheben. Diese Worte bringen zweifellos eine der wichtigsten frühchristlichen Deutungen des Abendmahls zum Ausdruck. Es ist jedoch weder bei den neutestamentlichen Autoren noch in den Texten des 2. Jahrhunderts erkennbar, dass diese Worte deshalb auch fester Bestandteil der Mahlfeier selbst waren. Seit Paulus

(1 Kor 10,16) fest mit dem Mahl verbunden sind dagegen die Gebete über den Mahlelementen. Es überrascht daher nicht, dass gerade diese in der ältesten Kirchenordnung, nämlich der Didache, als die für Verständnis und Feier des Mahles entscheidenden Bestandteile angeführt werden und auch Justin diese Gebete als Bestandteil der von der Gemeinde gefeierten Eucharistie von den Einsetzungsworten des letzten Mahles Jesu ausdrücklich unterscheidet.

Im Blick auf heutige Abendmahlsfeiern ergibt sich hieraus, dass besonderes Augenmerk auf die Gestaltung der Eucharistiegebete gelenkt werden sollte. Im „Evangelischen Gottesdienstbuch" sind einige solcher Gebete angeführt, weitere wären vorstellbar. Es ist zu wünschen, dass in der liturgischen Gestaltung der Abendmahlsfeier die in den Eucharistiegebeten angelegte Vielfalt der Zugänge zum Abendmahl zum Ausdruck kommt. Dabei könnten etwa auch die Gebete der Didache oder der Traditio Apostolica Verwendung finden. Auf diese Weise würde eine deutlichere Verbindung zu den Gestaltungen und Deutungen des Abendmahls im frühen Christentum hergestellt.

Eine einseitige Konzentration auf die Einsetzungsworte legt sich dagegen nicht nahe. Die in den Einsetzungsworten zum Ausdruck kommende Interpretation des Abendmahls ist ohne jeden Zweifel eine wichtige und zu bewahrende Deutung, schon deshalb, weil hier der Bezug zum letzten Mahl Jesu ins Zentrum gerückt wird. Ihr fester Platz innerhalb der Abendmahlsliturgien soll deshalb in keiner Weise infrage gestellt werden. Ein vorrangig oder gar ausschließlich an den Einsetzungsworten ausgerichtetes Abendmahlsverständnis birgt jedoch die Gefahr der Reduktion der mit diesem Mahl verbundenen Aspekte in sich. Dies geschieht zumal dann, wenn diese – durchaus für verschiedene Deutungen offen stehenden – Worte auf eine spezielle Deutung zugespitzt werden.[129]

5) Die Vorstellungen über die Art und Weise der Anwesenheit des erhöhten Herrn im Mahl sind nicht einheitlich, sie haben jedoch im frühen Christentum nicht zu grundsätzlichen Kontroversen geführt. Die Texte lassen vielmehr erkennen, dass es verschiedene Möglichkeiten gab, die Beziehung zu Jesus Christus im Abendmahl auszudrücken: Es konnte die erinnernde Vergegenwärtigung Jesu Christi in den Mittelpunkt gerückt werden; es konnten die durch das Offenbarungshandeln Gottes in Jesus Christus vermittelten und im Mahl symbolisierten Heilsgüter herausgestellt oder die befreiende Wirkung seines Todes und seiner Auferweckung hervorgehoben werden bis hin

zu der Vorstellung einer heilsamen, symbolisch in dem Mischkelch repräsentierten Verbindung und Vermischung Christi mit den Glaubenden im Abendmahl bei Cyprian. Eine Kontroverse um „ist" und „bedeutet" hat es dabei im frühen Christentum ebenso wenig gegeben wie eine solche um eine Wandlung der Mahlelemente. In den Einsetzungsworten wurden vielmehr die Mahl*handlungen* (nicht die Mahl*elemente*) als lebendige Beziehung zu Jesus Christus, als Vergegenwärtigung der heilvollen Wirkungen seines Lebens, Sterbens und Auferstehens gedeutet. Eine Wandlung wurde dabei, in Entsprechung zu der besonderen Speise, die das Wort Gottes aufgenommen hat, nicht auf die Elemente, sondern auf die Menschen bezogen, die diese Speise zu sich nehmen und denen dadurch die Hoffnung auf die Auferstehung ihrer sterblichen Leiber vermittelt wird.

Die Orientierung an der Kategorie der symbolischen Repräsentation könnte hier einen Ansatzpunkt für ein theologisches Verständnis des Abendmahls darstellen und zugleich einen Impuls für die ökumenische Diskussion über ein gemeinsames Abendmahl von Christen verschiedener Konfessionen liefern. Die Besinnung auf die gemeinsamen Ursprünge im frühen Christentum sollte dabei zu der Einsicht führen, dass die Vorstellung einer Wandlung im frühen Christentum durchaus vorhanden war – allerdings nicht im späteren, an der Wandlung der *Elemente* und den darum entstandenen Kontroversen orientierten Sinn. Ein an der Vermittlung der künftigen Auferstehungsherrlichkeit orientiertes Verständnis der Wandlung der *Menschen* stellt dagegen einen produktiven Zugang zum Abendmahl dar, der zudem sowohl bei der paulinischen Rede einer endzeitlichen Verwandlung der sterblichen Leiber (1 Kor 15,51) als auch bei der johanneischen Symbolik des Essens des Fleisches und Trinkens des Blutes des Menschensohnes als bereits gegenwärtiger Vermittlung der Anteilhabe an Christi Auferstehungswirklichkeit Anhalt hat. Es erscheint durchaus vorstellbar, auf der Grundlage dieses Zugangs der frühchristlichen Texte ein Verständnis der mit dem Abendmahl/der Eucharistie verbundenen Wandlung zu entwickeln, das sich jenseits der mittelalterlichen und im 16. Jahrhundert ausgetragenen Kontroversen um eine auf die Mahlelemente bezogene Transsubstantiation bewegt.[130] Ein solches Verständnis wäre an der christlichen Hoffnung auf endzeitliche Herrlichkeit und ihrer bereits gegenwärtig (partiell) vorweggenommenen Erfahrung orientiert. Eine Theologie des Abendmahls würde dessen Symbolik entsprechend dahin gehend fruchtbar machen, dass die irdisch stets partikulare und gebrochene Erfahrung von Gottes Herrlichkeit im liturgischen Vollzug punktuell überschritten wird. Dabei erhält und stärkt das Abendmahl die Gemeinschaft der Glaubenden in dieser Weise auf ihrem Weg hin zur endzeitlichen Verwandlung.

Eine weitere Konsequenz könnte lauten, dass die Vergegenwärtigung des Herrn in der Mahlfeier umfassenden liturgischen Ausdruck findet und nicht auf die Rezitation der Einsetzungsworte vor der Gemeinde sowie ihrer Wiederholung beim Empfang der Elemente beschränkt bleibt. Die verschiedenen Möglichkeiten, die Präsenz des Herrn zu akzentuieren – Jesus als Einladender, als für uns Gekreuzigter, als im Akt des Brotbrechens und Kelchgebens Vergegenwärtigter, als Erhöhter, der zugleich der am Ende der Zeit Wiederkommende ist –, brauchen dabei weder gegeneinander ausgespielt noch miteinander harmonisiert zu werden. Vielmehr bietet die liturgische Feier des Abendmahls gerade die Chance, den Mahlteilnehmern verschiedene Akzente als Zugangs- und Verständnismöglichkeiten anzubieten.

6) Das Abendmahl ist seit den frühesten Zeugnissen fest mit dem letzten Mahl Jesu verbunden, allerdings nicht darauf beschränkt. Der Blick weitet sich sowohl zu den Gemeinschaftsmählern in Galiläa als auch zu den Mahlgemeinschaften des Auferstandenen. Das Mahl ist demzufolge eine Vergegenwärtigung des heilvollen Wirkens Jesu *insgesamt*. Dies kommt vor allem in der Deutung des verteilten Brotes auf die Existenz Jesu als einer Existenz zugunsten anderer zum Ausdruck.

Für die liturgische Gestaltung des Abendmahls könnte dies bedeuten, dass eine einseitige Konzentration auf den Tod Jesu und die dadurch bewirkte Vergebung der Sünden vermieden wird. So notwendig ein theologisch reflektiertes, nicht individuell verengtes Verständnis von Sünde ist,[131] besteht keine Notwendigkeit, die Zugänge zum Abendmahl ausschließlich von der Kategorie der Sünde her zu entfalten. Der durch Jesus Christus vermittelte, auf die Mahlelemente herabgerufene Geist, an dem man im Abendmahl partizipiert, die durch das Kommen Jesu bewirkte Sammlung der einen Kirche oder das durch die Auferstehung Jesu bewirkte neue Leben bei Gott sind in gleicher Weise als Ansatzpunkte zum Verständnis des Abendmahls als eines – wohl: *des* – zentralen Sakraments des Christentums denkbar.

7) Das in den frühchristlichen Texten entfaltete Deutungspotenzial weist eine Vielfalt von Aspekten auf, die das sakramentale Mahl als denjenigen Ort erscheinen lassen, an dem das von Gott in Jesus Christus bereitete Heil angeeignet und für die durch das Kommen Jesu Chris-

ti vermittelten Heilsgüter gedankt wurde. Diese Deutungen konnten nebeneinander existieren und traten nicht in Konkurrenz zueinander. Die johanneische Glaubenssymbolik vom Essen des Fleisches und Trinken des Blutes Jesu, die in ähnlicher Weise in den Thomasakten noch einmal begegnet, hat nicht zur Verdrängung der an der vergegenwärtigenden Erinnerung des Herrn im Mahlvollzug orientierten Ausrichtung der Einsetzungsworte oder der ethischen Akzentuierung der Eucharistie als Liebesmahl bei Ignatius geführt. Die Eucharistiegebete der Didache setzen sich nicht von den synoptischen Berichten und der in ihnen zum Ausdruck kommenden Deutung des Lebens und Sterbens Jesu ab, sondern betonen andere Aspekte des durch Jesus vermittelten Heils. Die Deutungen der Eucharistie bei Justin, Irenäus, im Philippusevangelium, in den apokryphen Apostelakten, bei Cyprian und in der Traditio Apostolica stellen auf je eigene Weise kreative theologische Zugänge zum Abendmahl dar, die damit zugleich den Reichtum der Reflexionen des frühen Christentums über die Person Jesu Christi vor Augen führen.

Für Verständnis und Feier des Abendmahls eröffnet dies Freiräume der Gestaltung und inhaltlichen Akzentuierung. Dies bedeutet keine theologische oder liturgische Beliebigkeit. Stattdessen ist von einer Gestaltungsvielfalt innerhalb eines als verbindlich anerkannten Rahmens auszugehen, in dem sich christliche Mahltheologie und -praxis bewegen. Zu den Konstanten gehören dabei die im sakramentalen Mahl vollzogene lebendige Beziehung zu Wirken und Geschick Jesu Christi, die Feier des Mahles innerhalb der Gemeinschaft der Getauften sowie die Partizipation an den durch Gott in Jesus Christus vermittelten Heilsgütern. Die Teilnahme am Abendmahl ist damit deutlicher Ausdruck der Zugehörigkeit zur christlichen Gemeinde und Bekenntnis des christlichen Glaubens.

Zu den Variablen gehören das konkrete Verständnis der Vergegenwärtigung des Herrn beim Mahl sowie die Akzentuierung des durch ihn gekommenen Heils (Vermittlung des ewigen Lebens, Vergebung der Sünden, Jesus Christus als das Offenbarungswort Gottes, Erkenntnis, die zu einem neuen Leben führt, Tod Jesu als einmaliges Opfer, das im Mahl vergegenwärtigt wird, durch Jesu Blut besiegelter Bund zwischen Gott und den Menschen u.a.). Damit erweisen sich die christliche Mahltheologie und die diese spiegelnde Mahlpraxis als komplexe Phänomene, die jeweils neu auf konkrete Situationen zu beziehen sind.

8) Die frühchristlichen Mahltexte sind nicht zuletzt Zeugnisse für die Inkulturation des Christentums in die griechisch-römische Antike. Im

Spannungsfeld von jüdischer Mutterreligion und heidnischen Kulten entwickelte sich in den ersten drei Jahrhunderten ein Ritus mit eigenen Inhalten und eigener Gestalt. Dabei wurden Elemente der religiösen Mähler aus benachbarten Religionen adaptiert und mit eigenen Deutungen versehen. In – oft auch polemischer – Auseinandersetzung mit Mahlvorstellungen konkurrierender Religionen wurden analoge Deutungsmuster neu besetzt und in das eigene religiöse Überzeugungssystem integriert.

Dies führt vor Augen, dass die Inhalte und Formen des christlichen Glaubens im lebendigen Austausch stehen mit konkurrierenden Angeboten, Wirklichkeit zu deuten und Überzeugungen zu gestalten. Das Abendmahl als Ritual und Zentrum des christlichen Gottesdienstes dient dabei der Vergewisserung des eigenen Glaubens, weshalb Experimente bei seiner Gestaltung nur mit großer Sorgfalt und Zurückhaltung durchzuführen sind. Zugleich ist christlicher Glaube aber immer gelebter Glaube, der in seiner Gestalt angesichts der je konkreten Situation zu verantworten ist. Insofern ist das Abendmahl zugleich ein Ort der Bewahrung und Bestätigung des christlichen Glaubens wie auch ein solcher der theologischen Reflexion und behutsamen Anpassung an neue Einsichten und Konstellationen, der sich dem Bezug auf seine Anfänge verpflichtet weiß.

VII. Anhang

1. Texte aus der Geschichte des Abendmahls

Im Folgenden werden einige Texte dokumentiert, die theologische Zugänge zum Abendmahl und Kontroversen, die in der Geschichte des Christentums um seine Deutung entstanden sind, beleuchten. Deutlich werden soll, wie in verschiedenen historischen Konstellationen auf unterschiedliche Weise Impulse aus dem frühen Christentum aufgenommen wurden, sich mitunter aber auch Einseitigkeiten und Verengungen finden. Die in diesem Buch behandelten frühchristlichen Texte werden so in den weiteren Horizont der Diskussionen um das Abendmahl in der Geschichte des Christentums gestellt.

Ein übergreifendes Merkmal ist die Überzeugung vom engen Zusammenhang zwischen dem von Gott durch Jesus Christus geoffenbarten Heil und seiner Vergegenwärtigung im Abendmahl bzw. in der Eucharistie. Diese christologische Gewichtung findet sich gegenwärtig z.B. in Aussagen, die den Weg Jesu Christi als einen solchen beschreiben, den er zugunsten der Menschen und in Treue zu Gott bis zum Ende gegangen ist (vgl. Text 1.4.7, S. 209-213), oder die Eucharistie vom Ostermysterium her verstehen, auf dem die Kirche gründet (Text 1.4.8, S. 213-215).

Weitere Aspekte aus den frühchristlichen Texten sind: Die Abendmahlselemente werden dadurch zu einer besonderen Speise, dass der Geist Gottes auf sie herabgerufen wird. Das Abendmahl/die Eucharistie gewinnt ihren besonderen Charakter deshalb durch die über Brot und Wein gesprochenen Gebete. Dies kommt etwa bei Origenes (Text 1.1.2), Cyrill von Jerusalem (1.1.3), Gregor von Nyssa (1.1.4), Martin Luther (1.3.3), der in Aufnahme Augustins das an die Elemente gebundene Wort Gottes herausstellt, sowie in dem sogenannten „Limadokument", das vom „epikletischen Charakter" (Epiklese = Anrufung) der Eucharistie spricht (1.4.4, S. 202f.), zum Ausdruck. Augustin (1.1.6) spricht anhand einer Auslegung von Joh 6 davon, dass die Speise des Menschensohnes unverweslich macht, was auch bei Ignatius, Justin und Irenäus mit der Eucharistie verbunden worden war. Zwingli (1.3.4) knüpft an die Bedeutung von Eucharistie als „Danksagung" an und versteht das Abendmahl von daher als Dank der Kirche an Christus für die von ihm erwiesene Wohltat.

Verengungen zeigen sich besonders an zwei Stellen. Die erste ist zweifellos die Konzentration auf die Einsetzungsworte als den entscheidenden über den Mahlelementen gesprochenen Worten. Dies findet sich bereits bei Ambrosius (1.1.5) und führt in den Texten des Mittelalters zur Kontroverse darüber, ob diese Worte übertragen oder im eigentlichen Sinn zu verstehen seien. Dieser Streit setzt sich im 16. Jahrhundert, vor allem zwischen Luther und Zwingli, fort. Zwar kann er inzwischen als weitgehend beigelegt betrachtet werden. Gleichwohl findet sich bis in neueste Stellungnahmen hinein eine einseitige Akzentuierung der Bedeutung der Einsetzungsworte, so etwa in der Orientierungshilfe der EKD (1.4.7, S. 212). Dies ist insofern nicht unproblematisch, weil das, was dort als „individuelle theologische Deutungen oder liturgische Einfälle" bezeichnet wird, nicht durch die Rezitation der Einsetzungsworte unterbunden werden kann. Dass diese Worte „seit dem frühen Christentum konstitutiv zur Abendmahlsfeier" gehören, ist nicht eindeutig, zudem bedürfen sie selbst der Interpretation. Die stets neu einzuholende Bedeutung des Abendmahls betrifft deshalb auch die Einsetzungsworte als *einer* wichtigen frühchristlichen Interpretation des sakramentalen Mahles selbst.

Eine zweite Engführung ist die Konzentration auf den Begriff des Opfers. Zwar bemüht man sich hier in neuerer Zeit verstärkt um einen differenzierten Umgang. Es wird aber nur selten thematisiert, dass er im frühen Christentum nur gelegentlich und in unterschiedlicher Weise – vor allem aber zur Kennzeichnung der Eucharistie als „Danksagung" – verwandt wurde. Es ist durchaus denkbar, den Opferbegriff bei sorgfältiger Klärung seiner Bedeutung als christologische Deutungskategorie zu verwenden und *von daher* auch auf das Abendmahl zu beziehen. Allerdings sollte nicht übersehen werden, dass die Feier des Abendmahls es gerade ermöglicht, das sprachlich auf vielfältige Weise ausdrückbare Heilsereignis in Jesus Christus im liturgischen Vollzug einzuholen. Es wäre deshalb durchaus angezeigt, die tragende Rolle, die der Begriff in der Wirkungsgeschichte des Abendmahls/der Eucharistie spielt, vor diesem Hintergrund kritisch zu überprüfen.

1.1 Alte Kirche

1.1.1 Tertullian (ca. 160 – ca. 220), Vom Kranze des Soldaten/ De Corona Militis

3,3 So z.B., um von der Taufe auszugehen, wenn wir ins Wasser treten, geben wir zu gleicher Zeit, aber auch schon einige Zeit vorher, in der Kirche unter der Hand des Bischofs die Erklärung ab, daß wir dem Teufel, seiner Pracht und seinen Engeln widersagen. Sodann werden wir dreimal untergetaucht, wobei wir etwas mehr geloben, als der Herr im Evangelium bestimmt hat. Herausgestiegen, genießen wir eine Mischung von Milch und Honig und enthalten uns von jenem Tage an eine ganze Woche hindurch des täglichen Bades. Das Sakrament der Eucharistie (*Eucharistiae sacramentum*), welches vom Herrn zur Essenszeit und allen anvertraut wurde, empfangen wir auch in frühmorgendlichen Versammlungen und aus der Hand keines andern als der Vorsteher [...]
3,4 Am Sonntage (*Die dominico*, wörtlich: Herrentag) halten wir es für ein Unrecht, zu fasten oder auf den Knieen zu beten [...] Auch erregt es uns Ängste, wenn etwas von dem uns eigentümlichen Kelche und Brote zu Boden fällt. Bei jedem Schritt und Tritt, bei jedem Eingehen und Ausgehen, beim Anlegen der Kleider und Schuhe, beim Waschen, Essen, Lichtanzünden, Schlafengehen, beim Niedersetzen und, welche Tätigkeit wir immer ausüben, drücken wir auf unsere Stirn das kleine Zeichen [gemeint ist das Kreuzzeichen].
(Übersetzung: G. Esser [Hg.], Bibliothek der Kirchenväter, Band 24)

1.1.2 Origenes (ca. 185 – ca. 253), Gegen Celsus/Contra Celsum

VIII 33 [...] Und aus solchen Gründen mag Celsus in seiner Unkenntnis Gottes immerhin den Dämonen Dankopfer darbringen; wir aber, die wir dem Schöpfer des Weltalls „Dank sagen", essen die mit Danksagung und „Gebet" über die Gaben dargereichten Brote, welche durch das Gebet ein gewisser heiliger Leib werden, der jene heiligt, die ihn mit verständigem Sinne genießen.
VIII 57 [...] Celsus will ferner, „wir sollten uns gegen die Dämonen, die auf Erden sind, nicht undankbar erweisen"; denn er bildet sich ein, daß wir ihnen Dankopfer schuldig seien. Wir wissen allerdings genau, was Dankbarkeit bedeutet, behaupten indessen, daß wir gar nicht „undankbar" handeln gegen diejenigen, welche uns nichts Gutes tun, sondern im Gegenteil feindlich gegenüberstehen, wenn wir ihnen weder Opfer darbringen noch Verehrung erweisen. Wir bemühen uns aber ernstlich darum, nicht „undankbar" gegen Gott zu sein, der uns mit seinen Wohltaten überhäuft, der uns erschaffen hat,

dessen Vorsehung für uns wacht, in welchen Stand auch immer er uns gesetzt hat, von dem wir nach diesem Leben empfangen werden, was er uns jetzt hoffen läßt. Als Sinnbild für die Dankbarkeit gegen Gott haben wir auch das Brot, das wir „Eucharistie" nennen.
(Übersetzung: P. Koetschau, Bibliothek der Kirchenväter, Band 53)

1.1.3 Cyrill von Jerusalem (ca. 313 – ca. 386), Mystagogische Katechesen/ Catecheses Mystagogicae

IV 2 Wenn Jesus einst zu Kana in Galiläa durch seinen [bloßen] Wink Wasser in Wein verwandelt hat, soll ihm dann nicht zuzutrauen sein, daß er Wein in Blut verwandelt hat? Wenn Jesus, zu irdischer Hochzeit geladen, dieses seltsame Wunder gewirkt hat, soll man dann nicht noch viel mehr zugeben, daß er den Söhnen des Brautgemaches seinen Leib und Blut zum Genusse dargeboten hat?
3 Aus voller Glaubensüberzeugung wollen wir also am Leibe und Blute Christi teilnehmen! In der Gestalt des Brotes wird dir nämlich der Leib gegeben, und in der Gestalt des Weines wird dir das Blut gereicht, damit du durch den Empfang des Leibes und Blutes Christi e i n Leib und e i n Blut mit ihm werdest. Durch diesen Empfang werden wir Christusträger; denn sein Fleisch und sein Blut kommt in unsere Glieder. Durch diesen Empfang werden wir, wie der heilige Petrus sagte, der göttlichen Natur teilhaft.
V 7 Nachdem wir uns durch diese geistlichen Lobgesänge geheiligt haben, rufen wir die Barmherzigkeit Gottes an, daß er den Hl. Geist auf die Opfergaben herabsende, um das Brot zum Leibe Christi, den Wein zum Blute Christi zu machen. Denn was der Hl. Geist berührt, ist völlig geheiligt und verwandelt.
(Übersetzung: P. Häuser, Bibliothek der Kirchenväter, Band 41)

1.1.4 Gregor von Nyssa (zwischen 335 und 340 – nach 386), Die große katechetische Rede/Oratio Catechetica Magna

XXXVII 2 Jene, die durch Betrug Gift genommen haben, löschen durch ein Gegengift die verderbenbringende Kraft. Das Gegengift muß dazu aber, wie das Gift selbst, in die Eingeweide des Menschen gelangen, damit durch sie die Kraft des Heilmittels mit dem ganzen Leib vermischt werde. So benötigten wir, nachdem wir von dem genossen hatten, was unsere Natur auflöste, unbedingt eines (Mittels), das die getrennten Bestandteile wieder vereinigte.

Dieses Mittel mußte, indem es in uns hineinkam, den schädlichen Einfluß des in unseren Körper schon eingeführten Giftes durch seine natürliche Gegenwirkung vertreiben.
3 Welches ist dieses (Mittel)? Nichts anderes als jener Leib, der sich als stärker denn der Tod erwiesen hat und der für uns zum Beginn unseres Lebens geworden ist. Wie nach den Worten des Apostels ein wenig Sauerteig sich die ganze Masse verähnlicht, so wandelt und ändert der von Gott unsterblich gemachte Leib (des Herrn), einmal mit dem unseren verbunden, ihn ganz in sich um. Wie ein verderbliches (Gift), mit einem gesunden (Leib) vermischt, alles von dem Gemisch Erfaßte lahmlegt, so verwandelt auch der unsterbliche Leib, wenn er in den kommt, der ihn aufnimmt, bei ihm das ganze Sein in seine eigene Natur.
9 [...] Man hat nämlich anerkannt, daß jenes Fleisch (Christi) etwas jedem (Fleische) Eigenes (angenommen hat), weil dieser Leib sich mit Hilfe des Brotes im Dasein erhielt. Dieser Leib wurde aber durch die Einwohnung des Logos Gottes zu göttlicher Würde erhoben. Mit Recht glauben wir deshalb jetzt, daß das durch den Logos Gottes geheiligte Brot in den Leib des Logos Gottes verwandelt worden ist.
10 Denn dieser Leib war der Kraft nach Brot und wurde geheiligt durch die Zeltung des im Fleische zeltenden Logos. So wie das in diesen Leib umgewandelte Brot zur göttlichen Macht erhoben wurde, so stellt sich auch hier das gleiche Ergebnis heraus. Dort heiligte die Gnade des Logos den Leib, dem aus dem Brot Bestand zukam und der in gewisser Weise selbst Brot war. Hier wurde dasselbe Brot nach dem Wort des Apostels durch den Logos Gottes und durch das Gebet geheiligt. Das Brot wurde nicht auf dem Wege der Speise zum Leib des Logos, sondern es verwandelte sich durch die Kraft des Logos sofort in seinen Leib, wie es vom Logos selbst ausgedrückt wird: „Das ist mein Leib".
12 Nun hat aber jenes Fleisch, das Gott aufgenommen hat, auch diesen feuchten Bestandteil zu seiner Erhaltung aufgenommen, und der sich offenbarende Gott hat sich mit der vergänglichen Natur vermischt, um das Menschliche durch die Gemeinschaft mit der Gottheit zugleich mit zu vergöttlichen. Deshalb sät er sich nach dem geheimnisvollen Heilsplan durch sein Fleisch, dessen Bestand von Wein und Brot her gesichert ist, allen Gläubigen ein. Und er vermischt sich mit den Leibern der Gläubigen, auf daß durch diese Einigung mit dem unsterblichen (Leib) auch der Mensch der Unverderblichkeit teilhaftig werde. Das alles schenkt er, indem er durch die Kraft des Segenswortes die sinnlich faßbare Natur in jenen (unsterblichen) Leib umwandelt.
(Übersetzung: J. Barbel, Bibliothek der griechischen Literatur, Band 1)

1.1.5 Ambrosius von Mailand (333/334 – 397), Über die Sakramente/ De Sacramentis, Vierte Katechese

4.14 Vielleicht entgegnest du: „Mein Brot ist das gewöhnliche." Aber dieses Brot ist (gewöhnliches) Brot vor den sakramentalen Worten (*ante verba sacramentorum*). Sobald die Konsekration (*consecratio*) erfolgt ist, wird aus dem Brot das Fleisch Christi. Wir wollen nun durch Beweise stützen, wie das, was Brot ist, der Leib Christi sein kann. Durch welche Worte geschieht denn die Konsekration, und wessen Worte sind es? Die des Herrn Jesus. Denn alles andere, was vorher gesagt wird, wird vom Bischof gesprochen: Gott wird Lobpreis dargebracht, es wird ein Gebet verrichtet, es werden Bitten für das Volk, für die Herrscher und für die übrigen vorgetragen [...] Sobald der Augenblick naht, das verehrungswürdige Sakrament zu vollziehen, verwendet der Bischof nicht mehr seine eigenen Worte, sondern verwendet Worte Christi. Also bewirkt das Wort Christi dieses Sakrament.

4.16 Also, um dir zu antworten: Vor der Konsekration war es nicht der Leib Christi, aber nach der Konsekration, so versichere ich dir, ist es nunmehr der Leib Christi. Er selbst hat gesprochen, und es entstand; er gab einen Befehl, und es wurde geschaffen. Du selbst existiertest, aber du warst eine alte Schöpfung. Nachdem du konsekriert worden bist, bist du eine neue Schöpfung. Willst du wissen, inwiefern eine neue Schöpfung? Jeder, heißt es, „ist in Christus eine neue Schöpfung".

5.23 Schau auf Einzelheiten: „Am Tag vor seinem Leiden", heißt es, „nahm er das Brot in seine heiligen Hände." Bevor die Konsekration vollzogen wird, ist es Brot. Sobald aber die Worte Christi hinzugekommen sind, ist es der Leib Christi. Schließlich höre ihn sagen: „Nehmt und eßt alle davon; denn das ist mein Leib." Ebenso ist vor den Worten Christi der Kelch mit Wein und Wasser gefüllt. Sobald aber die Worte Christi gewirkt haben, entsteht dort Blut, welches das Volk erlöst. Ihr seht also, auf wie viele Arten das Wort Christi die Macht hat, alles umzuwandeln. Schließlich hat uns der Herr Jesus selbst versichert, daß wir seinen Leib und sein Blut empfangen dürfen. Dürfen wir etwa an seiner Treue und seiner Zusage zweifeln?

6.26 Erkenne ferner, welch große Bedeutung dieses Sakrament besitzt! Betrachte, was er sagt: „Sooft ihr dies tut, gedenkt meiner, bis ich wiederkomme".

6.27 Und der Bischof spricht: „Daher begehen wir denn das Gedächtnis seines glorreichen Leidens, seiner Auferstehung von den Toten und seiner Himmelfahrt und bringen dir diese makellose Opfergabe, diese geistige Opfergabe, diese unblutige Opfergabe, dieses heilige Brot und den Kelch des ewigen Le-

bens dar. Wir bitten und flehen: Nimm das Opfer durch die Hände deiner Engel auf deinen himmlischen Altar empor, wie du die Gaben deines gerechten Dieners Abel, das Opfer unseres Patriarchen Abraham und das Opfer, das dein Hoherpriester Melchisedek dir dargebracht hat, gnädig angenommen hast."
(Übersetzung: J. Schmitz, Fontes Christiani, Band 3)

1.1.6 Augustinus (354 – 430), Vorträge über das Evangelium des Hl. Johannes

XXVI 17 „Denn mein Fleisch, sagt er, ist wahrhaft eine Speise, und mein Blut ist wahrhaft ein Trank." Da nämlich die Menschen durch Speise und Trank dies erstreben, daß sie nicht hungern und dürsten, so gewährt dies in Wahrheit nur diese Speise und dieser Trank, der die Genießenden unsterblich und unverweslich macht, d.h. die Gemeinschaft der Heiligen, wo Friede sein wird und volle und vollkommene Einheit. Deshalb ja hat, wie es schon vor uns Männer Gottes verstanden haben, unser Herr Jesus Christus seinen Leib und sein Blut in jenen Dingen dargestellt, welche aus einer Vielheit von Dingen zur Einheit gebracht werden. Denn das eine wird aus vielen Körnern eins, das andere fließt aus vielen Beeren in eins zusammen.
18 Schließlich nun setzt er auseinander, wie das geschieht, wovon er spricht, und was es heißt, seinen Leib essen und sein Blut trinken. „Wer mein Fleisch ißt und mein Blut trinkt, der bleibt in mir und ich in ihm." Das heißt also jene Speise essen und jenen Trank trinken, in Christus bleiben und ihn bleibend in sich haben. Und folglich, wer nicht in Christus bleibt und in welchem Christus nicht bleibt, der ißt ohne Zweifel weder sein Fleisch [geistig], noch trinkt er sein Blut [...] sondern er ißt und trinkt sich das Sakrament einer so großen Sache zum Gerichte [...]
(Übersetzung: T. Specht, Bibliothek der Kirchenväter, Band 11)

Texte aus der Geschichte des Abendmahls | 179

1.2 Mittelalter

1.2.1 Paschasius Radbertus (um 790 – um 859), Über Leib und Blut des Herrn/De Corpore et Sanguine Domini

Cap. IV [...] Daß durch die sakramentale Weihung (*consecratione mysterii*) in Wirklichkeit Leib und Blut zustande kommt (*in veritate corpus et sanguis fiat*), bezweifelt niemand, der den Worten Gottes glaubt ... (vgl. Joh 6, 56f. 52. 59) ... Weil es aber ein Greuel wäre, Christus mit den Zähnen zu zerreißen, darum wollte er, daß im Mysterium (*in misterio*) dies Brot und dieser Wein wahrhaft als sein Fleisch und Blut durch die Weihung des Hl. Geistes machtvoll erschaffen (*potentialiter creari*) und durch solch schöpferischen Akt (*creando*) täglich „für das Leben der Welt" (Joh 6,51) mystisch geopfert würden, damit, wie aus der Jungfrau (Maria) durch den Geist wahres Fleisch ohne Beischlaf (*sine coitu*) erschaffen wird, so auch durch denselben (Geist) aus der Substanz von Brot und Wein derselbe Leib und dasselbe Blut Christi (wie das des „historischen" Jesus) mystisch geweiht werde ...
Cap. VIII ... Lerne deshalb, o Mensch, anderes zu kosten, als mit dem fleischlichen Mund zu schmecken ist, anderes zu sehen, als sich diesen fleischlichen Augen dartut. Lerne, daß Gott als Geist nicht an einen Ort gebunden, sondern allerorten (*inlocaliter ubique*) ist ... Bedenke also, ob es irgendetwas im Bereich der Körperwelt gibt, das erhabener wäre, als wenn sich die Substanz von Brot und Wein im Inneren wirksam in Fleisch und Blut Christi verwandelt (*efficaciter interius commutatur*) ...
(zitiert nach: A.M. Ritter/B. Lohse/V. Leppin [Hgg.], Kirchen- und Theologiegeschichte in Quellen. Ein Arbeitsbuch, Band 2: Mittelalter, 5., völlig neu bearbeitete Auflage, Neukirchen-Vluyn 2001, 59f.)

1.2.2 Ratramnus († nach 868), Über Leib und Blut des Herrn/De Corpore et Sanguine Domini

Cap. X ... es ist klar, daß jenes Brot und jener Wein bildlich (*figurate*) Christi Leib und Blut sind. Denn sichtbarlich (*secundum quod videtur*) ist weder in jenem Brot die Fleischesgestalt (*species carnis*) zu erkennen noch in jenem Wein die Feuchte des Blutes aufzuweisen, während man gleichwohl nach der mystischen Weihung nicht länger von Brot und Wein, sondern von Christi Leib und Blut spricht.

Cap. LVII Wie sorgsam und bedacht ist hier (bei Ambrosius) unterschieden. Vom Fleisch Christi, das gekreuzigt und begraben wurde, d.h. nach dem Christus gekreuzigt und begraben worden ist, sagt er (Ambrosius): Es ist daher das wirkliche Fleisch Christi (*vera ... caro Christi*). Von dem aber, was im Sakrament verzehrt wird, sagt er: Es ist also wahrhaft das Sakrament jenes Fleisches (*vere ... carnis illius sacramentum*). So unterscheidet er das Sakrament des Fleisches vom wirklichen Fleisch (*distinguens sacramentum carnis a veritate carnis*), insofern er sagen würde, er (Christus) sei in seinem wirklichen, von der Jungfrau empfangenen Fleisch gekreuzigt und begraben worden; von dem jetzt in der Kirche begangenen Mysterium jenes wahrhaften Fleisches, in dem er gekreuzigt wurde, würde er dagegen sagen, es sei ein Sakrament. [...]
(zitiert nach: A.M. Ritter u.a. [s. 1.2.1], 60f.)

1.2.3 Lanfranc (um 1010 – 1089), Über Leib und Blut des Herrn wider Berengar/De Corpore et Sanguine Domini adversus Berengarium

(Kap. 18) [...] Wir glauben, daß die irdischen Substanzen (*terrenae substantiae*), die auf dem Tisch des Herrn (*in mensa Dominica*) durch priesterlichen Dienst von Gott her (*divinitus*) geheiligt werden, unaussprechlich, unbegreiflich und auf staunenerregende Weise [...] durch Einwirkung einer höheren Macht, in das Wesen des Leibes unseres Herrn verwandelt werden (*ineffabiliter, incomprehensibiliter, mirabiliter, operante superna potentia, converti in essentiam Dominici corporis*), wobei das Aussehen und einige andere Eigenschaften der Dinge bewahrt bleiben (*reservatis ipsarum rerum speciebus et quibusdam aliis qualitatibus*), damit man beim Empfang (von Leib und Blut) nicht durch etwas Rohes und Blutiges abgeschreckt werde und die Gläubigen umso größere Belohnungen (*praemia*) für ihren Glauben empfangen. Gleichwohl befindet sich der Leib des Herrn selbst (zugleich) unsterblich, unversehrt, ungemindert, unbefleckt und unangetastet im Himmel zur Rechten des Vaters [...] Folglich läßt sich mit Recht sagen, daß wir denselben Leib essen, der aus der Jungfrau genommen ist, und doch wiederum nicht denselben. Er ist derselbe hinsichtlich seines Wesens und der Eigentümlichkeit und Kraft seiner wahrhaften Natur; nicht derselbe ist er jedoch hinsichtlich des Aussehens von Brot und Wein und der übrigen oben zusammengefaßten Aspekte [...] An diesem Glauben hat die Kirche von altersher festgehalten und hält sie noch jetzt fest ...
(zitiert nach: A.M. Ritter u.a. [s. 1.2.1], 94f.)

1.2.4 Berengar (um 1000 – 1088), Vom heiligen Mahl gegen Lanfranc/ De Sacra Coena adversus Lanfrancum

Sicher ist [...], daß es nicht weniger tropischer Redeweise verdankt wird, zu sagen: „Das Brot, das auf dem Altar liegt, ist nach der Konsekration Leib und Blut Christi", als wenn man sagt: „Christus ist ein Löwe" (Act 5,5), „Christus ist ein Lamm" (Joh 1,36) oder „Christus ist der Schlußstein" (Eph 2,20) ... Wenn der Herr von dem Brot, dem er zuerst das Vorrecht zuerkannte, sein Leib zu sein, sagt: „Dies", d.h. diese Sache, dieses Brot „ist mein Leib" (Mt 26,26), dann bediente er sich uneigentlicher Redeweise (*non est locutus proprie*) [...]
Durch die Weihung auf dem Altar (*Per consecrationem altaris*) werden Brot und Wein zu Sakramenten des Glaubens (*sacramenta religionis*), nicht um ihr altes Wesen aufzugeben, sondern um es beizubehalten (*non ut desinant esse, quae erant, sed ut sint, quae erant*) und in etwas anderes verwandelt zu werden (*et in aliud commutentur*). – Niemand soll nämlich annehmen, ... ich leugnete, daß durch die Weihung auf dem Altar aus dem Brot der Leib Christi entstehe. Es entsteht offensichtlich (*plane*) aus dem Brot der Leib Christi; allerdings ist er selbst das Brot, und zwar ohne daß dabei das der Aussage Zugrundeliegende zerstört würde (*sed ipse panis non secundum corruptionem subiecti*). Das Brot, so wiederhole ich, welches beginnen kann zu sein, was es zuvor nicht war, wird zum Leib Christi, aber nicht durch *Zeugung* seines Leibes (*panis ... fit corpus Christi, sed non generatione ipsius corporis*) [...] es wird (vielmehr), sage ich, Brot, das vor der Konsekration niemals existiert hat, aus Brot, d.h. aus dem, das zuvor etwas (ganz) Gewöhnliches (*commune quiddam*) war, zum seligmachenden Leib Christi (*fit ... panis ... de pane ... beatificum corpus Christi*). Dabei hört das Brot nicht auf, Brot zu sein, indem es zerstört wird, ebenso wenig wie der Leib Christi nicht jetzt zu sein beginnt, indem er sich selbst erzeugt (*per generationem sui*) [...]
(*zitiert nach: A.M. Ritter u.a. [s. 1.2.1], 95f.*)

1.3 Reformationszeit

1.3.1 Martin Luther (1483 – 1546), Über die babylonische Gefangenschaft der Kirche/De Captivitate Babylonicae Ecclesiae

[...] weil die Evangelisten klar schreiben, daß Christus das Brot genommen und gesegnet habe, und weil die Apostelgeschichte und der Apostel Paulus es auch nachher Brot nennen, so muß man das vom wahren Brot verstehen und vom wahren Wein und vom wahren Kelch. Denn auch sie behaupten nicht, daß sich der Kelch verwandle. Eine Transsubstantiation also, die durch eine göttliche Macht geschähe, vorauszusetzen, ist nicht nötig; man muß sie vielmehr für ein erdichtetes Menschengebilde ansehen, weil sie sich weder auf die Schrift, noch auf einen vernünftigen Grund stützt, wie wir sehen werden.

Die Kirche hat mehr als zwölfhundert Jahre recht geglaubt, nie und nirgends haben die heiligen Väter die Transsubstantiation (was schon ein recht ungeheuerliches Wort ist und erträumt) erwähnt, bis die sogenannte Philosophie des Aristoteles in diesen letzten dreihundert Jahren in der Kirche überhandgenommen hat.

Warum kann Christus seinen Leib nicht in der Substanz des Brotes erhalten, ebenso wie er ihn (nach der Kirchenlehre) in den Akzidenzien erhält? Siehe, das Eisen und Feuer, zwei Substanzen, werden in einem glühenden Eisen so vermischt, daß jeder Teil Eisen und Feuer (zugleich) ist. Warum kann nicht der verklärte Leib Christi viel eher ebenso in allen Teilen der Substanz des Brotes sein?

Was sollen wir hierzu sagen, wenn wir den Aristoteles und menschliche Lehren zu Richtern über so hohe und göttliche Dinge machen? Warum verwerfen wir nicht solchen Vorwitz und bleiben schlicht bei den Worten Christi und sind bereit, nicht zu wissen, was da geschehe, und sind zufrieden damit, daß kraft der Worte der Leib Christi da ist? Ist es denn nötig, daß wir die Art und Weise des göttlichen Handelns gänzlich begreifen?

Daß wir aber nicht zu sehr ins Philosophieren kommen: scheint nicht Christus diesem Vorwitz fein entgegenzutreten, wenn er vom Wein nicht gesagt hat: *„Das* ist mein Blut", sondern *„Dieser* ist mein Blut" (Matth. 26, 28)? Und noch viel klarer (wird es dadurch), daß er das Wort „Kelch" mit hinzunimmt und sagt: „Dies ist der Kelch des neuen Testaments in meinem Blut" (I. Kor. 11, 25). Sieht man denn nicht, daß er uns im schlichten Glauben behalten wollte, und daß wir lediglich glaubten, sein Blut sei in dem Kelch? Fürwahr, wenn ich nicht begreifen kann, auf welche Weise das Brot der Leib Christi sein kann, will ich doch meinen Verstand gefangennehmen unter den Gehorsam Christi und schlicht bei seinen Worten bleiben, und glaube fest nicht allein, daß der Leib Christi in dem Brot ist, sondern das Brot der Leib Christi ist. Denn zu dieser Auffassung bringen mich die Worte, wo er sagt: „Er nahm das Brot, dankte, brachs und sprach: Nehmet, esset, das (das heißt: das Brot, das er genommen und gebrochen) ist mein Leib" (V. 23 f.). Und Paulus spricht: „Das Brot, das wir brechen, ist das nicht die Gemeinschaft des Leibes Christi?" (1. Kor. 10, 16) Er sagt nicht: in dem Brot ist, sondern: das Brot selbst ist die Gemeinschaft des Leibes Christi. Was liegt daran, ob die Philosophie das nicht versteht? Der heilige Geist ist mehr als Aristoteles. Versteht sie denn überhaupt etwas von der Transsubstantiation dieser Dinge, da sie doch selber zugesteht, daß hier die ganze Philosophie zusammenstürzt?

Und wie es sich mit Christus verhält, so verhält es sich auch mit dem Sakrament. Denn es ist nicht nötig, daß die menschliche Natur verwandelt werden muß, wenn die Gottheit in der Menschheit leiblich wohnen soll – als ob die Gottheit an die Akzidenzien der menschlichen Natur gebunden wäre. Sondern beide Naturen bleiben zugleich unversehrt bestehen, und so wird mit Recht gesagt: Dieser Mensch ist Gott, dieser Gott ist Mensch. Und wenn die Philosophie das schon nicht versteht, so versteht es doch der Glaube. Gottes Wort hat eine größere Vollmacht, als unser Verstand es fassen kann! In dem Sakrament ist also der wahre Leib und das wahre Blut. Es ist nicht nötig, daß sich das Brot oder der Wein in eine andere Substanz verwandele, so daß Christus unter den Akzidenzien eingeschlossen sei. Sondern beides bleibt zugleich bestehen, wie es in Wahrheit heißt: „Dieses Brot ist mein Leib; dieser Wein ist mein Blut" und umgekehrt. So will ich es einstweilen zur Ehre der heiligen Worte Gottes verstehen. Ich will nicht dulden, daß ihnen durch menschliche Spitzfindigkeiten Gewalt geschieht und sie umgedeutet werden. Jedoch lasse ich es anderen zu, eine abweichende Meinung zu haben. Sie sollen uns nur nicht zwingen, daß wir ihre Meinung (wie oben gesagt) wie Glaubensartikel annehmen [...]

(zitiert nach: K. Aland, Luther Deutsch. Die Werke Martin Luthers in neuer Auswahl für die Gegenwart, Band 2, Stuttgart ²1981, 181-183)

1.3.2 Martin Luther, Vom Abendmahl Christi, Bekenntnis

Weil denn hie durch noch keine deuteley beweiset / noch vnser verstand damit vmbgestossen / fragen wir nu weiter / ob Christus habe vns liegen [lügen] heissen / da er befilhet vnd vns heist diese thetel wort sprechen / Nemet / Esset / das ist mein leib / weil sie allzu mal ynn seiner person vnd als seine eigene wort gesprochen werden? Heist er vns liegen [lügen] / so sehe er zu / Heist er vns aber war reden / so mus freylich sein leib da sein ym abendmal aus krafft / nicht vnsers sprechens / sondern seines befelhs / heissens vnd wirckens / Vnd also haben wir denn nicht allein das erst einig abendmal [das erste Abendmahl allein] / sondern alle andere / so gehalten werden nach befehl vnd einsetzunge des Herrn Christi.

Wenn sie nu fragen / Wo ist die krafft / die Christus leib ym abendmal mache / wenn wir sagen / das ist mein leib? Antwort ich / Wo ist die krafft / das ein berg sich hebe vnd yns meer werffe / wenn wir sagen / Heb dich vnd wirff dich yns meer? freylich ist sie nicht ynn vnserm sprechen / sondern ynn Gottes heissen / der sein heissen an vnser sprechen verbindet. Item / Wo ist die krafft / das wasser aus dem fels gehet / weil Moses nichts dazu thut / denn schlegt drauff? Solt schlahen gnug sein / so wolten wir auch wol alle steine zu wasser machen / Aber dort ist Gottes heissen / vnd Mose hat nichts denn mag das thetel wort sprechen / Ich schlahe den fels / welchs ich auch wol sprechen ku(e)nd / vnd folget dennoch kein wasser / denn das heisselwort ist bey Mose vnd nicht bey mir / Also hie auch wenn ich gleich vber alle brod spreche / das ist Christus leib / wu(e)rde freylich nichts draus folgen / Aber wenn wir seiner einsetzunge vnd heissen nach ym abendmal sagen / das ist mein leib / So ists sein leib / nicht vnsers sprechens odder thettel worts halben / sondern seines heissens halben / das er vns also zu sprechen vnd zu thun geheissen hat / vnd sein heissen vnd thun an vnser sprechen gebunden hat. [...] (54)

Der blinde tolle geist / weis nicht / das meritum [Verdienst] Christi vnd distributio meriti [Austeilung seines Verdienstes] zwey ding sind / Vnd mengets ynn einander / wie ein vnfletige saw. Christus hat ein mal der sunden vergebung am creutz verdienet / vnd vns erworben / Aber die selbigen teylet er aus / wo er ist / alle stunde vnd an allen o(e)rten / Wie Lucas schreibt vlt(imo) Also stehets geschrieben / das Christus muste leiden vnd am dritten tage aufferstehen „Da stehet sein verdienst" vnd ynn seinem namen predigen lassen busse vnd vergebung der sunden „da gehet seines verdiensts austeilung" Darumb sagen wir / ym abendmal sey vergebung der sunden / nicht des essens halben / odder das Christus daselbs der sunden vergebunge verdiene odder erwerbe / sondern des worts halben / dadurch er solche erworbene vergebung vnter vns austeilet vnd spricht / das ist mein leib / der fur euch gegeben wird / Hie ho(e)restu / das wir den leib als fur vns gegeben / essen / vnd solchs ho(e)ren vnd gleuben ym essen / drumb wird vergebunge der sunden da ausgeteilet die am creutz doch erlangt ist. [...] (62)

Denn Christus leiden ist wol nu(e)r ein mal am creutz geschehen / Aber wem were das nu(e)tz / wo es nicht ausgeteilet / angelegt [angewendet] / vnd ynn

brauch bracht wurde? Wie sols aber ynn brauch komen vnd aus geteilet werden / on [außer] durchs wort vnd sacrament? […] (63f.)
Darumb ists aller ding recht gered / das so man auffs brod zeigt vnd spricht / Das ist Christus leib / Vnd wer das brod sihet / der sihet den leib Christi […] Also fort an ists recht gered / Wer dis brod angreiffet / der greiffet Christus leib an / Vnd wer dis brod isset / der isset Christus leib / wer dis brot mit zenen odder zungen zu dru(e)ckt / der zu dru(e)ckt mit zenen odder zungen den leib Christi / Vnd bleibt doch allwege war / das niemand Christus leib sihet / greifft / isset / odder zubeisset / wie man sichtbarlich ander fleisch sihet vnd zubeisset / Denn was man dem brod thut / wird recht vnd wol dem leibe Christi zu geeignet vmb der sacramentlichen einickeit willen. […] (183)
Weil denn nu solche weise zu reden beyde ynn der schrifft vnd allen sprachen / gemein ist / so hindert vns ym abendmal die predicatio identica nichts / Es ist auch keine da / sondern es trewmet dem Vigleph vnd den sophisten also / denn ob gleich leib vnd brod zwo vnterschiedliche naturn sind / ein igliche fur sich selbs / vnd wo sie von einander gescheiden sind / freylich keine die ander ist / Doch wo sie zu samen komen / vnd ein new gantz wesen werden / da verlieren sie yhren vnterscheid / so fern solch new einig wesen betrifft / vnd wie sie ein ding werden vnd sind / also heisst vnd spricht man sie denn auch fur ein ding / das nicht von no(e)ten ist / der zweyer eins vntergehen vnd zu nicht werden / sondern beide brod vnd leib bleibe / vnd vmb der sacramentlichen einickeit willen / recht gered wird / Das ist mein leib / mit dem wo(e)rtlin „Das" auffs brod zu deuten / Denn es ist nu nicht mehr schlecht [gewöhnliches] brod ym backofen / sondern fleischsbrod odder leibs brod / das ist / ein brod so mit dem leibe Christi / ein sacramentlich wesen vnd ein ding worden ist / Also auch vom wein ym becher / Das ist mein blut / mit dem wo(e)rtlin „Das" auff den wein gedeutet / Denn es ist nu nicht mehr schlechter wein ym keller / sondern Blutswein / das ist ein wein / der mit dem blut Christi ynn ein sacramentlich wesen komen ist […] (186)
Es bleybe wein da odder nicht / Mir ist gnug / das Christus blut da sey / Es gehe dem wein / wie Got wil. Vnd ehe ich mit den schwermern wolt eytel wein haben / so wolt ich ehe mit dem Bapst eytel blut halten. Weiter hab ich droben gesagt / wenn der wein Christus blut worden ist / so ists nicht mehr schlechter wein / sondern bluts wein […] (201)
Denn Christen sollen das newe testament an yhm selbs / on figur odder zeichen haben. Verborgen mu(e)gen sie es wol haben vnter frembder gestalt / Aber warhafftig vnd gegenwertig mu(e)ssen sie es haben. Ist nu das newe testament ym abendmal / so mus vergebung der sunden / geist / gnade / leben vnd alle seligkeit drynnen sein / Vnd solchs alles ist yns wort gefasset / Denn

wer wolt wissen / was ym abendmal were / wo es die wort nicht verku(e)ndigten? Darumb sihe / welch ein scho(e)n / gros / wunderlich ding es ist / wie es alles ynn einander henget vnd ein sacramentlich wesen ist. Die wort sind das erste / Denn on die wort / were der becher vnd brod nichts / Weiter / on brod vnd becher / were der leib vnd blut Christi nicht da / On leib vnd blut Christi / were das newe testament nicht da / On das newe testament / were vergebung der sunden nicht da / On vergebung der sunden / were das leben vnd seligkeit nicht da / So fassen die wort erstlich / das brod vnd den becher zum sacrament / Brod vnd becher fassen den leib vnd blut Christi / Leib vnd blut Christi / fassen das newe testament / Das newe testament / fasset vergebung der sunden / Vergebung der sunden / fasset das ewige leben vnd seligkeit. Sihe / das alles reichen vnd geben vns die wort des abendmals / vnd wir fassens mit dem glauben. Solte nu der teuffel nicht solchem abendmal feind sein / vnd schwermer da widder auff wecken? [...] (222)

Eben so rede ich auch vnd bekenne das sacrament des altars / das daselbst warhafftig der leib vnd blut ym brod vnd wein werde mu(e)ndlich geessen vnd getruncken / ob gleich die priester so es reichen / odder die so es empfangen / nicht gleubeten odder sonst misbrauchten / Denn es stehet nicht auff menschen glauben odder vnglauben / sondern auff Gotts wort vnd ordnung / Es were denn das sie zuuor Gottes wort vnd ordnung endern vnd anders deuten / wie die itzigen Sacraments feynde thun / welche freylich eytel [nur] Brod vnd wein haben / denn sie haben auch die wort vnd eingesetzte ordnung Gottes nicht / sondern die selbigen nach yhrem eigen dunckel verkeret vnd verendert. (252)

(zitiert nach: H.-U. Delius, [Hg.], Martin Luther Studienausgabe, Band 4, Berlin 1986)

1.3.3 Martin Luther, Der Große Katechismus

Von dem Sakrament des Altars

[...] Was ist nu das Sakrament des Altars? Antwort: Es ist der wahre Leib und Blut des HERRN Christi, in und unter dem Brot und Wein durch Christus' Wort uns Christen befohlen zu essen und zu trinken. Und wie von der Taufe gesagt, daß nicht schlecht [einfaches] Wasser ist, so sagen wir hie auch, das Sakrament ist Brot und Wein, aber nicht schlecht [einfaches] Brot und Wein, so man sonst zu Tisch trägt, sondern Brot und Wein, in Gottes Wort gefasset und daran gebunden. Das Wort (sage ich) ist das, das dies Sakrament machet und unterscheidet, daß es nicht lauter [einfaches] Brot und Wein, sondern

Christus' Leib und Blut ist und heißet. Denn es heißet: „Accedat verbum ad elementum et fit sacramentum", „Wenn das Wort zum äußerlichen Ding kommpt, so wird's ein Sakrament." Dieser Spruch S. Augustin ist so eigentlich [zutreffend] und wohl geredt, daß er kaum ein bessern gesagt hat.
(zitiert nach: Die Bekenntnisschriften der Evangelisch-Lutherischen Kirche, Band 2, hg. vom Deutschen Evangelischen Kirchenausschuss, Göttingen [10]1986)

1.3.4 Huldrych Zwingli (1484 – 1531), Kommentar über die wahre und falsche Religion

[18.] Das Abendmahl
[...] „Eucharistie" nannten die Griechen das Abendmahl, die immer, wie ihr Schrifttum sonnenklar bezeugt, gottesfürchtiger und gelehrter waren als die Lateiner [...] Ohne Zweifel nannten sie das so, weil ihnen durch den Glauben und durch die Kraft der Worte Christi und des Apostels Paulus klar wurde: Christus wollte, daß man mit diesem Abendmahl erstens sein frohes Gedächtnis feiere und daß man ihm damit zweitens öffentlich den Dank für die Wohltat abstatte, die er uns gnädig erwiesen hat. Denn Eucharistie heißt Danksagung. Durch die Teilnahme an dieser öffentlichen Danksagung sollten wir der ganzen Kirche bezeugen, daß wir zu der Zahl derjenigen gehören, die an Christus glauben, der sich für uns preisgab; aus dieser Zahl sich entfernen, sich ihr entziehen oder entfremden, sei es durch Abfall oder durch unreines Leben, wäre der Gipfel des Unglaubens. Deshalb wird das Abendmahl bei Paulus im 1. Korintherbrief 10,16 auch „Vereinigung" oder „Gemeinschaft" genannt. Deshalb auch der Ausschluß aus der Kirche, wenn nämlich jemandem wegen seines schändlichen Wandels der Zugang zu dieser Gemeinschaft der Gläubigen versagt wurde. Wir verstehen also jetzt aus dem Namen selbst, was die Eucharistie, das heißt das Abendmahl, ist. Es ist eine Danksagung und gemeinsame Freudenkundgebung derer, die den Tod Christi verkündigen [...], das heißt, den Tod Christi ausrufen, loben, bekennen und einmütig preisen (255f.)
(zitiert nach: Huldrych Zwingli, Schriften. Im Auftrag des Zwinglivereins hg. von T. Brunnschweiler und S. Lutz, Band III, Zürich 1995)

1.3.5 Huldrych Zwingli, Antwort auf die Predigt Luthers gegen die Schwärmer Religion

Ich will möglichst klar und ohne Bosheit oder Zorn den Beweis erbringen, daß der allmächtige Gott in der Sakramentslehre Martin Luthers das rechte Verständnis vom Geheimnis des Sakraments nicht geoffenbart hat [...]
Zu glauben, daß im Sakrament Fleisch und Blut gegessen werden, macht nicht selig. Gottes Verheißung lautet anders. Die Aussage Christi, Johannes 6,54: „Wer mein Fleisch ißt und mein Blut trinkt" bezieht sich nicht auf das leibliche Essen, wie die Vertreter der lutherischen Abendmahlslehre behaupten, sondern meint das Vertrauen auf Gottes Sohn, der sein Leben zu unserer Rettung hingegeben hat. Das wissen alle Gläubigen. (8f.)
Wir erklären: Die Worte „Das ist mein Leib, der für euch hingegeben wird" können nicht verstanden werden, wenn man sie nicht als ‚Tropus', d.h. als bildliche Ausdrucksweise auffaßt und damit die Bedeutung der Worte berücksichtigt [...] Denn Christus sagt, es sei sein Leib, der für uns hingegeben wird. Für uns gestorben ist kein unsichtbarer, sinnlich nicht wahrnehmbarer Leib, sondern der sichtbare und mit den Sinnen wahrnehmbare Leib Christi. Wäre das aber die Meinung des Satzes, müssten wir den Leib also auch als solchen essen. [...]
Willst du das Wort ‚ist' in seiner Bedeutung erklären, so hast du dazu unzählige Beispiele in der Bibel, wo ‚ist' [...] anders als wörtlich zu verstehen ist. 1. Mose 41,26-27: „Die sieben fetten Kühe sind sieben fruchtbare Jahre, die sieben leeren Ähren sind die sieben Hungerjahre." Hier steht beide Male, wie vielerorts auch, ‚ist' für ‚bedeutet'.
Christus spricht Matthäus 11,14: „Er ist Elia", meint aber Johannes. Nun war Johannes nicht Elia, er war ihm aber gleich [...]
„Das Brot und das Fest ist mein Leib", will sagen: bedeutet meinen Leib, bildet meinen Leib ab, der für euch hingegeben wird. Wir fügen als erhärtendes Zeugnis Apostelgeschichte 2,42 an, wo steht: „Sie hingen fest an der Lehre der Apostel, an der Gemeinschaft und am Brotbrechen." Das Brotbrechen war das gebräuchlichste Zeichen der Lob- und Danksagung der Gemeinde, von den Aposteln ausschließlich als Zeichen verstanden und deshalb auch kurz ‚Brotbrechen' genannt. Gleiches läßt sich auch bei Paulus im 1. Korintherbrief 10,16-17 beobachten, wo er das Brotbrechen lediglich ‚Brot' nennt und später in Kapitel 11,23-29 das Ganze auch darauf bezieht.
Alle diese Bibelstellen machen uns klar und verständlich, daß der Herr Christus Jesus in der Nacht, als er dahingegeben wurde, Brot genommen und damit das Gedenken seines heilbringenden Todes eingesetzt hat, den er am

darauffolgenden Tag erleiden würde. Er setzte dieses Gedenken an die Stelle des alten Gedenkens ans Passah und an die Herausführung aus Ägypten und erklärte: „'Nehmet, eßt'! Das gemeinsame Brechen des Brotes, beziehungsweise das Fest ist ein Sinnbild für meinen Leib, der für euch in den Tod gegeben werden wird." In gleicher Weise ist das Trinken zu verstehen. Das geben uns die Worte des Apostels Paulus zu erkennen. Das Abendmahl ist das dem Herrn öffentlich dargebrachte Lob und die Danksagung dafür, daß sein einziger Sohn für uns den Tod erlitten hat. Wer an diese Danksagung kommt, bezeugt mit seinem Erscheinen, daß er auf den Herrn Jesus Christus vertraut und daran glaubt, daß er durch dessen Tod mit Gott versöhnt ist. Als Konsequenz daraus folgt er Christus in entsprechender Lebensführung nach mit allem, was dies an Taten und an Leiden um Gottes und seiner Mitmenschen willen bedeutet. Tut er dies nicht, so wird er schuldig am Leib und Blut Christi, und zwar nicht an dem, was er gegessen hat, sondern an dem Blut, von dem er eben noch gläubig bezeugt hat, daß es für ihn vergossen worden ist, und daß er damit dem Tod und der Hölle entronnen sei – das verleugnet er mit seiner unchristlichen Lebensweise.

Jawohl, das ist mit kurzen und einfachen Worten gesagt, unsere Abendmahlslehre. Ich habe sie nicht selber erfunden, sondern der Schrift entnommen und habe in höchstem Maße Übereinstimmung festgestellt mit dem Glauben und wie dieser zu verstehen ist. (11-14)
(zitiert nach: Zwingli, Schriften [s. 1.3.4], Band IV, Zürich 1995)

1.3.6 Augsburgisches Bekenntnis/Confessio Augustana von 1530

X. Vom heiligen Abendmahl
Von dem Abendmahl des Herren wird also gelehrt, daß wahrer Leib und Blut Christi wahrhaftiglich unter der Gestalt des Brots und Weins im Abendmahl gegenwärtig sei und da ausgeteilt und genommen werde. Derhalben wird auch die Gegenlehr verworfen.
(zitiert nach: BSLK [s. 1.3.3], Band 1)

1.3.7 Johannes Calvin (1509 – 1564), Unterricht in der christlichen Religion/Institutio Christianae Religionis

Siebzehntes Kapitel: Vom Heiligen Abendmahl des Herrn – und was es uns bringt.
[...] Zunächst: die Zeichen (bei diesem Sakrament) sind Brot und Wein: sie stellen uns die unsichtbare Speise dar, die wir aus Christi Fleisch und Blut empfangen. Denn wie uns Gott in der Taufe die Wiedergeburt schenkt, in die Gemeinschaft seiner Kinder einfügt und durch Aufnahme in die Kindschaft zu den Seinen macht, so erfüllt er, wie gesagt, das Amt eines fürsorglichen Hausvaters darin, daß er uns fort und fort Speise gewährt, um uns damit in dem Leben zu erhalten und zu bewahren, zu dem er uns durch sein Wort gezeugt hat.
Und dann: die einige Speise unserer Seele ist Christus, und deshalb lädt uns der himmlische Vater zu ihm ein, damit wir, indem wir seiner teilhaftig werden, Erquickung empfangen und dadurch immer wieder neue Kraft sammeln, bis wir zur himmlischen Unsterblichkeit gelangt sind.
Dies Geheimnis der verborgenen Einung Christi mit den Frommen aber ist seiner Natur nach unbegreiflich; daher läßt er eine Vergegenwärtigung oder ein Bild solchen Geheimnisses in sichtbaren Zeichen kundwerden, die unserem geringen Maß auf das beste angepaßt sind, ja, er gibt uns gleichsam Pfänder und Merkzeichen und macht es uns damit zur Gewißheit, wie wenn wir es mit Augen sähen. Denn es ist ein vertrautes Gleichnis, das auch bis in den unkundigsten Verstand dringt: unsere Seelen werden genau so mit Christus gespeist, wie Brot und Wein das leibliche Leben erhalten. Damit wird uns also schon deutlich, welchem Zweck diese verborgene Segnung (mystica benedictio) dient: sie soll uns die Gewißheit verschaffen, daß der Leib des Herrn dergestalt einmal für uns geopfert worden ist, daß wir ihn jetzt als Speise genießen und über solchem Genießen die Wirkkraft dieses einigen Opfers an uns erfahren, – und daß sein Blut dergestalt einmal für uns vergossen ist, daß es uns zu einem Trank wird für immerdar [...] (940)
Wenn uns also das Brot als Merkzeichen des Leibes Christi gereicht wird, so müssen wir dabei sofort das Gleichnis ins Herz fassen: wie solch Brot das Leben unseres Leibes nährt, erhält und bewahrt, so ist der Leib Christi die einige Speise, um unsere Seele zu nähren und lebendig zu machen. Sehen wir, wie der Wein als Merkzeichen des Blutes Christi vor uns hingestellt wird, so sollen wir bedenken, welcherlei Nutzen der Wein unserem Leibe bringt, um dann zu erwägen, daß uns der gleiche Nutzen geistlich durch Christi Blut zukommt; diese Wirkung besteht aber eben darin, daß wir dadurch genährt, erquickt,

gestärkt und froh gemacht werden. Wenn wir nämlich genugsam überdenken, was uns die Hingabe dieses heiligen Leibes und das Vergießen dieses Blutes eingetragen hat, so werden wir deutlich wahrnehmen, daß nach jenem Entsprechungsverhältnis diese Eigenschaften des Brotes und des Weines in ihrer Wirkung an uns aufs beste zu Christi Leib und Blut passen, wenn sie uns zuteil gegeben werden. (942)

[...] obwohl er [Christus] sein Fleisch von uns weggenommen hat und mit seinem Leibe gen Himmel gefahren ist, sitzt er nun doch zur Rechten des Vaters [...] Christus läßt seine Kraft, wo es ihm gefällt, im Himmel und auf Erden wirken, er macht sich in Gewalt und Kraft als der Gegenwärtige kund, er steht den Seinen immerfort zur Seite, haucht ihnen sein Leben ein, lebt in ihnen, stützt sie, stärkt sie, belebt sie und erhält sie unversehrt, nicht anders, als wenn er mit seinem Leibe gegenwärtig wäre, er speist sie endlich mit seinem eigenen Leibe, dessen Gemeinschaft er durch die Kraft seines Geistes auf sie übergehen läßt. In diesem Sinne wird uns im Sakrament Leib und Blut Christi dargereicht.

Wir müssen dagegen eine solche Gegenwart Christi im Abendmahl feststellen, die ihn weder an das Element des Brotes bindet noch in das Brot einschließt, noch ihn (auf Erden) auf irgendeine Weise räumlich eingrenzt – denn es liegt auf der Hand, daß all dies seiner himmlischen Herrlichkeit Abbruch tut. Die Gegenwart Christi im Abendmahl dürfen wir uns ferner nicht so vorstellen, daß sie ihm seine Größe wegnimmt oder ihn an vielen Orten zugleich sein läßt oder ihm eine unermessliche Weite andichtet, die sich über Himmel und Erde verstreut – denn dies steht im klaren Gegensatz zu der Echtheit seiner menschlichen Natur. Es bestehen hier also zwei einschränkende Forderungen [...] Einerseits darf der himmlischen Herrlichkeit Christi kein Eintrag getan werden, wie es geschieht, wenn man ihn wieder unter die vergänglichen Elemente dieser Welt bringt oder ihn an irgendwelche irdischen Kreaturen bindet. Andererseits darf seinem Leibe nichts angedichtet werden, was der menschlichen Natur nicht entspricht: das geschieht, wenn man behauptet, er sei unbegrenzt, oder wenn man ihn an vielen Orten zugleich sein läßt. (955)
(zitiert nach der letzten Ausgabe, übersetzt und bearbeitet von O. Weber, Neukirchen 1955)

1.3.8 Konkordienformel/Formula Concordiae von 1577, Epitome

VII. Vom heiligen Abendmahl Christi.
[...] Affirmativa.
Bekenntnus reiner Lehre vom heiligen Abendmahl wider die Sakramentierer.
1. Wir glauben, lehren und bekennen, daß im heiligen Abendmahl der Leib und Blut Christi wahrhaftig und wesentlich gegenwärtig sei, mit Brot und Wein wahrhaftig ausgeteilet und empfangen werde.
2. Wir glauben, lehren und bekennen, daß die Wort des Testaments Christi nicht anders zu verstehen sein, dann wie sie nach dem Buchstaben lauten, also daß nicht das Brot den abwesenden Leib, und der Wein das abwesend Blut Christi bedeute, sondern daß es wahrhaftig umb sakramentlicher Einigkeit willen der Leib und Blut Christi warhaftig sei.
3. Was dann die Konsekration belanget, glauben, lehren und bekennen wir, daß sollche Gegenwärtigkeit des Leibs und Bluts Christi im H. Abendmahl nicht schaffe einiches Menschen Werk, oder Sprechen des Dieners, sunder daß sollche einig und allein der allmächtigen Kraft unsers Herrn Jesu Christi zugeschrieben werden soll.
4. Darneben aber glauben, lehren und halten wir auch einhellig, daß im Gebrauch des H. Abendmahls die Wort der Einsatzung Christi keinesweges ‚zu' unterlassen, sunder öffentlich gesprochen werden sollen, wie geschrieben stehet: „Der gesegnete Kelch, den wir segnen," etc. 1. Cor. 11. Wölchs Segnen durch das Sprechen der Wort Christi geschicht.
(zitiert nach: BSLK [s. 1.3.3], Band 2)

1.3.9 Konzil von Trient: 13. Sitzung, 11. Oktober 1551: Dekret über das Sakrament der Eucharistie

Kap. 1. Die wirkliche Gegenwart unseres Herrn Jesus Christus im heiligsten Sakrament der Eucharistie
[1636] Zu Beginn lehrt das heilige Konzil und bekennt offen und ehrlich, daß im segensreichen Sakrament der heiligen Eucharistie nach der Konsekration von Brot und Wein unser Herr Jesus Christus als wahrer Gott und Mensch wahrhaft, wirklich und substanzhaft [*Kan. 1*] unter der Gestalt jener sinnenfälligen Dinge enthalten ist. Es widerstreitet sich nämlich nicht, daß eben unser Erlöser entsprechend der natürlichen Daseinsweise immer zur Rechten des Vaters in den Himmeln sitzt, und daß er nichtsdestoweniger an vielen anderen Orten in seiner Substanz sakramental gegenwärtig bei uns ist, in einer Daseinsweise, die wir zwar kaum mit Worten ausdrücken können, von der wir

jedoch mit Hilfe der durch den Glauben erleuchteten Überlegung erfassen können und unerschütterlich glauben müssen, daß sie Gott möglich ist [...]
Kap. 2. Die Weise der Einsetzung dieses heiligsten Sakramentes
[1638] [...] Er wollte aber, daß dieses Sakrament genossen werde als geistliche Speise der Seelen [...], mit der die Lebenden durch das Leben desjenigen genährt und gestärkt werden sollen [*Kan. 5*], der gesagt hat: „Wer mich ißt, wird auch selbst leben durch mich" [*Joh 6,57*], und als Gegenmittel, durch das wir von der täglichen Schuld befreit und vor Todsünden bewahrt werden sollen. Außerdem wollte er, daß es ein Unterpfand unserer künftigen Herrlichkeit und immerwährenden Seligkeit sei und insofern ein Zeichen jenes einen Leibes, dessen Haupt er selbst ist [...] und dem wir nach seinem Willen als Glieder durch das engste Band des Glaubens, der Hoffnung und der Liebe verbunden sein sollen, auf daß wir alle dasselbe sagen und unter uns keine Spaltungen seien [...].
Kap. 3. Die Erhabenheit der heiligsten Eucharistie über die anderen Sakramente
[1639] Zwar ist es der heiligsten Eucharistie mit den übrigen Sakramenten gemeinsam, daß sie „ein Zeichen für eine heilige Sache und die sichtbare Gestalt der unsichtbaren Gnade ist" [...]; aber in ihr findet sich jenes Erhabene und Einzigartige, daß die übrigen Sakramente erst dann die Kraft zu heiligen haben, wenn sie einer gebraucht; in der Eucharistie aber ist der Urheber der Heiligkeit selbst vor dem Gebrauch [*Kan. 4*].
[1640] Die Apostel hatten nämlich die Eucharistie noch nicht aus der Hand des Herrn empfangen [...], als er selbst dennoch wahrhaft versicherte, es sei sein Leib, den er darbot; und stets war dieser Glaube in der Kirche Gottes, daß sogleich nach der Konsekration der wahre Leib unseres Herrn und sein wahres Blut unter der Gestalt des Brotes und des Weines zusammen mit seiner Seele und Gottheit da sei: und zwar der Leib unter der Gestalt des Brotes und das Blut unter der Gestalt des Weines kraft der Worte, derselbe Leib aber unter der Gestalt des Weines und das Blut unter der Gestalt des Brotes und die Seele unter beiden kraft jener natürlichen Verknüpfung und Begleitung, durch die die Teile Christi, des Herrn, der schon von den Toten auferstanden ist und nicht mehr sterben wird [...], untereinander verbunden sind, die Gottheit jedoch wegen jener wunderbaren hypostatischen Einung mit seinem Leib und seiner Seele [*Kan. 1 und 3*].
[1641] Deswegen ist es ganz wahr, daß ebensoviel unter einer der beiden Gestalten wie unter beiden enthalten ist. Ganz und unversehrt ist nämlich Christus unter der Gestalt des Brotes und unter jedwedem Teil ebendieser Gestalt, ganz ebenso unter der Gestalt des Weines und unter seinen Teilen [*Kan. 3*].

Kap. 4. Die Wesensverwandlung
[1642] Weil aber Christus, unser Erlöser, sagte, das, was er unter der Gestalt des Brotes darbrachte [...], sei wahrhaft sein Leib, deshalb hat in der Kirche Gottes stets die Überzeugung geherrscht, und dieses heilige Konzil erklärt es jetzt von neuem: durch die Konsekration des Brotes und Weines geschieht eine Verwandlung der ganzen Substanz des Brotes in die Substanz des Leibes Christi, unseres Herrn, und der ganzen Substanz des Weines in die Substanz seines Blutes. Diese Wandlung wurde von der heiligen katholischen Kirche treffend und im eigentlichen Sinne Wesensverwandlung genannt [*Kan. 2*].
(zitiert nach: H. Denzinger/P. Hünermann, Kompendium der Glaubensbekenntnisse und kirchlichen Lehrentscheidungen, Freiburg i.Br. u.a., Nr. 1635-1661, © Verlag Herder GmbH, Freiburg i. Br. ³2009)

1.4 Zur neueren Diskussion

1.4.1 II. Vatikanisches Konzil: 3. öffentliche Sitzung, 4. Dezember 1963: Konstitution über die heilige Liturgie „Sacrosanctum Concilium"

Zweites Kapitel: Das heilige Geheimnis der Eucharistie
[4047] Unser Erlöser hat beim letzten Abendmahl in der Nacht, in der er verraten wurde, das eucharistische Opfer seines Leibes und Blutes eingesetzt, um damit das Opfer des Kreuzes durch die Zeiten hindurch bis zu seiner Wiederkunft fortdauern zu lassen und so der Kirche, der geliebten Braut, das Gedächtnis seines Todes und seiner Auferstehung anzuvertrauen: als Sakrament des Erbarmens und Zeichen der Einheit, als Band der Liebe [...] und österliches Mahl, in dem Christus genossen, das Herz mit Gnade erfüllt und uns das Unterpfand der künftigen Herrlichkeit gegeben wird [...].
(zitiert http://www.vatican.va/archive/hist_councils/ii_vatican_council/documents/vat-ii_const_19631204_sacrosanctum-concilium_ge.html [Jan. 2010])

1.4.2 Bericht der Evangelisch-lutherisch/Römisch-katholischen Studienkommission „Das Evangelium und die Kirche" von 1972 („Malta-Bericht")

B. Interkommunion
68. Die Gemeinschaft in der Eucharistiefeier ist ein wesentliches Zeichen der Kircheneinheit. Darum ist für alle, die nach Einheit der Kirche suchen, das Bemühen um Abendmahlsgemeinschaft zentral.
69. In unserer Zeit stellt sich das Problem der Abendmahlsgemeinschaft bzw. Interkommunion in neuer Weise. Die gegenseitige Anerkennung der Kirchen ist vorangeschritten, und die Kirchen sind sich viel stärker ihrer gemeinsamen Aufgabe der Welt gegenüber bewußt geworden. Mancherorts haben Gläubige unserer Kirchen gemeinsam den Abendmahlstisch besucht und sind der Überzeugung, darin die Gemeinschaft im Herrn wiedergefunden zu haben. Wir sind uns darüber im klaren, daß manchmal unüberlegtes und geistlich unverantwortliches Vorgehen einer endgültigen Lösung im Wege stehen. Die verschiedenen Experimente einer gemeinsamen Feier des Abendmahles sind jedoch auch Zeichen für den Ernst der Frage und drängen nach weiterer theologischer und kirchenrechtlicher Klärung. Die kirchlichen Amtsträger haben dieser Situation gegenüber eine vielfache Verantwortung: sie müssen darauf bedacht sein, daß der Vollzug des Abendmahls nicht vom Bekenntnis zu Christus und seiner eucharistischen Gegenwart und von der Gemeinschaft der Kirche getrennt wird; sie werden jedoch auch darauf achten müssen, dem Wirken des Geistes nicht zu widerstehen, sondern mit helfenden Weisungen der Gemeinde der Gläubigen voranzugehen in der Hoffnung auf die Wiedervereinigung aller getrennten Christen.
70. Es wurde uns deutlich, daß die hier sich stellenden Fragen und sich anbietenden Lösungsversuche noch eingehende Untersuchung verlangen. Dennoch zeichnen sich zumindest Richtungen zur Beantwortung dieser Fragen ab. Es bestand Übereinstimmung darin, dass die gemeinsame Taufe ein wichtiger Ausgangspunkt für die Frage nach eucharistischer Gemeinschaft ist. Sie ist zwar nicht die einzige Voraussetzung voller Abendmahlsgemeinschaft, sollte uns aber dazu zwingen, die Frage zu überprüfen, ob einmal entstandener Ausschluß bestimmter Gemeinschaften getaufter Christen heute noch zu Recht besteht.
71. Obwohl innerhalb der *Katholischen Kirche* in dieser Sache erhebliche Meinungsunterschiede bestehen, weist man *katholischerseits* darauf hin, daß keine exklusive Identität besteht zwischen der einen Kirche Christi und der Römisch-Katholischen Kirche. Diese eine Kirche Christi realisiert sich in analoger Weise

auch in anderen Kirchen. Das bedeutet zugleich, daß die Einheit der Römisch-Katholischen Kirche nicht vollkommen ist, sondern sie der vollkommenen Einheit der Kirche entgegenstrebt. In diesem Sinne leidet auch die Eucharistiefeier in der Katholischen Kirche an Unvollkommenheit. Zum vollkommenen Zeichen der Einheit der Kirche wird sie erst, wenn alle, die durch die Taufe grundsätzlich zum Abendmahl des Herrn geladen sind, wirklich daran teilnehmen können.

72. Lutherischerseits betont man, daß die Abendmahlspraxis der getrennten Kirchen sich daran orientieren muß, was der Dienst der Versöhnung an den Menschen von der Kirche fordert. Denn das Abendmahl ist von dem gekreuzigten und auferstandenen Herrn den Menschen geschenkt, damit sie in seine Gemeinschaft aufgenommen und dadurch gerettet werden. Eine Abendmahlsfeier, an der glaubende Getaufte nicht teilnehmen dürfen, leidet an einem inneren Widerspruch und erfüllt deshalb schon in ihrem Ansatz die ihr vom Herrn gestellte Aufgabe nicht. Denn Abendmahl ist Annahme der Menschen zur Versöhnung durch das Erlösungswerk Jesu Christi.

73. Aus diesen Überlegungen heraus ergeben sich für Lutheraner und Katholiken praktische Konsequenzen. Alle Schritte der Kirchen müssen von dem ernsten Bemühen bestimmt sein, der Einheit der Kirchen näherzukommen [...] Es gilt einen Weg sukzessiver Annäherung zu gehen, auf dem verschiedene Stadien möglich sind. Schon jetzt ist zu befürworten, daß die kirchlichen Autoritäten aufgrund der schon vorhandenen Gemeinsamkeiten in Glauben und Sakrament und als Zeichen und Antizipation der verheißenen und erhofften Einheit gelegentliche Akte der Interkommunion (etwa bei ökumenischen Anlässen, in der Mischehenseelsorge) ermöglichen. Die Unklarheit hinsichtlich einer gemeinsamen Lehre vom Amt bildet noch eine Schwierigkeit für wechselseitige Interkommunionsvereinbarungen. Jedoch darf die Verwirklichung eucharistischer Gemeinschaft nicht ausschließlich von der vollen Anerkennung des kirchlichen Amtes abhängig gemacht werden. (266-268)

(zitiert nach: Dokumente wachsender Übereinstimmung [s. Bibliographie unter G], Band 1, 248-271, © Bonifatius GmbH Druck-Buch-Verlag Paderborn/ Verlag Lembeck, Frankfurt/M.)

1.4.3 Die Konkordie reformatorischer Kirchen in Europa: Leuenberger Konkordie von 1973

II. Das gemeinsame Verständnis des Evangeliums
(15) b) Abendmahl
Im Abendmahl schenkt sich der auferstandene Jesus Christus in seinem für alle dahingegebenen Leib und Blut durch sein verheißendes Wort mit Brot und Wein. Er gewährt uns dadurch Vergebung der Sünden und befreit uns zu einem neuen Leben aus Glauben. Er lässt uns erfahren, dass wir Glieder an seinem Leibe sind. Er stärkt uns zum Dienst an den Menschen.
(16) Wenn wir das Abendmahl feiern, verkündigen wir den Tod Christi, durch den Gott die Welt mit sich selbst versöhnt hat. Wir bekennen die Gegenwart des auferstandenen Herrn unter uns. In der Freude darüber, dass der Herr zu uns gekommen ist, warten wir auf seine Zukunft in Herrlichkeit.
III. Die Übereinstimmung angesichts der Lehrverurteilungen der Reformationszeit
(18) Im Abendmahl schenkt sich der auferstandene Jesus Christus in seinem für alle dahingegebenen Leib und Blut durch sein verheißendes Wort mit Brot und Wein. So gibt er sich selbst vorbehaltlos allen, die Brot und Wein empfangen; der Glaube empfängt das Mahl zum Heil, der Unglaube zum Gericht.
(19) Die Gemeinschaft mit Jesus Christus in seinem Leib und Blut können wir nicht vom Akt des Essens und Trinkens trennen. Ein Interesse an der Art der Gegenwart Christi im Abendmahl, das von dieser Handlung absieht, läuft Gefahr, den Sinn des Abendmahls zu verdunkeln.
(20) Wo solche Übereinstimmung zwischen Kirchen besteht, betreffen die Verwerfungen der reformatorischen Bekenntnisse nicht den Stand der Lehre dieser Kirchen. (726f.)
(zitiert nach: http://www.ekd.de/bekenntnisse/143.html [Jan. 2010] bzw. Dokumente wachsender Übereinstimmung [s. Bibliographie unter G], Band 3, 724-731)

1.4.4 Taufe, Eucharistie und Amt. Konvergenzerklärungen der Kommission für Glauben und Kirchenverfassung des Ökumenischen Rates der Kirchen („Lima-Dokument") 1982

II. Die Bedeutung der Eucharistie

2. Die Eucharistie ist vor allem das Sakrament der Gabe, die Gott uns in Christus durch die Kraft des Heiligen Geistes schenkt. Jeder Christ empfängt diese Gabe des Heils durch die Gemeinschaft am Leib und Blut Christi. Im eucharistischen Mahl, im Essen und Trinken des Brotes und Weines, gewährt Christus Gemeinschaft mit sich selbst. Gott selbst handelt, indem er dem Leib Christi Leben schenkt und jedes Glied erneuert. Gemäß Christi Verheißung empfängt jedes getaufte Glied des Leibes Christi in der Eucharistie die Zusage der Vergebung der Sünden (Mt 26,28) und das Unterpfand des ewigen Lebens (Joh 6,51-58). Obwohl die Eucharistie wesentlich eine einzige in sich geschlossene Handlung ist, soll sie hier unter folgenden Aspekten behandelt werden: Danksagung an den Vater, Gedächtnis Christi, Anrufung des Heiligen Geistes, Gemeinschaft (Communio) der Gläubigen, Mahl des Gottesreiches.

A. *Die Eucharistie als Danksagung an den Vater*

3. Die Eucharistie, die immer beides, Wort und Sakrament, einschließt, ist Verkündigung und Feier der Taten Gottes. Sie ist die große Danksagung an den Vater für alles, was er in Schöpfung, Erlösung und Heiligung vollbracht hat, für alles, was er heute in der Kirche und in der Welt trotz der Sünden der Menschen vollbringt, für alles, was er vollbringen wird, wenn er sein Reich zur Vollendung bringt. So ist die Eucharistie der Lobpreis *(berakah),* durch den die Kirche ihre Dankbarkeit gegenüber Gott für alle seine Wohltaten zum Ausdruck bringt.

4. Die Eucharistie ist das große Lobopfer, durch das die Kirche für die ganze Schöpfung spricht. Denn die Welt, die Gott mit sich versöhnt hat, ist in jeder Eucharistie gegenwärtig: in Brot und Wein, in den Personen der Gläubigen und in den Gebeten, die sie für sich und für alle Menschen darbringen. Christus vereint die Gläubigen mit sich und schließt ihre Gebete in seine eigene Fürsprache ein, so daß die Gläubigen verwandelt und ihre Gebete angenommen werden. Dieses Lobopfer ist nur möglich durch Christus, mit ihm und in ihm. Brot und Wein, Früchte der Erde und menschlicher Arbeit, werden dem Vater im Glauben und in Danksagung dargebracht. So bezeichnet die Eucharistie, was die Welt werden soll: Gabe und Lobpreis für den Schöpfer, eine universale Gemeinschaft im Leibe Christi, ein Reich der Gerechtigkeit, Liebe und des Friedens im Heiligen Geist.

B. Die Eucharistie als *Anamnese oder Gedächtnis (Memorial) Christi*
5. Die Eucharistie ist das Gedächtnis (Memorial) des gekreuzigten und auferstandenen Christus, d. h. das lebendige und wirksame Zeichen seines Opfers, das ein für allemal am Kreuz vollbracht wurde und das weiterhin für alle Menschheit wirksam ist. Der biblische Gedanke des Gedächtnisses, angewandt auf die Eucharistie, bezieht sich auf diese gegenwärtige Wirksamkeit des Werkes Gottes, wenn es von seinem Volk in einer Liturgie gefeiert wird.
6. Christus selbst ist mit allem, was er für uns und für die gesamte Schöpfung vollbracht hat (in seiner Menschwerdung, seiner Erniedrigung, seinem Dienst, seiner Unterweisung, seinem Leiden, seinem Opfer, seiner Auferstehung und Himmelfahrt und indem er den Geist sandte), in dieser „Anamnese" gegenwärtig und schenkt uns Gemeinschaft mit sich. Die Eucharistie ist auch der Vorgeschmack seiner Parusie und des vollendeten Gottesreiches.
7. Die „Anamnese", in der Christus durch die freudige Feier seiner Kirche handelt, ist somit Vergegenwärtigung wie Vorwegnahme. Sie will nicht nur das, was vergangen ist, und dessen Bedeutung ins Gedächtnis rufen. Sie ist die wirksame Verkündigung der Kirche von Gottes großen Taten und Verheißungen.
8. Vergegenwärtigung und Vorwegnahme kommen in Danksagung und Fürbitte zum Ausdruck. Indem sie dankbar Gottes große Taten der Erlösung in Erinnerung ruft, bittet die Kirche ihn, die Früchte dieser Taten jedem Menschen zu schenken. In Danksagung und Fürbitte ist die Kirche mit dem Sohn, ihrem großen Hohenpriester und Fürsprecher, vereinigt (Röm 8,34; Hebr 7,25). Die Eucharistie ist das Sakrament des einzigartigen Opfers Christi, der ewig lebt, um Fürsprache für uns einzulegen. Sie ist das Gedächtnis all dessen, was Gott für das Heil der Welt getan hat. Was nach Gottes Willen in der Menschwerdung, in Leben, Tod, Auferstehung und Himmelfahrt Christi vollbracht wurde, wiederholt er nicht. Diese Ereignisse sind einmalig und können weder wiederholt noch zeitlich ausgedehnt werden. In dem Gedächtnis der Eucharistie jedoch bringt die Kirche ihre Fürbitte in Gemeinschaft mit Christus, unserem großen Hohenpriester, dar.
Kommentar (8)
Im Licht der Bedeutung der Eucharistie als Fürbitte können vielleicht die Verweise auf die Eucharistie als „Sühnopfer" in der katholischen Theologie verstanden werden. Damit ist gemeint, daß es nur eine Sühne gibt, das einmalige Opfer am Kreuz, das in der Eucharistie vergegenwärtigt und in der Fürbitte Christi und der Kirche für die ganze Menschheit vor den Vater gebracht wird. Im Licht der biblischen Vorstellung des Gedächtnisses (Memorial) könnten alle Kirchen die historischen Kontroversen über das „Opfer" neu überdenken

und ihr Verständnis der Gründe vertiefen, warum die jeweils anderen christlichen Traditionen diesen Begriff entweder verwendet oder abgelehnt haben.

9. Die „Anamnese" Christi ist die Grundlage und Quelle allen christlichen Gebets. So verläßt sich unser Gebet auf die unaufhörliche Fürbitte des auferstandenen Herrn und ist mit ihr verbunden. In der Eucharistie schenkt uns Christus die Kraft, mit ihm zu leben, mit ihm zu leiden und durch ihn zu beten als gerechtfertigte Sünder, die freudig und bereitwillig seinen Willen erfüllen.

10. In Christus bringen wir uns selbst dar als ein lebendiges und heiliges Opfer in unserem täglichen Leben (Röm 12,1; 1 Petr 2,5); dieser geistliche Gottesdienst, der Gott gefällt, wird in der Eucharistie genährt, in der wir in Liebe geheiligt und versöhnt werden, um Diener der Versöhnung in der Welt zu sein.

11. Vereint mit unserem Herrn und in Gemeinschaft mit allen Heiligen und Märtyrern werden wir in dem Bund erneuert, der durch das Blut Christi besiegelt worden ist.

12. Da die „Anamnese" Christi den zentralen Inhalt des gepredigten Wortes wie des eucharistischen Mahles ausmacht, stärkt eines das andere. Es gehört zur Feier der Eucharistie, daß sie die Wortverkündigung einschließt.

13. Die Worte und Handlungen Christi bei der Einsetzung der Eucharistie stehen im Mittelpunkt der Feier; das eucharistische Mahl ist das Sakrament des Leibes und Blutes Christi, das Sakrament seiner wirklichen Gegenwart (Realpräsenz). Christus erfüllt sein Versprechen, bis zum Ende der Welt immer bei den Seinen zu sein, in vielfältiger Weise. Doch die Art der Gegenwart Christi in der Eucharistie ist einzigartig. Jesus sagte über dem Brot und dem Wein der Eucharistie: „Dies ist mein Leib ... dies ist mein Blut." Was Christus sprach, ist wahr, und diese Wahrheit wird jedesmal erfüllt, wenn die Eucharistie gefeiert wird. Die Kirche bekennt Christi reale, lebendige und handelnde Gegenwart in der Eucharistie. Obwohl Christi wirkliche Gegenwart in der Eucharistie nicht vom Glauben der einzelnen abhängt, stimmen jedoch alle darin überein, daß Glaube erforderlich ist, um Leib und Blut Christi unterscheiden zu können.

Kommentar (13)

Viele Kirchen glauben, daß durch diese Worte Jesu und durch die Kraft des Heiligen Geistes Brot und Wein der Eucharistie in einer wirklichen, wenngleich geheimnisvollen Weise der Leib und das Blut des auferstandenen Christus werden, d. h. des lebendigen Christus, der in seiner ganzen Fülle gegenwärtig ist. Unter den Zeichen von Brot und Wein ist die tiefste Wirklichkeit das ganze Sein Christi, der zu uns kommt, um uns zu speisen und unser gesamtes Sein zu verwandeln. Einige andere Kirchen bejahen zwar eine wirkliche Gegenwart Christi bei der Eucharistie, doch sie verbinden diese Gegenwart nicht so bestimmt mit den Zeichen von Brot und Wein. Den Kirchen ist die Entscheidung überlassen, ob dieser Unterschied innerhalb der im Text selbst formulierten Konvergenz Raum finden kann.

C. *Die Eucharistie als Anrufung des Geistes*

14. Der Heilige Geist macht im eucharistischen Mahl den gekreuzigten und auferstandenen Christus für uns wahrhaftig gegenwärtig, indem er die Verheißung der Einsetzungsworte erfüllt. Die Gegenwart Christi ist eindeutig das Zentrum der Eucharistie, und die in den Einsetzungsworten enthaltene Verheißung ist daher grundlegend für die Feier. Es ist jedoch der Vater, der der primäre Ursprung und die letztliche Erfüllung des eucharistischen Geschehens ist. Der menschgewordene Sohn Gottes, durch den und in dem es vollbracht wird, ist dessen lebendiges Zentrum. Der Heilige Geist ist die unermeßliche Kraft der Liebe, die dieses Geschehen ermöglicht und es weiterhin wirksam macht. Das Band zwischen der eucharistischen Feier und dem Geheimnis des dreieinigen Gottes enthüllt die Rolle des Heiligen Geistes als die des Einen, der die historischen Worte Jesu gegenwärtig und lebendig werden läßt. Indem die Kirche durch Jesu Verheißung in den Einsetzungsworten dessen versichert wird, daß sie erhört werden wird, bittet die Kirche den Vater um die Gabe des Heiligen Geistes, damit das eucharistische Geschehen Wirklichkeit werden möge: die wirkliche Gegenwart (Realpräsenz) des gekreuzigten und auferstandenen Christus, der sein Leben für die ganze Menschheit gibt.

Kommentar (14)

Damit soll nicht die eucharistische Gegenwart Christi spiritualisiert, sondern die unauflösbare Einheit zwischen dem Sohn und dem Geist bekräftigt werden. Diese Einheit macht deutlich, daß die Eucharistie nicht eine magische, mechanische Handlung ist, sondern ein an den Vater gerichtetes Gebet, das die völlige Abhängigkeit der Kirche von ihm betont. Es besteht eine wesenhafte Verbindung zwischen den Einsetzungsworten, der Verheißung Christi, und der Epiklese, der Anrufung des Heiligen Geistes, in der Liturgie. Die Epiklese steht in bezug auf die Einsetzungsworte in den verschiedenen liturgischen Traditionen an unterschiedlicher Stelle. In den ältesten Liturgien meinte man, der gesamte „Gebetsteil" bewirke die von Christus verheißene Wirklichkeit. Die Anrufung des Heiligen Geistes geschah sowohl für die Gemeinschaft als auch für die Elemente von Brot und Wein. Die Wiedergewinnung eines solchen Verständnisses könnte uns helfen, unsere Schwierigkeiten hinsichtlich eines besonderen Momentes der Konsekrationzu überwinden.

15. Kraft des lebendigen Wortes Christi und durch die Macht des Heiligen Geistes werden Brot und Wein die sakramentalen Zeichen des Leibes und Blutes Christi. Sie bleiben dies für den Zweck der Kommunion.

Kommentar (15)
In der Geschichte der Kirche wurden verschiedene Versuche unternommen, das Geheimnis der wirklichen und einzigartigen Gegenwart Christi in der Eucharistie zu verstehen. Einige begnügen sich damit, diese Gegenwart lediglich zu bejahen, ohne zu versuchen, sie zu erklären. Andere halten es für notwendig, auf einer Wandlung zu bestehen, bewirkt durch den Heiligen Geist und die Worte Christi, die zur Folge hat, daß es nicht mehr gewöhnliches Brot und gewöhnlicher Wein sind, sondern Leib und Blut Christi. Wieder andere haben eine Erklärung der wirklichen Gegenwart entwickelt, die, obwohl sie nicht die Bedeutung des Geheimnisses zu erschöpfen beansprucht, es doch vor entstellenden Interpretationen zu schützen sucht.
16. Die ganze Handlung der Eucharistie hat einen „epikletischen" Charakter, weil sie vom Wirken des Heiligen Geistes abhängt. Dieser Aspekt der Eucharistie findet in den Worten der Liturgie unterschiedlichen Ausdruck.
17. Die Kirche, als die Gemeinschaft des Neuen Bundes, ruft zuversichtlich den Heiligen Geist an, damit sie geheiligt und erneuert, in alle Gerechtigkeit, Wahrheit und Einheit geführt und befähigt werde, ihre Sendung in der Welt zu erfüllen.
18. Der Heilige Geist gibt uns durch die Eucharistie einen Vorgeschmack des Reiches Gottes: Die Kirche empfängt das Leben der neuen Schöpfung und die Zusicherung der Wiederkehr des Herrn.
D. *Die Eucharistie als Gemeinschaft (Communio) der Gläubigen*
19. Die eucharistische Gemeinschaft mit dem gegenwärtigen Christus, der das Leben der Kirche stärkt, ist zugleich auch die Gemeinschaft im Leibe Christi, der Kirche. Das Teilhaben am einen Brot und gemeinsamen Kelch an einem bestimmten Ort macht deutlich und bewirkt das Einssein der hier Teilhabenden mit Christus und mit den anderen mit ihnen Teilhabenden zu allen Zeiten und an allen Orten. In der Eucharistie findet die Gemeinschaft des Volkes Gottes ihre volle Darstellung. Eucharistische Feiern haben es immer mit der ganzen Kirche zu tun, wie auch die ganze Kirche an jeder einzelnen Feier der Eucharistie beteiligt ist. Insofern als eine Kirche eine Verkörperung der ganzen Kirche zu sein beansprucht, wird sie Sorge tragen, ihr eigenes Leben so zu gestalten, daß dabei die Interessen und Anliegen von Schwesterkirchen ernst genommen werden.
Kommentar (19)
Von Anfang an wurde die Taufe als das Sakrament verstanden, durch das die Gläubigen dem Leib Christi eingegliedert und mit dem Heiligen Geist beschenkt werden. Solange das Recht von getauften Gläubigen und ihren Pfarrern, in einer Kirche am eucharistischen Mahl teilzunehmen und ihm

vorzustehen, von denen in Frage gestellt wird, die anderen eucharistischen Gemeinden angehören und diese leiten, ist die Katholizität der Eucharistie weniger deutlich. In vielen Kirchen wird heute über die Zulassung getaufter Kinder als Kommunikanten beim Abendmahl diskutiert.
20. Die Eucharistie umgreift alle Aspekte des Lebens. Sie ist ein repräsentativer Akt der Danksagung und Darbringung für die ganze Welt. Die eucharistische Feier fordert Versöhnung und Gemeinschaft unter all denen, die als Brüder und Schwestern in der einen Familie Gottes betrachtet werden, und sie ist eine ständige Herausforderung bei der Suche nach angemessenen Beziehungen im sozialen, wirtschaftlichen und politischen Leben [...]. Alle Arten von Ungerechtigkeit, Rassismus, Trennung und Mangel an Freiheit werden radikal herausgefordert, wenn wir miteinander am Leib und Blut Christi teilhaben. [...] Als Teilnehmer an der Eucharistie erweisen wir uns daher als unwürdig, wenn wir uns nicht aktiv an der ständigen Wiederherstellung der Situation der Welt und der menschlichen Lebensbedingungen beteiligen. Die Eucharistie zeigt uns, daß unser Verhalten der versöhnenden Gegenwart Gottes in der menschlichen Geschichte in keiner Weise entspricht: Wir werden ständig vor das Gericht gestellt durch das Fortbestehen der verschiedensten ungerechten Beziehungen in unserer Gesellschaft, der mannigfachen Trennungen aufgrund menschlichen Stolzes, materieller Interessen und Machtpolitik und vor allem der Hartnäckigkeit ungerechtfertigter konfessioneller Gegensätze innerhalb des Leibes Christi.
21. Solidarität in der eucharistischen Gemeinschaft des Leibes Christi und verantwortliche Sorge der Christen füreinander und für die Welt finden in den Liturgien spezifischen Ausdruck: in der gegenseitigen Vergebung der Sünden; dem Friedensgruß; der Fürbitte für alle; dem gemeinsamen Essen und Trinken; dem Bringen der Elemente zu den Kranken und Gefangenen oder der Feier der Eucharistie mit ihnen. Alle diese Äußerungen der Liebe in der Eucharistie sind direkt auf das Selbstzeugnis Christi als Diener bezogen, an dessen Dienen die Christen selbst teilhaben.
So wie Gott in Christus in die menschliche Situation eingegangen ist, so ist die eucharistische Liturgie den konkreten und besonderen Situationen der Menschen nahe. In der Alten Kirche lag im Dienst der Diakone und Diakonissen eine besondere Verantwortung, diesem Aspekt der Eucharistie Ausdruck zu verleihen. Der Ort eines solchen Dienstes zwischen dem Abendmahlstisch und den Bedürftigen bezeugt in rechter Weise die erlösende Gegenwart Christi in der Welt.
E. *Die Eucharistie als Mahl des Gottesreiches*
22. Die Eucharistie eröffnet die Schau der göttlichen Herrschaft, die als letztgültige Erneuerung der Schöpfung verheißen wurde, und ist deren

Vorgeschmack. Zeichen dieser Erneuerung sind in der Welt gegenwärtig, wo immer die Gnade Gottes manifest ist und Menschen für Gerechtigkeit, Liebe und Frieden eintreten. Die Eucharistie ist die Feier, bei der die Kirche Gott für diese Zeichen Dank sagt und freudig das Kommen des Reiches in Christus feiert und vorwegnimmt [...]
23. Die Welt, der Erneuerung verheißen ist, ist in der ganzen eucharistischen Feier gegenwärtig. Die Welt ist in der Danksagung an den Vater gegenwärtig, wo die Kirche für die ganze Schöpfung spricht; sie ist gegenwärtig im Gedächtnis (Memorial) Christi, wo die Kirche, vereint mit ihrem Hohenpriester und Fürsprecher, für die Welt betet; im Gebet um die Gabe des Heiligen Geistes, wo die Kirche um Heiligung und Neuschöpfung bittet.
24. In der Eucharistie versöhnt, sind die Glieder des Leibes Christi berufen, Diener der Versöhnung unter den Menschen und Zeugen der Auferstehungsfreude zu sein. Wie Jesus zu den Zöllnern und Sündern ging und mit ihnen während seines Dienstes auf Erden Tischgemeinschaft hielt, so werden Christen in der Eucharistie aufgerufen, mit den Ausgestoßenen solidarisch zu sein und Zeichen der Liebe Christi zu werden, der für alle gelebt und sich hingegeben hat und sich nun selbst in der Eucharistie schenkt.
25. Die Feier der Eucharistie selbst ist ein Beispiel der Teilnahme der Kirche an Gottes Sendung in die Welt. Diese Teilnahme nimmt alltägliche Form an in der Verkündigung des Evangeliums, im Dienst am Nächsten und in der glaubwürdigen Präsenz in der Welt.
26. Da die Eucharistie völlig Gabe Gottes ist, bringt sie in die Gegenwart eine neue Wirklichkeit, die die Christen in das Bild Christi verwandelt und sie daher zu seinen wirksamen Zeugen macht. Die Eucharistie ist kostbare Speise für Missionare, Brot und Wein für Pilger auf ihrer apostolischen Reise. Die eucharistische Gemeinschaft wird bewahrt und gestärkt, um durch Wort und Tat den Herrn Jesus Christus, der sein Leben für das Heil der Welt gab, zu bekennen. So wie die eucharistische Versammlung ein Volk wird, indem sie das Mahl des einen Herrn teilt, muß sie darum besorgt sein, auch diejenigen zu sammeln, die gegenwärtig außerhalb ihrer sichtbaren Grenze stehen, weil Christus alle zu seinem Fest geladen hat, für die er gestorben ist. Solange sich Christen nicht in voller Gemeinschaft um denselben Tisch vereinen können, um vom selben Brot zu essen und vom selben Kelch zu trinken, wird ihr missionarisches Zeugnis auf der persönlichen wie gemeinschaftlichen Ebene geschwächt. (558-564)
(zitiert nach: http://www.oikoumene.org/fileadmin/files/wcc-main/documents/p2/FO1982_111_ge.pdf [Jan. 2010] bzw. Dokumente wachsender Übereinstimmung [s. Bibliographie unter G], Band 1, 545-585)

1.4.5 Lehrverurteilungen – kirchentrennend?, Band 1

Das Ergebnis unserer Untersuchung zu den Verwerfungssätzen im thematischen Bereich „Meßopfer/Eucharistie/Abendmahl" läßt sich abschließend so zusammenfassen:
1. Wichtige Kontroversen der Vergangenheit können aus heutiger Sicht als *theologisch so weit aufgearbeitet* gelten, daß die Gründe für gegenseitige Verurteilungen entfallen.
(1) Das gilt zunächst von der *„Meßopfer"-Kontroverse* im engeren Sinn: Es hat sich als möglich erwiesen, die gläubige Überzeugung von der Einzigkeit und Vollgenügsamkeit des Kreuzesopfers Jesu Christi und von der Tragweite seiner Anamnese in der Eucharistiefeier der Kirche gemeinsam auszusagen. [...] Sowohl die scharfe Kritik der Schmalkaldischen Artikel und des Heidelberger Katechismus als auch die verurteilende Zurückweisung reformatorischer Positionen durch das Konzil von Trient waren schon im 16. Jahrhundert teilweise nicht gerechtfertigt, treffen jedenfalls heute den Dialogpartner nicht mehr. Die „Meßopferkontroverse" und ihr kirchentrennender Charakter ist damit überholt. [...]
(2) Auch im *Glauben an die „Realpräsenz"* Jesu Christi im Abendmahl sind die Kontroversen der Vergangenheit theologisch überholt, weil und insofern folgende Grundsätze gemeinsam anerkannt werden können:
– Das heutige Glaubensverständnis ist nicht gezwungen, sich ausschließlich in der Denk- und Sprechweise des 16. Jahrhunderts verbindlich zu artikulieren. Wie die Geschichte zeigt, reichte es nie aus, in der Glaubenssprache einen bloßen Wortlaut zu vergleichen. Denn erst bei *Wahrnehmung des geschichtlichen Kontextes* läßt sich die eigentliche Glaubensaussage der kontroversen Positionen verdeutlichen, vergleichen und gegebenenfalls vermitteln. In dem Maße aber, wie diese geschichtliche Einbindung der Verwerfungssätze ernst genommen und vor allem auch das gemeinsame Bemühen um die Vermittlung des in der Heiligen Schrift normativ vorgegebenen apostolischen Erbes bewußt wird, lassen sich die damals gegensätzlichen Positionen inhaltlich einander annähern bzw. als Ausdruck komplementärer Anliegen verstehen.
– Die historische Untersuchung zeigt, daß in Transsubstantiationslehre, Ubiquitätslehre und pneumatologischer Vermittlungstheorie von drei unterschiedlichen Theorieansätzen her *ein gemeinsames Grundanliegen* verfolgt wurde, nämlich das Geheimnis der wirklichen Gegenwart Jesu Christi in der Eucharistie auszusagen. Diese unterschiedlichen Theorien, die sich bewußt voneinander abgrenzten und unter den Bedingungen des 16. Jahrhunderts offenbar nicht zu vermitteln waren, verlieren in dem Maße ihre (sich gegenseitig

ausschließende!) Gegensätzlichkeit, als zugegeben werden muß, daß jede von ihnen ihre offenkundigen Stärken und Schwächen hat, daß keine von ihnen ausschließliche Geltung beanspruchen kann, dergestalt, daß die je andere Lehrgestalt als häretisch verurteilt werden müßte.
– Auch ohne direkte Anlehnung an die Begrifflichkeit eines der im Streit miteinander liegenden theologischen Lehrsysteme des 16. Jahrhunderts lassen sich *alle wesentlichen Elemente des Glaubens* an die eucharistische Gegenwart Jesu Christi aussagen, wie das auch bereits in verschiedenen Konsens- und Konvergenztexten geschehen ist:
Gegenwärtig wird der erhöhte Herr im Abendmahl / in seinem dahingegebenen Leib und Blut / mit Gottheit und Menschheit / durch das Verheißungswort / in den Mahlgaben von Brot und Wein / in der Kraft des Heiligen Geistes / zum Empfang durch die Gemeinde.
Die einzigartige, „sakramentale" Weise der Realpräsenz wird gemeinsam abgegrenzt einerseits gegen das Mißverständnis einer naturhaften oder räumlich beschränkten Anwesenheit des „Leibes des Herrn" und andererseits gegen eine allein im gläubigen menschlichen Denken begründete Erinnerung und Zeichenhaftigkeit.

Angesichts dieser gemeinsamen Glaubensüberzeugung von der wahren und wirklichen Gegenwart des Herrn in der Eucharistie sind die verbleibenden, durch die konfessionellen Traditionen geprägten unterschiedlichen Akzentuierungen in der Theologie und Spiritualität der Eucharistie nicht mehr als kirchentrennend zu bezeichnen. Die auf die Theologie der Realpräsenz zielenden Verwerfungssätze treffen nicht mehr den heutigen Partner und sind gegenstandslos geworden.
(3) Als abgeklärt und theologisch aufgearbeitet kann auch der Streit über die *Sündenvergebung als Frucht der Eucharistie* gelten: Der „partielle" Sprachgebrauch des Tridentinums traf und trifft nur ein enges Verständnis von Sündenvergebung, nicht aber jenen auf seiten der Reformatoren in der Regel gemeinten umfassenden Aspekt der gnadenhaft wiedergeschenkten neuen Communio mit Gott.
[...]
2. Einer besonderen Bemerkung bedürfen jene Verwerfungssätze, die sich (zwar aus theologischen Prämissen herleiten, aber) auf die bis in die Gegenwart bestehenden erheblichen *Unterschiede in der Praxis der Eucharistiefeier* und Eucharistiefrömmigkeit beziehen.
(1) Am einfachsten läßt sich hier noch der Streit um die *„communio sub utraque"* (Kommunion unter beiderlei Gestalt) resümieren. Es besteht

inzwischen ausdrückliche und volle grundsätzliche Übereinstimmung darüber, daß die Kelchkommunion zur Ganzheit und Intensität des gottgewollten Mahlzeichens hinzugehört und die theologisch an sich denkbare Beschränkung auf eine Mahlgestalt Notfällen vorbehalten sein sollte.
In der Praxis der katholischen Kirche ist dieser Grundsatz zwar noch längst nicht eingeholt, aber dieses Defizit hat angesichts der Einigkeit im theologischen Grundsatz keinen kirchentrennenden Charakter mehr. Hier ist eine ähnliche Entwicklung im Gang wie bei der Wiedergewinnung des allsonntäglichen Abendmahlsgottesdienstes auf evangelischer Seite.
(2) Auch bei der unter dem Stichwort „usus" ausgetragenen Kontroverse über die Dauer des Sakraments haben sich entscheidende Annäherungen ergeben: Einigkeit besteht darüber, daß die Zielrichtung des Sakraments der Eucharistie die Communio der Gemeinde ist, also auf den gläubigen Empfang bezogen, gleichwohl nicht auf den Moment des Empfangs beschränkt ist, weil „usus" die ganze eucharistische Handlung meint und nicht nur den Augenblick der sumptio (Empfang).
(3) Insgesamt weniger eindeutig zutage liegen die theologischen Voraussetzungen bzw. Implikationen der nach wie vor recht unterschiedlichen Behandlung der eucharistischen Gaben im Anschluß an die Feier. Das Gewicht jahrhundertelanger praktischer Gewöhnung scheint hier auf weite Strecken an die Stelle ausdrücklicher Reflexion und Begründung getreten zu sein. Hier sind auf beiden Seiten verschiedene Fragen noch nicht eindeutig beantwortet. (121-124)
(s. Bibliographie unter G. © Verlag Herder GmbH, Freiburg i. Br. ³1988)

1.4.6 Stellungnahme des Gemeinsamen Ausschusses der Vereinigten Evangelisch-Lutherischen Kirche Deutschlands und des Deutschen Nationalkomitees des Lutherischen Weltbundes zum Dokument „Lehrverurteilungen – kirchentrennend?"

1. Das Opfer Jesu Christi im Herrenmahl
[...] Zusammenfassend können wir feststellen: Wenn die römisch-katholische Lehre so gedeutet wird,
– daß Jesus Christus als der für uns Gestorbene und Auferstandene gegenwärtig ist,
– daß er uns *so* an seinem Sühnopfer Anteil gibt,
– daß von der Seite des Menschen kein anderes Opfer als das des Lobes und des Dankes dargebracht wird und
– daß das liturgische Handeln des Priesters vom gegenwärtigen Handeln

Christi, der sich für uns hingibt, klar zu unterscheiden ist, dann treffen unsere Verwerfungen (*AS II,2*: BSLK 418,4ff.; *Ep. VII, Neg. 2*: BSLK 801,13) den Partner nicht mehr; und wir werden von den *Canones 1, 3a und 4* nicht mehr getroffen. (117)

2. Die Gegenwart Jesu Christi im Abendmahl
[...] Wir bejahen es, daß die Realpräsenz Christi Grundlage der Argumentation ist. Unter der Voraussetzung, daß die Transsubstantiationslehre die Absicht hatte, in aristotelischer Denkweise die Realpräsenz zu sichern, daß sie als *ein* Erklärungsmodell dient und daß sie auf den usus bezogen ist, sind die Verwerfungen in *Canon 2* und *Ep. VII, Neg. 1* gegenstandslos. Wir stimmen LV zu, daß „das klare und unzweideutige Bekenntnis zur wirklichen Gegenwart Jesu Christi ... nicht notwendigerweise" an bestimmte Erklärungsmodelle gebunden ist (LV 107,24f.).
Was den *usus* betrifft, so ist die lutherische Lehre nicht an der Frage der zeitlichen Dauer der Realpräsenz, sondern am stiftungsgemäßen Gebrauch, d.h. an der von Christus eingesetzten Handlung des Mahles orientiert. Wo dieser Zusammenhang gewahrt ist, kann die lutherische Kirche durchaus die Praxis der alten Kirche, aus dem Gottesdienst der Gemeinde Kranken das Abendmahl zu bringen, bejahen. Allerdings legen wir Wert darauf, daß dies in größtmöglicher räumlicher und zeitlicher Nähe zum Gottesdienst geschehen soll, um den Zusammenhang mit der Mahlfeier der Gemeinde zu sichern. (121)
(Fassung vom 13. September 1991) (zitiert nach: Lehrverurteilungen im Gespräch [s. Bibliographie unter G.], 57-160, © Verlag Vandenhoeck & Ruprecht, GmbH & Co. KG, Göttingen 1993)

1.4.7 Das Abendmahl. Eine Orientierungshilfe zu Verständnis und Praxis in der evangelischen Kirche

2.3.1 Sünde und Schuld – Gottesferne und neue Gemeinschaft
[...] Es kann kein Zweifel daran bestehen, daß die Thematik von Sünde und Schuld unmittelbar mit dem Abendmahl, wie es im Neuen Testament beschrieben wird, verbunden ist: Jesus feiert sein letztes Mal [sic!] in der Nacht des Verrates, und die Identifikation des Verräters fand nach dem Zeugnis von zwei Evangelien unmittelbar vor der Einsetzung des Abendmahls statt, nach Lukas unmittelbar danach (Lk 22,21-23). Matthäus erläutert das „für euch gegeben" bzw. „für euch vergossen" mit der Hinzufügung „zur Vergebung der Sünden" (Mt 26,28). Auch die Formulierung „neuer Bund" in den

Einsetzungsworten ist an ihrem ursprünglichen Ort im Buch des Propheten Jeremia (Jer 31,31) eng mit dem Thema verbunden: „Ich will ihnen ihre Missetaten vergeben und ihrer Sünde nicht mehr gedenken" (Jer 31,34). Zudem verweist auch die enge Verbindung des letzten Mahles Jesu mit dem Passa-Fest, die mindestens bei den drei Evangelisten Matthäus, Markus und besonders bei Lukas die Berichte prägt, auf die mit diesem jüdischen Fest verbundene Tilgung von Sünde und Schuld [...]
Eine *Vermittlung* dieses biblischen Befundes in den Gemeinden ist nach wie vor möglich, weil die durch das Vokabular der Tradition beschriebene Wirklichkeit von Sünde und Schuld in den Gemeinden und in der weiteren Öffentlichkeit ja ungeachtet aller Schwierigkeiten mit diesen Begriffen präsent geblieben ist: Viele Menschen nehmen in ihrem eigenen Leben nicht nur Schuld in verschiedensten Formen und Intensitäten wahr, sie empfinden darüber hinaus schmerzlich, daß die Grundorientierung ihres Lebens fehlgeleitet war oder ist [...] Zugleich darf aber nicht verschwiegen oder banalisiert werden, daß *Tilgung* von Sünde das individuelle *Bekenntnis* voraussetzt. Es schließt die Aufdeckung der großen und kleinen Lebenslügen von Menschen vor Gott ein (vgl. Röm 3,4). Es muß deutlich werden, daß diese Zusammenhänge zu dem besonderen Realitätscharakter des Abendmahls gehören. Wie die neue Gemeinschaft mit Jesus Christus im Abendmahl unter den Elementen von Brot und Wein in einer ganz besonderen sinnlichen Dichte und Realität erfahrbar ist, so wird auch in einer ganz realistischen Weise im Abendmahl vom Menschen geredet: Er wird einerseits als der von Gott getrennte Mensch angesprochen, er wird aber andererseits auch als der in einer neuen Gemeinschaft mit Gott befindliche Mensch angeredet und darf diese Gemeinschaft unmittelbar erfahren. (34-36)

2.3.2 Opfertod und Sühne – Lebenshingabe und Lebensgewinn
[...] Es kann kaum ein Zweifel daran bestehen, daß das Abendmahl mit dem Thema „Opfer" verbunden ist. Dieses Thema ist eines der schwierigsten und wird nicht erst in der Gegenwart äußerst kontrovers debattiert. Während lange zwischen katholischen und evangelischen Theologen darüber gestritten wurde, ob das Abendmahl als Opfer verstanden werden kann und wie es sich zum Kreuzesopfer verhält, ist heute das Opfer Jesu Christi am Kreuz selbst strittig. Diese Verlagerung der Debatte ist insofern sachgemäß, als auch katholische Theologen heute versichern, daß das einmalige Kreuzesopfer Jesu „weder fortgesetzt noch wiederholt, noch ersetzt, noch ergänzt werden" kann (Das Herrenmahl, Abschnitt 56, S. 288), und von dieser Versicherung die umstrittene kirchenhistorische Frage getrennt werden kann, ob so die einschlägi-

gen Bestimmungen des Konzils von Trient 1562 über das Meßopfer angemessen ausgelegt sind [...]
Zunächst ist der Tod Jesu ein „Opfer" im übertragenen Sinne eines Aktes der völligen *Hingabe* Jesu an Gott, im Sinne einer Zustimmung zu seinem Geschick als dem Willen des Vaters (Mk 14,36). Entsprechend ist das Abendmahl keine allgemeine Aufforderung zur Hinnahme von beliebigem Leiden oder Dulden, und eine Kritik an entsprechender Mißdeutung ist berechtigt. Die Deutung des Opfers am Kreuz als Hingabe impliziert vielmehr, daß Jesus sich und seinem Leben für andere Menschen bis ans Kreuz treu geblieben ist. In Jesus ist Gott selbst diesen Weg gegangen und so den Menschen unendlich nahe gekommen. Er wurde zugleich ein Opfer (englisch: *victim*) ganz bestimmter politischer und religiöser Machtverhältnisse. Schon eine solche Explikation der Rede vom „Opfer Jesu" kann eine erhebliche tröstliche Funktion entfalten.
Dann ist der Tod Jesu am Kreuz ein „Opfer" im eigentlichen Sinne des Begriffes (englisch: *sacrifice*), das sich allerdings radikal von anderen kultischen Opfern in den Religionen unterscheidet: Hier versöhnt nicht ein *Mensch* durch sein Opfer einen zornigen Gott, sondern in Jesus Christus opfert Gott sich selbst durch seinen Tod am Kreuz für die Sünde der Menschen: „Denn Gott war in Christus und versöhnte die Welt mit sich selber und rechnete ihnen ihre Sünden nicht zu und hat unter uns aufgerichtet das Wort von der Versöhnung" (2 Kor 5,19). In dem Akt der freiwilligen Selbsthingabe Jesu überwindet die Liebe Gottes die Macht menschlicher Sünde. Das Verständnis des Kreuzes als Opfer macht also die religiöse Institution der menschlichen Opfer vor Gott überflüssig.
Schließlich ist der Tod Jesu am Kreuz für bestimmte neutestamentliche Autoren ein Opfer im kultischen Sinne des sogenannten „Sühnopfers" (Röm 3,25 und 1 Joh 2,2; 4,10). Zu den Voraussetzungen für ein solches Sühnopfer im Alten Testament gehört vor allem das vierte Lied vom Gottesknecht (Jes 52,13-53,12), der „um unserer Missetat willen verwundet und um unserer Sünde willen zerschlagen" wurde (Jes 53,5). In diesem Text ist die Vorstellung ausgedrückt, daß ein Mensch in Übereinstimmung mit dem Willen Gottes stellvertretend für die Schuld des Volkes und zu deren Vergebung Leiden auf sich nimmt; das Lied hat in die Karfreitagsliturgie der Kirche Eingang gefunden [...]
Die Vorstellung, Jesus sei am Kreuz als Gottesknecht stellvertretend für die Sünden der vielen gestorben, ist heute für viele Menschen nur schwer nachvollziehbar, weil sie davon ausgehen, daß Schuld von einem mündigen Individuum nicht auf ein anderes übertragen werden kann und jeder selbst für

Texte aus der Geschichte des Abendmahls | 211

seine Schuld aufkommen muß. Allerdings zeigen viele Erfahrungen aus der jüngeren deutschen Vergangenheit (wie beispielsweise die Arbeit der „Aktion Sühnezeichen"), daß eine grundsätzliche Ablehnung der Möglichkeit von stellvertretender Sühne schon empirisch nicht überzeugt. Vor allem muß man aber gegenüber solchen Bedenken vom Neuen Testament her einwenden, daß Gott die innerweltliche Regel der unabweisbaren Eigenverantwortlichkeit gerade durchbricht. Auch dieser Hinweis hat für viele Menschen einen nicht zu unterschätzenden tröstlichen Charakter. (38-42)

3.3 Warum ist der Wortlaut der Einsetzungsworte so wichtig?
Ebenso wie der neutestamentliche Taufbefehl (Mt 28,19-20) konstitutiv zum Sakrament der Taufe gehört, gehören die Einsetzungsworte seit dem frühen Christentum konstitutiv zur Abendmahlsfeier [...] Das impliziert zunächst, daß die entsprechenden Worte des Evangeliums, also die Einsetzungsworte, in unverfälschter Weise zitiert werden müssen. Paraphrasen und andere Erläuterungen dürfen nicht an ihre Stelle treten [...] Nur durch die wörtliche Rezitation der Einsetzungsworte nach einem der neutestamentlichen Zeugen oder in der historischen Mischform der biblischen Texte ist sichergestellt, daß das Sakrament gemäß seiner ursprünglichen Intention unverfälscht im Gottesdienst gefeiert wird und nicht durch individuelle theologische Deutungen oder liturgische Einfälle überlagert wird [...] (48f.)

3.11 Dürfen römisch-katholische Christen an einem evangelischen Abendmahl teilnehmen?
In den evangelischen Kirchen sind römisch-katholische Christen wie alle Getauften herzlich zum Abendmahl eingeladen, weil Christus selbst dazu einlädt [...] Das Konzept einer „Gastfreundschaft" impliziert, daß diejenigen Christen, die einen Gottesdienst der jeweils anderen Konfession besuchen, dabei Glieder ihrer eigenen Kirche bleiben. Allerdings sollte im gemeindlichen Alltag darauf geachtet werden, daß niemand aus ökumenischem Überschwang zu etwas genötigt wird, was er oder sie (noch) nicht will [...] (56)
3.12 Dürfen evangelische Christen an einer römisch-katholischen Eucharistie teilnehmen?
[...] Da nach *evangelischem* (und katholischem) *Verständnis* sich im Abendmahl Jesus Christus selbst so schenkt, wie dies die Einsetzungsworte verheißen, die auch für die römisch-katholische Messe konstitutiv sind, besteht kein Grund, daran zu zweifeln, daß er dies auch in katholischen Eucharistie-Gottesdiensten tut [...] Um aber auf diesem sensiblen Feld die in den letzten Jahrzehnten an vielen Orten gewachsene ökumenische Gemeinschaft nicht zu

beeinträchtigen, empfiehlt es sich, nur dann in einer katholischen Eucharistiefeier zu kommunizieren, wenn sicher ist, daß der Vorsteher der Feier – also der jeweilige Priester – keine Einwände hat und in der Gemeinde kein Anstoß daran genommen wird. (58f.)
(zitiert nach http://www.ekd.de/download/abendmahl.pdf [Jan. 2010] bzw. siehe Bibliographie unter A)

1.4.8 Enzyklika Ecclesia de Eucharistia von Papst Johannes Paul II., 17. April 2003

Einleitung
[...] 3. Aus dem Ostermysterium geht die Kirche hervor. Genau deshalb steht die Eucharistie als Sakrament des Ostermysteriums schlechthin im Mittelpunkt des kirchlichen Lebens. Das sieht man bereits an den ersten Bildern für die Kirche, die uns in der Apostelgeschichte überliefert werden: „Sie hielten an der Lehre der Apostel fest und an der Gemeinschaft, am Brechen des Brotes und an den Gebeten" (Apg 2,42). Im „Brechen des Brotes" ist die Eucharistie angedeutet. Nach zweitausend Jahren verwirklichen wir noch immer dieses ursprüngliche Bild für die Kirche. Und während wir dies in der Eucharistiefeier tun, richten sich die Augen unserer Seele auf das österliche Triduum: auf das, was sich während des Letzten Abendmahls am Gründonnerstag ereignete, und was danach folgte.

I. Kapitel: Geheimnis des Glaubens
[...] 12. Dieser Aspekt universaler Liebe des eucharistischen Sakramentes gründet in den Worten des Retters selbst. Bei der Einsetzung der Eucharistie beschränkte er sich nicht darauf zu sagen: „Das ist mein Leib..., das ist mein Blut", sondern fügte hinzu: „der für euch hingegeben wird ..., das für euch vergossen wird" (*Lk 22,19-20*). Er bekräftigte nicht nur, dass das, was er ihnen zu essen und zu trinken gab, sein Leib und sein Blut war, sondern brachte auch dessen *Opfercharakter* zum Ausdruck und ließ damit sein Opfer, das einige Stunden später am Kreuz für das Heil aller dargebracht werden sollte, auf sakramentale Weise gegenwärtig werden. „Die Messe ist zugleich und untrennbar das Opfergedächtnis, in welchem das Kreuzesopfer für immer fortlebt, und das heilige Mahl der Kommunion mit dem Leib und dem Blut des Herrn".
Die Kirche lebt unaufhörlich vom Erlösungsopfer. Ihm nähert sie sich nicht nur durch ein gläubiges Gedenken, sie tritt mit ihm auch wirklich in Kontakt. Denn *dieses Opfer wird gegenwärtig* und dauert auf sakramentale Weise in jeder Gemeinschaft fort, in der es durch die Hände des geweihten Priesters

dargebracht wird. Auf diese Weise wendet die Eucharistie den Menschen von heute die Versöhnung zu, die Christus ein für allemal für die Menschen aller Zeiten erworben hat. In der Tat: „Das Opfer Christi und das Opfer der Eucharistie sind *ein einziges Opfer*".

III. Kapitel: Die Apostolizität der Eucharistie und der Kirche
[...] 30. Diese Lehre der katholischen Kirche über das priesterliche Dienstamt in seiner Beziehung zur Eucharistie wie auch die Lehre über das eucharistische Opfer waren in den letzten Jahrzehnten Gegenstand eines fruchtbaren Dialogs *im Bereich der ökumenischen Bemühungen*. Wir müssen der heiligsten Dreifaltigkeit danken, weil es zu bedeutsamen Fortschritten und Annäherungen gekommen ist, die uns auf eine Zukunft hoffen lassen, in der wir den Glauben voll und ganz teilen. Die Anmerkung des Konzils bezüglich der kirchlichen Gemeinschaften, die im Abendland im 16. Jahrhundert und danach entstanden und von der katholischen Kirche getrennt sind, bleibt noch immer voll zutreffend: „Obgleich bei den von uns getrennten kirchlichen Gemeinschaften die aus der Taufe hervorgehende volle Einheit mit uns fehlt und obgleich sie nach unserem Glauben vor allem wegen des Fehlens des Weihesakramentes die ursprüngliche und vollständige Wirklichkeit des eucharistischen Mysteriums nicht bewahrt haben, bekennen sie doch bei der Gedächtnisfeier des Todes und der Auferstehung des Herrn im Heiligen Abendmahl, dass hier die lebendige Gemeinschaft mit Christus bezeichnet werde, und sie erwarten seine glorreiche Wiederkunft".
Deshalb müssen die katholischen Gläubigen bei allem Respekt vor den religiösen Überzeugungen ihrer getrennten Brüder und Schwestern der Kommunion fernbleiben, die bei ihren Feiern ausgeteilt wird, damit sie nicht einer zweideutigen Auffassung über das Wesen der Eucharistie Vorschub leisten und so die Pflicht versäumen, für die Wahrheit klar Zeugnis abzulegen. Dies würde zu einer Verzögerung auf dem Weg zur vollen sichtbaren Einheit führen. Es ist auch nicht gestattet, die sonntägliche heilige Messe durch ökumenische Wortgottesdienste, durch gemeinsame Gebetstreffen mit Christen, die den genannten kirchlichen Gemeinschaften angehören, oder durch die Teilnahme an ihren liturgischen Feiern zu ersetzen. Bei geeigneten Anlässen sind derartige Feiern und Treffen in sich lobenswert, sie bereiten auf die ersehnte volle, auch eucharistische Gemeinschaft vor, können sie aber nicht ersetzen.
Die Tatsache, dass die Vollmacht zur Darbringung der Eucharistie ausschließlich den Bischöfen und Priestern anvertraut ist, stellt keine Herabsetzung des übrigen Gottesvolkes dar. Denn in der Gemeinschaft des einzigen Leibes Christi, der Kirche, nützt diese Gabe allen in überreichem Maß.

214 | Anhang

IV. Kapitel: Die Eucharistie und die kirchliche Gemeinschaft
[...] 44. Weil die Einheit der Kirche, welche die Eucharistie durch das Opfer und den Empfang des Leibes und Blutes des Herrn verwirklicht, unter dem unabdingbaren Anspruch der vollen Gemeinschaft durch die Bande des Glaubensbekenntnisses, der Sakramente und des kirchlichen Leitungsamtes steht, ist es nicht möglich, die eucharistische Liturgie gemeinsam zu feiern, bevor diese Bande in ihrer Unversehrtheit nicht wiederhergestellt sind. Eine derartige Konzelebration wäre kein gültiges Mittel, sondern könnte sich sogar als *ein Hindernis für das Erreichen der vollen Gemeinschaft* erweisen. Sie würde den Sinn dafür abschwächen, wie weit das Ziel entfernt ist, und eine zweideutige Auffassung über die eine oder andere Glaubenswahrheit mit sich bringen und fördern. Der Weg zur vollen Einheit kann nur in der Wahrheit beschritten werden. Das Verbot durch das kirchliche Gesetz lässt in dieser Frage keinen Raum für Unklarheiten und folgt in Treue der vom Zweiten Vatikanischen Konzil verkündeten moralischen Norm.
Ich möchte aber bekräftigen, was ich in der Enzyklika *Ut unum sint* ausführte, nachdem ich die Unmöglichkeit der gegenseitigen Eucharistiegemeinschaft festgestellt habe: „Doch haben wir den sehnlichen Wunsch, gemeinsam die Eucharistie des Herrn zu feiern, und dieser Wunsch wird schon zu einem gemeinsamen Lob, zu ein und demselben Bittgebet. Gemeinsam wenden wir uns an den Vater und tun das zunehmend ‚mit nur einem Herzen' ".
(Verlautbarungen des Apostolischen Stuhls 159), hg. vom Sekretariat der Deutschen Bischofskonferenz, 2., korrigierte Auflage, Bonn 2003 bzw. http://www.dbk.de/imperia/md/content/schriften/dbk2.vas/vas159.pdf [Jan. 2010]

1.4.9 Apostolisches Schreiben MANE NOBISCUM DOMINE Seiner Heiligkeit Papst Johannes Paul II.

„Ich bin bei euch alle Tage ..." (Mt 28,20)
16. Diese Dimensionen der Eucharistie verdichten sich in einem Aspekt, der mehr als alle anderen unseren Glauben auf die Probe stellt: das Geheimnis der „Realpräsenz". Mit der Gesamttradition der Kirche glauben wir, dass unter den eucharistischen Gestalten Jesus wirklich gegenwärtig ist. Es handelt sich um eine Gegenwart – wie Papst Paul VI. vortrefflich erklärte –, die „wirklich" genannt wird nicht im ausschließlichen Sinn, als ob die anderen Formen der Gegenwart nicht wirklich wären, sondern hervorhebend, denn kraft der Realpräsenz wird der ganze und vollständige Christus in der Wirklichkeit seines Leibes und seines Blutes substanziell gegenwärtig.[...] Deswegen verlangt der

Glaube von uns, vor der Eucharistie zu stehen im Bewusstsein, vor Christus selbst zu stehen. Gerade seine Gegenwart verleiht den übrigen Dimensionen – des Gastmahls, des Pascha-Gedächtnisses, der eschatologischen Vorausnahme – eine Bedeutung, die weit über einen reinen Symbolismus hinausgeht. Die Eucharistie ist das Geheimnis der Gegenwart, durch das sich die Verheißung Christi, immer bei uns zu sein bis ans Ende der Welt, auf höchste Weise verwirklicht.

III. Die Eucharistie als Quelle und Epiphanie der Gemeinschaft
Ein Brot, ein Leib
20. Diese besondere Vertrautheit aber, die sich in der eucharistischen „Gemeinschaft" mit dem Herrn vollzieht, kann außerhalb der kirchlichen Gemeinschaft weder richtig verstanden noch voll gelebt werden. [...] Die Kirche ist der Leib Christi: Man ist in dem Maß „mit Christus" auf dem Weg, in dem man in Beziehung „zu seinem Leib" steht. Um diese Einheit zu bilden und zu fördern, trägt Christus mit der Ausgießung des Heiligen Geistes Sorge. Und er selbst hört nicht auf, diese Einheit durch seine eucharistische Gegenwart zu nähren. Es ist wirklich das eine eucharistische Brot, das uns zu dem einen Leib vereint. Dies bekräftigt schon der Apostel Paulus: „Ein Brot ist es. Darum sind wir viele ein Leib; denn wir alle haben teil an dem einen Brot" (1 *Kor* 10,17). Im eucharistischen Geheimnis baut Christus die Kirche als Gemeinschaft auf gemäß dem höchsten, im *hohepriesterlichen Gebet* beschworenen Vorbild: „Wie du, Vater, in mir bist und ich in dir bin, sollen auch sie in uns sein, damit die Welt glaubt, dass du mich gesandt hast" (*Joh* 17,21).

21. Wenn die Eucharistie die *Quelle* der kirchlichen Einheit ist, dann ist sie auch deren höchster *Ausdruck*. Die Eucharistie ist die *Epiphanie der Gemeinschaft*. Deswegen stellt die Kirche Bedingungen für die vollgültige Teilnahme an der Feier der Eucharistie.[...] Die verschiedenen Einschränkungen sind dazu da, damit wir uns immer mehr bewusst werden, *welche Erfordernisse die Gemeinschaft verlangt, die Jesus von uns erbittet*. Diese ist eine *hierarchische* Gemeinschaft, die auf dem Bewusstsein der verschiedenen Aufgaben und Dienste beruht und auch im eucharistischen Hochgebet durch die Erwähnung des Papstes und des Diözesanbischofs ständig bekräftigt wird. Sie ist eine *brüderliche* Gemeinschaft, die mit einer „Spiritualität der Gemeinschaft" gepflegt werden will, welche uns zu einer Gesinnung von gegenseitiger Öffnung, Zuneigung, Verständnis und Vergebung bewegt.

An die Bischöfe, den Klerus und an die Gläubigen zum Jahr der Eucharistie Oktober 2004–Oktober 2005 (Verlautbarungen des Apostolischen Stuhls 167), hg. vom Sekretariat der Deutschen Bischofskonferenz Bonn 2004 bzw. http:// dbk.de/imperia/md/content/schriften/dbk2.vas/ve_167.pdf [Jan. 2010]

1.4.10 Nachsynodales Apostolisches Schreiben Sacramentum Caritatis Seiner Heiligkeit Papst Benedikt XVI.

Eucharistie, ein Mysterium, das der Welt angeboten werden soll

Eucharistie, gebrochenes Brot für das Leben der Welt
88. „Das Brot, das ich geben werde, ist mein Fleisch für das Leben der Welt" (*Joh* 6,51). Mit diesen Worten offenbart der Herr den wahren Sinn der Hingabe seines Lebens für alle Menschen. Sie zeigen uns auch das tiefe Mitleid, das er mit jedem Einzelnen hat. Tatsächlich berichten uns die Evangelien viele Male von den Gefühlen Jesu gegenüber den Menschen, besonders gegenüber den Leidenden und den Sündern (vgl. *Mt* 20,34; *Mk* 6,34; *Lk* 19,41). [...] Jede Eucharistiefeier vergegenwärtigt sakramental das Geschenk, das Jesus am Kreuz aus seinem Leben gemacht hat – ein Geschenk für uns und für die ganze Welt. Zugleich macht Jesus uns in der Eucharistie zu Zeugen von Gottes Mitleid mit jedem Bruder und jeder Schwester. So entsteht im Umfeld des eucharistischen Mysteriums der Dienst der Nächstenliebe, die darin besteht, „dass ich auch den Mitmenschen, den ich zunächst gar nicht mag oder nicht einmal kenne, von Gott her liebe. Das ist nur möglich aus der inneren Begegnung mit Gott heraus, die Willensgemeinschaft geworden ist und bis ins Gefühl hineinreicht. Dann lerne ich, diesen anderen nicht mehr nur mit meinen Augen und Gefühlen anzusehen, sondern aus der Perspektive Jesu Christi heraus." [...] Auf diese Weise erkenne ich in den Menschen, denen ich näherkomme, Brüder und Schwestern, für die der Herr sein Leben hingegeben hat, weil er sie „bis zur Vollendung" (*Joh* 13,1) liebt. Folglich müssen unsere Gemeinden, wenn sie Eucharistie feiern, sich immer bewusster werden, dass das Opfer Christi für alle ist und die Eucharistie darum jeden Christgläubigen drängt, selbst „gebrochenes Brot" für die anderen zu werden und sich also für eine gerechtere und geschwisterlichere Welt einzusetzen. Wenn wir an die Vermehrung der Brote und der Fische denken, müssen wir erkennen, dass Jesus heute immer noch seine Jünger auffordert, sich persönlich zu engagieren: „Gebt ihr ihnen zu essen!" (*Mt* 14,16). Die Berufung eines jeden von uns ist wirklich die, gemeinsam mit Jesus *gebrochenes Brot für das Leben der Welt* zu werden.

Die sozialen Implikationen des eucharistischen Mysteriums
89. Die Vereinigung mit Christus, die sich im Sakrament vollzieht, befähigt uns auch zu einer Neuheit der sozialen Beziehungen: „Die ‚Mystik' des Sakraments hat sozialen Charakter ... Die Vereinigung mit Christus ist [nämlich] zugleich eine Vereinigung mit allen anderen, denen er sich schenkt. Ich kann Christus nicht allein für mich haben, ich kann ihm zugehören nur in der Gemeinschaft mit allen, die die Seinigen geworden sind oder werden sollen." [...] In diesem Zusammenhang ist es notwendig, die Beziehung zwischen eucharistischem Mysterium und sozialem Engagement eindeutig auszudrücken. Die Eucharistie ist Sakrament der Gemeinschaft zwischen Brüdern und Schwestern, die bereit sind, sich in Christus zu versöhnen – in ihm, der aus Juden und Heiden ein einziges Volk gemacht hat, indem er die Wand der Feindschaft niederriss, die sie voneinander trennte (vgl. *Eph* 2,14). Nur dieses ständige Streben nach Versöhnung gestattet es, würdig mit dem Leib und dem Blut Christi zu kommunizieren (vgl. *Mt* 5,23–24). [...] Durch die Gedenkfeier seines Opfers stärkt er die Gemeinschaft zwischen den Brüdern und Schwestern und drängt besonders jene, die miteinander im Konflikt sind, ihre Versöhnung zu beschleunigen, indem sie sich dem Dialog und dem Einsatz für die Gerechtigkeit öffnen. Es steht außer Zweifel, dass die Wiederherstellung der Gerechtigkeit, die Versöhnung und die Vergebung Bedingungen zur Schaffung eines wirklichen Friedens sind. [...] Aus diesem Bewusstsein entsteht der Wille, auch die ungerechten Strukturen zu verwandeln, um die Achtung der Würde des Menschen, der nach dem Bilde Gottes geschaffen ist, zu gewährleisten. In der konkreten Entfaltung dieser Verantwortung geschieht es, dass die Eucharistie im Leben das wird, was sie in der Feier bedeutet. [...] Im Hinblick auf die soziale Verantwortung aller Christen haben die Synodenväter daran erinnert, dass das Opfer Christi ein Mysterium der Befreiung ist, das uns fortwährend hinterfragt und herausfordert. Darum richte ich einen Aufruf an alle Gläubigen, wirklich Friedensstifter und Urheber von Gerechtigkeit zu sein.
An die Bischöfe, den Klerus, die Personen gottgeweihten Lebens und an die christgläubigen Laien über die Eucharistie, Quelle und Höhepunkt von Leben und Sendung der Kirche (Verlautbarungen des Apostolischen Stuhls 177), 2., korrigierte Auflage, Bonn 2007 bzw. http://dbk.de/imperia/md/content/schriften/dbk2.vas/ve_177_-_2._auflage.pdf [Jan. 2010].

2. Bibliographie

Aufgeführt werden im Folgenden zum einen Beiträge, die für die weiterführende Beschäftigung mit dem Thema besonders zu empfehlen sind, zum anderen Quellen und Übersetzungen der behandelten Texte. Dabei ist Vollständigkeit selbstverständlich auch nicht im Entferntesten angestrebt, was bei einem solchen Thema weder möglich noch sinnvoll wäre. Vielmehr werden nur solche Studien aufgeführt, die allgemein verständlich sind und für die Orientierung in der Diskussion nützlich erscheinen. Auch solche Werke, auf die im Text und in den Anmerkungen per Kurztitel verwiesen wurde und die zur Beschäftigung empfohlen seien, sind hier aufgeführt. Weitere, vor allem für die vertiefende Beschäftigung geeignete wissenschaftliche Beiträge sind in den Anmerkungen vollständig dokumentiert.

A. Zur allgemeinen Orientierung

DAS ABENDMAHL. Eine Orientierungshilfe zu Verständnis und Praxis des Abendmahls in der evangelischen Kirche. Vorgelegt vom Rat der Evangelischen Kirche in Deutschland, Gütersloh 2003.

DELLING, GERHARD, Abendmahl II. Urchristliches Mahl-Verständnis, Theologische Realenzyklopädie, Band 1, 1977, 47-58.

GARIJO-GUEMBE, MIGUEL M., Eucharistie IV. Ostkirchlich, Lexikon für Theologie und Kirche, Band 3, 3. Aufl. 1995, 951-953.

GEMEINSCHAFT IM ABENDMAHL?, Bibel und Kirche 57/1 (2002).

GERKEN, ALEXANDER, Theologie der Eucharistie, München 1973.

HAHN, FERDINAND, Abendmahl I. Neues Testament, Religion in Geschichte und Gegenwart, Band 1, 4. Aufl. 1998, 10-15.

HAHN, FERDINAND, Zwei Auffassungen vom Herrenmahl: Neutestamentliche Theologie zwischen vorösterlicher und nachösterlicher Tradition, Zeitzeichen 6 (2005), 52-54.

HILBERATH, BERND JOCHEN, Eucharistie II. Historisch-theologisch; III. Systematisch-theologisch, Lexikon für Theologie und Kirche, Band 3, 3. Aufl. 1995, 946-948. 949-951.

ISERLOH, ERWIN, Abendmahl III. Das Abendmahlsverständnis in der Geschichte der christlichen Kirchen, 2. Mittelalter; 3. Reformationszeit, *2. Römisch-katholische Kirche*, Theologische Realenzyklopädie, Band 1, 1977, 89-106. 122-131.

KLAUCK, HANS-JOSEF, Lord's Supper, Anchor Bible Dictionary, Band 4, 1992, 362-372.

KORSCH, DIETRICH (Hg.), Die Gegenwart Jesu Christi im Abendmahl, Leipzig 2005.

KRETSCHMAR, GEORG, Abendmahl III. Das Abendmahlsverständnis in der Geschichte der christlichen Kirchen, 1. Alte Kirche, Theologische Realenzyklopädie, Band 1, 1977, 59-89.

KÜHN, ULRICH, Abendmahl IV. Das Abendmahlsgespräch in der ökumenischen Theologie der Gegenwart, Theologische Realenzyklopädie, Band 1, 1977, 145-212.

LAUFEN, RUDOLF, Die Eucharistie – Opfer Christi und der Kirche?, in: R. Weth (Hg.), Das Kreuz Jesu. Gewalt – Opfer – Sühne, Neukirchen 2001, 176-196.

LÉON-DUFOUR, XAVIER, Abendmahl, Lexikon für Theologie und Kirche, Band 1, 3. Aufl. 1993, 30-34.

MARKSCHIES, CHRISTOPH, Abendmahl II. Kirchengeschichtlich, 1. Alte Kirche, Religion in Geschichte und Gegenwart, Band 1, 4. Aufl. 1998, 15-21.

MEYER, HANS BERNHARD, Eucharistie VIII. Liturgiewissenschaftlich, Lexikon für Theologie und Kirche, Band 3, 3. Aufl. 1995, 957-964.

O'TOOLE, ROBERT F., Last Supper, Anchor Bible Dictionary, Band 4, 1992, 234-241.

RAHNER, KARL, Zur Theologie des Symbols, in: Ders., Schriften zur Theologie IV, Einsiedeln, 2. Aufl. 1961, 275-311.

RATZINGER, JOSEPH KARDINAL/BENEDIKT XVI., Der Geist der Liturgie. Eine Einführung, Freiburg i.Br. u.a., 6. Aufl. 2006.

SCHEFFCZYK, LEO KARDINAL, Rechtfertigung und Eucharistie, in: Albrecht Graf von Brandenstein-Zeppelin/Alma von Stockhausen (Hgg.), Die Rechtfertigungs- und Sakramentenlehre in katholischer und evangelischer Sicht, Weilheim-Bierbronnen, 2. Aufl. 2001, 41-61.

STAEDTKE, JOACHIM, Abendmahl III. Das Abendmahlsverständnis in der Geschichte der christlichen Kirchen, 3. Reformationszeit, *1. Protestantismus*, Theologische Realenzyklopädie, Band 1, 1977, 106-122.

VORGRIMLER, HERBERT, Eucharistie, in: Ders., Neues Theologisches Wörterbuch, Freiburg i.Br. 2000, 174-177.

VORGRIMLER, HERBERT, Sakramententheologie, Düsseldorf 1985, 151-222 (Überblick über Geschichte und zentrale Inhalte der Eucharistie aus katholischer Perspektive).

VORGRIMLER, HERBERT, Transsubstantiation, in: Ders., Neues Theologisches Wörterbuch, 630f.
WELKER, MICHAEL, Was geht vor beim Abendmahl?, Gütersloh, 2. Aufl. 2004.

B. Quellen und Übersetzungen der behandelten frühchristlichen Texte

Die genannten deutschen Übersetzungen aus der „Bibliothek der Kirchenväter" sind leicht zugänglich auf der Website der Universität Freiburg unter www.unifr.ch/bkv.

CYPRIAN: J. Baer (Bibliothek der Kirchenväter, Band 34; dt. Übers.). Quelle: G.F. Diercks, Sancti Cypriani Episcopi Epistularium (CChr. SL 3C), Turnhout 1996.
DIDACHE: A. Lindemann/H. Paulsen, Die Apostolischen Väter. Griechisch-deutsche Parallelausgabe, Tübingen 1992; G. Schöllgen, Didache/Zwölf-Apostel-Lehre (FC 1), Freiburg i.Br. u.a. 1991.
IGNATIUS VON ANTIOCHIA: A. Lindemann/H. Paulsen, Die Apostolischen Väter; J. Fischer, Schriften des Urchristentums. Die Apostolischen Väter, Erster Teil: Der Klemens-Brief, Die sieben Ignatius-Briefe, Die beiden Polykarp-Briefe, Das Quadratus-Fragment, Darmstadt, 10. Aufl. 1993 (Nachdruck 2004).
IRENÄUS VON LYON: N. Brox, Irenäus von Lyon, Adversus Haereses/ Gegendie Häresien IV/V (Fontes Christiani 8.4/5), Freiburg i.Br. u.a. 1997/2001.
JOHANNESAKTEN: K. Schäferdiek, in: E. Hennecke/W. Schneemelcher, Neutestamentliche Apokryphen in deutscher Übersetzung, Band II: Apostolisches, Apokalypsen und Verwandtes, Tübingen, 6. Aufl. 1997. Quelle: E. Junod/J.-D. Kaestli, Acta Iohannis (CChr.SA 1-2), Turnhout 1983.
JUSTIN, APOLOGIE: G. Rauschen (Bibliothek der Kirchenväter, Band 12; dt. Übers.). Quelle: M. Markovich (PTS 38), Berlin/New York 1994.
JUSTIN, DIALOG MIT DEM JUDEN TRYPHON: P. Häuser (Bibliothek der Kirchenväter, Band 33; dt. Übers.). Quelle: M. Markovich (PTS 47), Berlin/New York 1997.
NEUES TESTAMENT: NOVUM TESTAMENTUM GRAECE, 27. Auflage mit Beigaben, Stuttgart 1998.

Bibliographie | 221

PHILIPPUSEVANGELIUM: H.-M. Schenke, Das Philippus-Evangelium (Nag-Hammadi-Codex II,3). Neu herausgegeben, übersetzt und erklärt (TU 143), Berlin 1997; Ders., Das Evangelium nach Philippus (NHC II/3), in: Nag Hammadi Deutsch, 1. Band: NHC I,1 – V,1, hg. von H.-M. Schenke, H.-G. Bethge und U.U. Kaiser, Berlin/New York 2001, 183-213.
TERTULLIAN: C. Becker, Apologeticum/Verteidigung des Christentums, Lateinisch und Deutsch, München 1952; D. Schleyer, De Praescriptione Haereticorum/Vom prinzipiellen Einspruch gegen die Häretiker (FC 42), Turnhout 2002; Weitere Schriften: CChr.SL 1-2, Turnhout 1954. Deutsche Übersetzung: H. Kellner/G. Esser (Bibliothek der Kirchenväter, Band 7; Band 24).
THOMASAKTEN: A.F.J. Klijn, The Acts of Thomas, Introduction, Text, and Commentary (NT.S 5/108), Leiden 1962/2003 (engl. Übers.); H.J.W. Drijvers, in: E. Hennecke/W. Schneemelcher, Neutestamentliche Apokryphen, Band II (dt. Übers.). Quelle: R.A. Lipsius/M. Bonnet, Acta Apostolorum Apocrypha II/2, Leipzig 1903 (Nachdruck Hildesheim 1959). (Eine neue Textausgabe der ActThom für CChr. SA ist in Vorbereitung)
TRADITIO APOSTOLICA: W. Geerlings, Traditio Apostolica/Apostolische Überlieferung (FC 1), Freiburg i.Br. u.a. 1991. Englische Übersetzung der verschiedenen Versionen: P.F. Bradshaw/M.E. Johnson/ L.E. Phillips, The Apostolic Tradition. A Commentary (Hermeneia), Minneapolis 2002.

C. Literatur zu den behandelten Texten

Überblicke und übergreifende Studien

BECKER, JÜRGEN, Das Herrenmahl im Urchristentum, Materialdienst des Konfessionskundlichen Instituts Bensheim 53 (2002), 3-11.
CULLMANN, OSCAR, Die Bedeutung des Abendmahls im Urchristentum, in: Ders., Vorträge und Aufsätze 1925-1962, Tübingen/Zürich 1966, 505-523.
EBNER, MARTIN (Hg.), Herrenmahl und Gruppenidentität (Quaestiones disputatae 21), Freiburg u.a. 2007.
HAHN, FERDINAND, Zum Stand der Erforschung des urchristlichen Herrenmahls, in: Ders., Exegetische Beiträge zum

ökumenischen Gespräch. Gesammelte Aufsätze I, Göttingen 1986, 242-252.

HARTENSTEIN, JUDITH u.a. (Hg.), „Eine gewöhnliche und harmlose Speise"? Von den Entwicklungen frühchristlicher Abendmahlstraditionen, Gütersloh 2008.

KLAWANS, JONATHAN, Interpreting the Last Supper: Sacrifice, Spiritualization, and Anti-Sacrifice, New Testament Studies 48 (2002), 1-17.

KLINGHARDT, MATTHIAS, Gemeinschaftsmahl und Mahlgemeinschaft. Soziologie und Liturgie frühchristlicher Mahlfeiern (TANZ 13), Tübingen/Basel 1996.

LÉON-DUFOUR, XAVIER, Abendmahl und Abschiedsrede im Neuen Testament, Stuttgart 1983.

ROLOFF, JÜRGEN, Herrenmahl und Amt im Neuen Testament, Kerygma und Dogma 47 (2001), 68-83.

RORDORF, WILLY u.a. (Hg.), The Eucharist of the Early Christians, New York 1978 (gute Übersicht zum Abendmahl außerhalb des Neuen Testaments).

SCHOLTISSEK, KLAUS, Das Herrenmahl im Spiegel der neueren exegetischen Forschung, Bibel und Liturgie 70 (1997), 39-44.

SCHÜRMANN, HEINZ, Das Weiterleben der Sache Jesu im nachösterlichen Herrenmahl. Die Kontinuität der Zeichen in der Diskontinuität der Zeiten, in: Ders., Jesus. Gestalt und Geheimnis. Gesammelte Beiträge, hg. von K. Scholtissek, Paderborn 1994, 241-265.

STEIN, HANS JOACHIM, Frühchristliche Mahlfeiern, Ihre Gestalt und Bedeutung nach der neutestamentlichen Briefliteratur und der Johannesoffenbarung (WUNT 2/255), Tübingen 2008.

STUHLMACHER, PETER, Das neutestamentliche Zeugnis vom Herrenmahl, Zeitschrift für Theologie und Kirche 84 (1987), 1-35.

THEISSEN, GERD/MERZ, ANETTE, Der historische Jesus. Ein Lehrbuch, Göttingen, 3. Aufl. 2001, 359-386.

THEOBALD, MICHAEL, Das Herrenmahl im Neuen Testament, Theologische Quartalschrift 138 (2003), 257-280.

Zu II.1 (Paulus)

BETZ, HANS DIETER, Gemeinschaft des Glaubens und Herrenmahl. Überlegungen zu 1 Kor 11,17-34, Zeitschrift für Theologie und Kirche 98 (2001), 401-421.

BORNKAMM, GÜNTHER, Herrenmahl und Kirche bei Paulus, Zeitschrift für Theologie und Kirche 53 (1956), 312-349.
HAHN, FERDINAND, Herrengedächtnis und Herrenmahl bei Paulus, in: Ders., Exegetische Beiträge zum ökumenischen Gespräch. Gesammelte Aufsätze I, Göttingen 1986, 303-314.
KLAUCK, HANS-JOSEF, Eucharistie und Kirchengemeinschaft bei Paulus, in: Ders., Gemeinde – Amt – Sakrament. Neutestamentliche Perspektiven, Würzburg 1989, 331-347.
THEISSEN, GERD, Soziale Integration und sakramentales Handeln. Eine Analyse von 1 Cor. XI 17-34, in: Ders., Studien zur Soziologie des Urchristentums (WUNT 19) Tübingen, 3. Aufl. 1989, 290-317.

Zu II.2 und 3 (Die synoptischen Berichte und die Apostelgeschichte) sowie zu Teil III (Herkunft und Bedeutung der Einsetzungsworte)

BÖSEN, WILLIBALD, Jesusmahl, eucharistisches Mahl, Endzeitmahl. Ein Beitrag zur Theologie des Lukas (SBS 97), Stuttgart 1980.
CONZELMANN, HANS, Historie und Theologie in den synoptischen Passionsberichten, in: Ders./E. Flessemann-van Leer/E. Haenchen/E. Käsemann/E. Lohse, Zur Bedeutung des Todes Jesu. Exegetische Beiträge, Gütersloh, 2. Aufl. 1967, 35-53.
NIEMAND, CHRISTOPH, Jesu Abschiedsmahl. Versuche zur historischen Rekonstruktion und theologischen Deutung, in: Ders. (Hg.), Forschungen zum Neuen Testament und seiner Umwelt (Festschrift A. Fuchs), Frankfurt a.M. 2002, 81-122.

Zu II.4 (Johannes)

BARRETT, CHARLES K., Das Fleisch des Menschensohnes (Joh 6,53), in: R. Pesch/R. Schnackenburg (Hg.), Jesus und der Menschensohn (Festschrift A. Vögtle), Freiburg i.Br. 1975, 342-354.
MENKEN, MAARTEN J.J., Joh 6,51c-58: Eucharist or Christology?, Biblica 74 (1993), 1-25.
REISER, MARIUS, Eucharistische Wissenschaft. Eine exegetische Betrachtung zu Joh 6,26-59, in: B.J. Hilberath u.a. (Hgg.), Vorgeschmack. Ökumenische Bemühungen um die Eucharistie (Festschrift T. Schneider), Mainz 1995, 164-177.

Zu II.5 bis 12 (Didache, Ignatius, Justin, Irenäus, Philippusevangelium, Johannes- und Thomasakten, Traditio Apostolica)

BETZ, JOHANNES, Die Eucharistie in der Didache, Archiv für Liturgiewissenschaft 11 (1969), 10-39.

BRADSHAW, PAUL F., Kirchenordnungen I. Altkirchliche, Theologische Realenzyklopädie 18 (1989), 662-670.

GIBBARD, SCOTT M., The Eucharist in the Ignatian Epistles, in: Studia Patristica 8 (TU 93), Berlin 1966, 214-218.

BREMMER, JAN N. (Hg.), The Apocryphal Acts of Thomas, Leuven 2001.

KLAUCK, HANS-JOSEF, Apokryphe Apostelakten. Eine Einführung, Stuttgart 2005.

KLAUCK, HANS-JOSEF, Apokryphe Evangelien. Eine Einführung, Stuttgart 2002.

MESSNER, REINHARD, Zur Eucharistie in den Thomasakten. Zugleich ein Beitrag zur Frühgeschichte der eucharistischen Epiklese, in: H.-J. Feulner/E. Velkovska/ R.F. Taft (Hgg.), Crossroad of Cultures. Studies in Liturgy and Patristics in Honor of Gabriele Winkler (OCA 260), Rom 2000, 493-513.

PLÜMACHER, ECKHARD, Apokryphe Apostelakten, Paulys Real-Encyclopädie, Supplement (1978), 11-70.

SCHENKE, HANS-MARTIN, Das Philippus-Evangelium (siehe bei Quellen und Übersetzungen).

D. Zu Teil IV (Religionsgeschichtlicher und soziologischer Hintergrund)

BETZ, HANS-DIETER, Mithrasreligion, Religion in Geschichte und Gegenwart, Band 5, 4. Aufl. 2002, 1344-1347.

COLPE, CARSTEN, Mysterienkult und Liturgie. Zum Vergleich heidnischer Rituale und christlicher Sakramente, in: Ders./L. Honnefelder/M. Lutz-Bachmann (Hgg.), Spätantike und Christentum. Beiträge zur Religions- und Geistesgeschichte der griechisch-römischen Kultur und Zivilisation der Kaiserzeit, Berlin 1992, 203-228.

KLAUCK, HANS-JOSEF, Die religiöse Umwelt des Urchristentums I: Stadt- und Hausreligion, Mysterienkulte, Volksglaube (Kohlhammer Studienbücher Theologie 9/1), Stuttgart u.a. 1995.

ÖHLER, MARKUS, Die Didache und antike Vereinsordnungen – ein Vergleich, in: W. Pratscher/M. Öhler (Hg.), Theologie in der Spätzeit des Neuen Testaments. Vorträge auf dem Symposion zum 75. Geburtstag von Kurt Niederwimmer, Wien 2005, 35-65.

ÖHLER, MARKUS, Die Jerusalemer Urgemeinde im Spiegel des antiken Vereinswesens, New Testament Studies 51 (2005), 393-415.

STEMBERGER, GÜNTER, Pesachhaggada und Abendmahlsberichte des Neuen Testaments, in: Ders., Studien zum rabbinischen Judentum, Stuttgart 1985, 357-374.

STRACK, HERMANN L./BILLERBECK PAUL, Kommentar zum Neuen Testament aus Talmud und Midrasch IV/1, München 1928, 41-76. (Exkurs zum Passahmahl anhand rabbinischer Quellen und Rückschluss auf das letzte Mahl Jesu.)

E. Liturgiegeschichtliche Literatur

HAHN, FERDINAND, Gottesdienst III. Neues Testament, Theologische Realenzyklopädie, Band 14, 1985, 28-39.

ROLOFF, JÜRGEN, Der Gottesdienst im Urchristentum, in: H.-C. Schmidt-Lauber u.a. (Hgg.), Handbuch der Liturgik. Liturgiewissenschaft in Theologie und Praxis der Kirche, Göttingen, 3. Aufl. 2003, 45-71.

SCHMIDT-LAUBER, HANS-CHRISTOPH, Das Eucharistiegebet, Kerygma und Dogma 48 (2002), 203-237.

F. Das Abendmahl im Gottesdienst der Gegenwart

BEER, NORBERT (Hg.), Christliche Kirchen feiern das Abendmahl. Eine vergleichende Darstellung, Bielefeld 1993.

BEGERAU, CHRISTIANE u.a. (Hg.), Abendmahl. Fest der Hoffnung. Grundlagen – Liturgien – Texte, hg. im Auftrag des Deutschen Evangelischen Kirchentags, Gütersloh 2000.

BIELER, ANDREA/SCHOTTROFF, LUISE (Hg.), Das Abendmahl: Essen, um zu leben, Gütersloh 2007.

CORNEHL, PETER, Gottesdienst VIII. Evangelischer Gottesdienst von der Reformation bis zur Gegenwart, Theologische Realenzyklopädie, Band 14 (1985), 54-85.

EVANGELISCHES GOTTESDIENSTBUCH. Agende für die Evangelische Kirche der Union und für die Evangelisch-Lutherische Kirche Deutschlands, hg. von der Kirchenleitung der Vereinigten Evangelisch-Lutherischen Kirche Deutschlands und im Auftrag des Rates von der Kirchenkanzlei der Evangelischen Kirche der Union, Berlin, 2. Aufl. 2001.

FELMY, KARL CHRISTIAN, Gottesdienst 7. Osten, Religion in Geschichte und Gegenwart, Band 3, 4. Aufl. 2000, 1194-1199.

GRETHLEIN, CHRISTIAN, Gottesdienst 6. Westen, c) Neuzeit, Religion in Geschichte und Gegenwart, Band 3, 4. Aufl. 2000, 1190-1194.

GRÜMBEL, UTE, Abendmahl. „Für euch gegeben?" Erfahrungen und Ansichten von Frauen und Männern. Anfragen an Theologie und Kirche (AzTh 85), Stuttgart 1997.

GRÜN, ANSELM/DEICHGRÄBER, REINHARD (Hg.), Freude an der Eucharistie. Meditative Zugänge zur Feier des Herrenmahles, Göttingen 2003.

KÄSSMANN, MARGOT, Zu Tisch. Das Heilige Abendmahl, Hannover 2009.

KUGLER, GEORG, Gemeinsam das Brot brechen. Frühchristliche Mahlfeiern. Grundlagen und Modelle (Praxishilfen für die Gemeindearbeit), München 1999.

LIES, LOTHAR, Die Sakramente der Kirche. Ihre eucharistische Ausrichtung auf den dreifaltigen Gott, Innsbruck u.a. 2004.

LINDNER, HERBERT, Feierabendmahl, in: H.-C. Schmidt-Lauber/K.-H. Bieritz (Hg.), Handbuch der Liturgik, Göttingen, 2. Aufl. 1995, 874-884.

MÜLLER, PATRICK/PLÜSS, DAVID, Reformierte Abendmahlspraxis. Plädoyer für liturgische Verbindlichkeit in der Vielfalt (Theologisch-ekklesiologische Beiträge Aargau 1), Zürich 2005.

MÜLLER, WOLFGANG ERICH/KONUKIEWITZ, ENNO (Hg.), Abendmahl heute: Reflexionen zur theologischen Grundlegung und zeitgemäßen Gestaltung (Religion in der Öffentlichkeit 6), Frankfurt a.M. u.a. 2002.

ROLOFF, JÜRGEN, Zur diakonischen Dimension und Bedeutung von Gottesdienst und Herrenmahl, in: Ders., Exegetische Verantwortung in der Kirche. Aufsätze, hg. von M. Karrer, Göttingen 1990, 201-218.

SCHARBAU, FRIEDRICH-OTTO (Hg.), Offenheit und Identität der Kirche. Die Einladung zum Heiligen Abendmahl in der pluralistischen

Gesellschaft (Veröffentlichungen der Luther-Akademie Sondershausen-Ratzeburg e.V. 4), Erlangen 2007.

G. Zur ökumenischen Diskussion

BROSSEDER, JOHANNES/LINK, HANS-GEORG (Hgg.), Eucharistische Gastfreundschaft. Ein Plädoyer evangelischer und katholischer Theologen, Neukirchen-Vluyn 2003.

CENTRE D'ÉTUDES OECUMÉNIQUES STRASBOURG/INSTITUT FÜR ÖKUMENISCHE FORSCHUNG TÜBINGEN/KONFESSIONSKUNDLICHES INSTITUT BENSHEIM (Hg.), Abendmahlsgemeinschaft ist möglich. Thesen zur eucharistischen Gastfreundschaft, Frankfurt a.M. 2003.

DOKUMENTE WACHSENDER ÜBEREINSTIMMUNG. Sämtliche Berichte und Konsenstexte interkonfessioneller Gespräche auf Weltebene, 3 Bände, hg. von H. Meyer/H.J. Urban/L. Vischer, Paderborn/Frankfurt a.M., 1983 (^{2}1991)/1992/2003.

EHAM, MARKUS, Gemeinschaft im Sakrament? Die Frage nach der Möglichkeit sakramentaler Gemeinschaft zwischen katholischen und nicht-katholischen Christen. Zur ekklesiologischen Dimension der ökumenischen Frage (EHS.T 293), 2 Bände, Frankfurt a.M. 1986.

EUCHARISTIE UND ÖKUMENE, Zeitschrift für katholische Theologie 127 (2005).

GARIJO-GUEMBE, MIGUEL/ROHLS, JAN/WENZ, GUNTHER, Mahl des Herrn. Ökumenische Studien, Frankfurt a.M. 1988.

HAHN, FERDINAND, Thesen zur Frage einheitsstiftender Elemente in Lehre und Praxis des urchristlichen Herrenmahls, in: Ders., Exegetische Beiträge zum ökumenischen Gespräch. Gesammelte Aufsätze I, Göttingen 1986, 232-241.

HAINZ, JOSEF, Christus – „Brot für das Leben der Welt". Zur Feier der Eucharistie im NT und heute: Brücken zu einem „ökumenischen Herrenmahl", Trierer theologische Zeitschrift 114 (2005), 171-187.

HARKIANAKIS, STYLIANOS, Die heilige Eucharistie in orthodoxer Sicht, in: T. Sartory (Hg.), Die Eucharistie im Verständnis der Konfessionen, Recklinghausen 1961.

KNUTH, HANS CHRISTIAN, Aus Achtung und Liebe: Nein. Warum das gemeinsame Abendmahl zwischen Wittenberg und Rom (noch) nicht möglich ist, in: In Zukunft Luther. Gesammelte Texte des Leitenden Bischofs der VELKD aus Anlass des 65. Geburtstages zusammengestellt und eingeleitet von R. Neubert-Stegemann und C. Aue, Gütersloh 2005, 178-182.

LEHRVERURTEILUNGEN IM GESPRÄCH. Die ersten offiziellen Stellungnahmen aus den evangelischen Kirchen in Deutschland, hg. von der Geschäftsstelle der Arnoldshainer Konferenz (AfK), dem Kirchenamt der Evangelischen Kirche in Deutschland (EKD) und dem Lutherischen Kirchenamt der Vereinigten Evangelisch-Lutherischen Kirche in Deutschland, Göttingen 1993.

LEHRVERURTEILUNGEN –KIRCHENTRENNEND?, Band 1: K. Lehmann/W. Pannenberg (Hg.), Rechtfertigung, Sakramente und Amt im Zeitalter der Reformation und heute, Freiburg i.Br./Göttingen 1986.

LEHRVERURTEILUNGEN – KIRCHENTRENNEND?, Band 2: K. Lehmann (Hg.), Materialien zu den Lehrverurteilungen und zur Theologie der Rechtfertigung, Freiburg i.br./Göttingen 1989 (^{2}1995).

LEHRVERURTEILUNGEN – KIRCHENTRENNEND?, Band 3: W. Pannenberg (Hg.), Materialien zur Lehre von den Sakramenten und vom kirchlichen Amt, Freiburg i.Br./Göttingen 1990.

LEHRVERURTEILUNGEN – KIRCHENTRENNEND?, Band 4: W. Pannenberg/T. Schneider (Hg.), Antworten auf kirchliche Stellungnahmen, Göttingen/Freiburg i.Br. 1994.

LESSING, ECKHARD, Abendmahl (Bensheimer Hefte 72), Göttingen 1993.

PULSFORT, ERNST/HANUSCH, ROLF (Hgg.), Von der „Gemeinsamen Erklärung" zum „Gemeinsamen Herrenmahl"? Perspektiven der Ökumene im 21. Jahrhundert, Regensburg 2002.

REHM, JOHANNES, Das Abendmahl. Römisch-Katholische und Evangelisch-Lutherische Kirche im Dialog. Mit einer Einführung von Hans Küng, Gütersloh 1993.

ROLOFF, JÜRGEN, Die Konvergenzerklärungen „Taufe, Eucharistie und Amt" der Kommission für Glauben und Kirchenverfassung des Ökumenischen Rates der Kirchen (Lima-Dokument) aus bibelwissenschaftlicher Sicht, in: Ders., Exegetische Verantwortung in der Kirche. Aufsätze, hg. von M. Karrer, Göttingen 1990, 97-114.

SÖDING, THOMAS (Hg.), Eucharistie. Positionen katholischer Theologie, Regensburg 2002.

TRUMMER, PETER, „... dass alle eins sind!" Neue Zugänge zu Eucharistie und Abendmahl, Düsseldorf 2001.

3. Anmerkungen

Hinweis: Literatur, die im Folgenden als Kurztitel aufgeführt ist, wird in der Bibliographie vollständig genannt.

[1] DAS ABENDMAHL. Eine Orientierungshilfe zu Verständnis und Praxis des Abendmahls in der evangelischen Kirche. Vorgelegt vom Rat der Evangelischen Kirche in Deutschland, Gütersloh 2003.
[2] J. SCHRÖTER, Das Abendmahl. Frühchristliche Deutungen und Impulse für die Gegenwart (SBS 210), Stuttgart 2006.
[3] Mit dem lateinischen Begriff *sacramentum* wurde seit dem frühen 3. Jahrhundert der besondere Charakter des Abendmahls als Vermittlung der durch Jesus Christus bewirkten Heilsgüter ausgedrückt. Der früheste Beleg für den Terminus *sacramentum* begegnet bei Tertullian, Cor 3,3 (vgl. Anhang, Text 1.1.1).
[4] Vgl. hierzu den wichtigen Beitrag von RAHNER, Zur Theologie des Symbols. In diesem Buch sind die Begriffe „Symbol" und „symbolisch" stets in dem genannten Sinne verwendet.
[5] So sind etwa die Konvergenzerklärungen der Kommission für Glaube und Kirchenverfassung des Ökumenischen Rates der Kirchen (das sogenannte „Lima-Dokument") zu „Taufe, Eucharistie und Amt" formuliert (vgl. Anhang, Text 1.4.4). Das konfessionsübergreifende Themenheft der Zeitschrift „Bibel und Kirche" erschien unter dem Titel „Gemeinschaft im Abendmahl?". Der Ökumenische Arbeitskreis evangelischer und katholischer Theologen verwendet die Begriffe „Abendmahl" und „Eucharistie" nebeneinander. Vgl. LEHRVERURTEILUNGEN – KIRCHENTRENNEND? I, 89-124; IV, 51-83.
[6] Zu den folgenden Bemerkungen vgl. auch die Dokumentation einiger wichtiger Texte im Anhang dieses Buches.
[7] Vgl. LEHRVERURTEILUNGEN – KIRCHENTRENNEND? I, 94-113; WELKER, Was geht vor beim Abendmahl?, 90-102.
[8] Vgl. etwa das in Anm. 5 erwähnte Themenheft „Gemeinschaft im Abendmahl?" sowie den in Anm. 1 erwähnten Leitfaden der EKD, Teil 3.11 (Anhang, Text 1.4.7.).
[9] Vgl. die im Anhang, Text 1.4.8, dokumentierten Passagen aus der Enzyklika „Ecclesia de Eucharistia" von Papst Johannes Paul II. vom 17. April 2003, besonders Kapitel III, Abschnitt 30 und Kapitel IV, Abschnitt 44.

10   Enzyklika „Ut unum sint" von Johannes Paul II. über den Einsatz für die Ökumene vom 25.5.1995 (Verlautbarungen des Apostolischen Stuhls 121), Kapitel II, Abschnitt 45.
11   Vgl. Anhang, Text 1.4.3.
12   Vgl. Anhang, Text 1.4.2.
13   Vgl. LEHRVERURTEILUNGEN – KIRCHENTRENNEND?, I, 178f. Vgl. auch Anhang, Text 1.4.5.
14   LEHRVERURTEILUNGEN – KIRCHENTRENNEND?, I. Die Bände II und III (1989/1990) enthalten ergänzende Materialien.
15   Vgl. hierzu die Texte im Anhang unter 3. sowie die Beiträge in KORSCH (Hg.), Gegenwart.
16   Einen guten Überblick über Hintergründe und Entwicklungen der katholischen Eucharistieauffassung gibt VORGRIMLER, Sakramententheologie, 151-222. Zur lutherischen Position vgl. WENZ, Die Sakramente nach lutherischer Lehre, in: Lehrverurteilungen – kirchentrennend, III, 72-98. Zur reformierten Sicht vgl. ROHLS, Geist und Zeichen. Die reformierte Abendmahlslehre in ihrer geschichtlichen Entwicklung, in: Korsch (Hg.), Gegenwart, 51-78.
17   Vgl. Anhang, Text 1.4.4.
18   Zu den mit der TA verbundenen Problemen der Textrekonstruktion vgl. die Besprechung in Teil II.12.
19   So in seinen Kommentaren zum Matthäus- und zum Johannesevangelium sowie in seiner Schrift „Gegen Celsus". Vgl. Anhang, Text 1.1.2.
20   Vgl. z.B. Apol 39,14-21; Cor 3,3 (Anhang, Text 1.1.1).
21   Diese vier Texte finden sich bei Paulus (1 Kor 11,23-25) sowie im Markus-, Matthäus- und Lukasevangelium, den sogenannten „synoptischen" Evangelien.
22   Der Opferbegriff wird in vergleichbarer Weise auch bereits in der Didache verwendet. Dies wird an entsprechender Stelle genauer zu zeigen sein.
23   KLINGHARDT, Gemeinschaftsmahl.
24   H. LIETZMANN, Messe und Herrenmahl. Eine Studie zur Geschichte der Liturgie (AKG 8), Berlin ³1955.
25   B. KOLLMANN, Ursprung und Gestalten der frühchristlichen Mahlfeier (GTA 43), Göttingen 1990. Ähnlich auch THEISSEN/MERZ, Der historische Jesus, 369-371.
26   Vgl. zu einer sehr ähnlichen Rekonstruktion der korinthischen Praxis P. LAMPE, Das korinthische Herrenmahl im Schnittpunkt

hellenistisch-römischer Mahlpraxis und paulinischer Theologia Crucis (1 Kor 11,17-34), ZNW 82 (1991), 181-213.
27 Vgl. dazu die Grüße von Gajus, dem Gastgeber des Paulus und der gesamten Gemeinde von Korinth in Röm 16,23.
28 Diese sind sowohl in griechischer wie in rabbinischer Literatur als Termini zur Bezeichnung von Traditionsweitergabe belegt. Vgl. H.-J. KLAUCK, Präsenz im Herrenmahl. 1 Kor 11,23-26 im Kontext hellenistischer Religionsgeschichte, in: Ders., Gemeinde – Amt – Sakrament, 313-330, bes. 316-318.
29 Vgl. W. SCHRAGE, Der Erste Brief an die Korinther. 1 Kor 11,17-14,40 (EKK VII/3), Zürich und Düsseldorf/Neukirchen-Vluyn 1999, 41.
30 Vgl. auch A. LINDEMANN, Der Erste Korintherbrief (HNT 9/1), Tübingen 2000, 255.
31 Der so genannte „Kurztext" ist für die Geschichte der Abendmahlsüberlieferung von großem Interesse. Er ist zum einen ein weiterer Zeuge für die Abfolge Kelch – Brot, die auch in der Didache begegnet, er ist zum zweiten ein Beleg dafür, dass die Überlieferung der sogenannten Einsetzungsworte eine derartige Modifikation ermöglichte.
32 Lk 7,36-50; 11,37-54; 14,1-24.
33 Ein Anklang findet sich auch in 27,35: „(Paulus) nahm das Brot, dankte Gott vor allen, brach es und begann zu essen."
34 Vgl. 1 Kor 16,2. Die Wendung „Herrentag" begegnet in Offb 1,10; Did 14,1; Ign, Magn 9,1. Vgl. auch Tertullian, Cor 3,3.
35 Vgl. vor allem 13,8. Jesus sagt dort zu Petrus: „Wenn ich dich nicht wasche, hast du keinen Anteil an mir."
36 Aus anderer Perspektive begegnet die Kontroverse über die wahre Identität Jesu – ohne eucharistischen Anklang – dann wenig später auch in 1 Joh, wo das Bekenntnis, dass Jesus im Fleisch gekommen ist, das Unterscheidungskriterium zwischen dem Geist Gottes und falschen Propheten ist (1 Joh 4,1-3).
37 Am Rande sei vermerkt, dass HULDRYCH ZWINGLI diese Differenz sehr genau wahrgenommen und deshalb darauf bestanden hat, dass Jesus in Joh 6 nicht vom Sakrament der Eucharistie, sondern vom Glauben an ihn spreche. Vgl. ders., Schriften, Band III, 256-270 (s. Anhang, Text 1.3.5).
38 Text und Übersetzung werden im Folgenden zitiert nach: LINDEMANN/PAULSEN, Die Apostolischen Väter.

[39] Vgl. Klinghardt, Gemeinschaftsmahl, passim; H. van de Sandt/ D. Flusser, (Hgg.), The Didache. Its Jewish Sources and its Place in Early Judaism and Christianity (CRINT III/5), Assen/Minneapolis 2002, 305f., mit Anm. 105.

[40] Sollte die Didache aus dem syrischen Raum, vielleicht sogar aus Antiochia, stammen (so C.N. Jefford, The Milieu of Matthew, the Didache, and Ignatius of Antioch: Agreements and Differences, in: H. van de Sandt (Hg.), Matthew and the Didache. Two Documents from the Same Jewish-Christian Milieu?, Assen/Minneapolis 2005, 35-47), könnte die Annahme einer mit Paulus gemeinsamen Mahlüberlieferung zusätzlich an Plausibilität gewinnen, da auch Paulus einen Großteil seiner theologischen Prägung aus dem syrischen Antiochia erhalten hat.

[41] Diese Auffassung vertritt z.B. K. Niederwimmer, Die Didache (KAV 1), Göttingen 1989, 176-180; ähnlich auch G. Schöllgen, Die Didache als Kirchenordnung, JbAC 29 (1986), 5-26.

[42] Eine dritte Lösung ist die in Fortsetzung des Zwei-Typen-Modells von Lietzmann vertretene These von K. Wengst: In der Didache werde ein als Eucharistie verstandenes sonntägliches Mahl der Gemeinde geschildert, das sich aber von der bei Paulus und Markus bezeugten Tradition grundsätzlich unterscheide. Vgl. ders., Schriften des Urchristentums. Zweiter Teil: Didache (Apostellehre), Barnabasbrief, Zweiter Klemensbrief, Brief an Diognet, Darmstadt 1984 (Nachdruck 2004), 3-63, hier 43-53.

[43] Vgl. auch Apg 4,25.27.30, wo – ebenfalls innerhalb eines Gebetes! – sowohl David als auch Jesus als „dein Knecht" bezeichnet werden. Die Bezeichnung begegnet auch im Barnabasbrief, im 1. Klemensbrief, im Martyrium des Polykarp sowie im Diognetbrief. Sie ist also in Schriften des 2. Jahrhunderts häufiger belegt.

[44] Vgl. Ign, Eph 20,2 sowie den Hinweis auf die Auferstehung in Sm 7,1.

[45] Vgl. auch die Analogie bei Ign, Phld 4, wo von der „einen Eucharistie" die Rede ist, welche die Einheit der Gemeinde abbildet.

[46] Auf die Diskussion um Spätdatierung und pseudepigraphe Verfasserschaft der Ignatiusbriefe wird an dieser Stelle nicht eingegangen. Vgl. dazu die Diskussion in Zeitschrift für antikes Christentum 1 (1997) und 2 (1998).

[47] Zur terminologischen Nähe zwischen Ignatius und dem Johannesevangelium gehört auch, dass Ignatius wie das Johannesevangelium

(und später Justin) vom „Fleisch" Jesu Christi spricht (Röm 7,3; Phld 4; Sm 7,1) und nicht vom „Leib" wie dies Paulus und das Markus-, Matthäus- und Lukasevangelium tun.

48 Vgl. Tertullian, Apol 39,16: „Unsere Mahlzeit gibt ihren Sinn vom Namen her zu erkennen: mit einem Ausdruck wird sie bezeichnet, der bei den Griechen ‚Liebe' bedeutet." Tertullian bezieht sich hier sicher auf das griechische „Agape" als Bezeichnung für das Mahl der Christen. Eine bemerkenswerte Aufnahme dieses Aspektes findet sich übrigens bei HULDRYCH ZWINGLI (vgl. Anhang, Text 1.3.4).

49 Gemeint ist die Taufe, über die Justin in Kapitel 61 berichtet hatte.

50 Derartige Argumente tauchen in Verteidigungen des Christentums gegenüber dem römischen Staat häufiger auf, so z.B. bei dem einige Jahrzehnte nach Justin schreibenden Tertullian.

51 Der Mischkelch, der dann zur gängigen Praxis wird, die Cyprian vehement verteidigt (vgl. Teil II.11), begegnet hier zum ersten Mal. A. v. Harnack vermutete dagegen, im Justintext sei ursprünglich von Brot und Wasser die Rede gewesen (vgl. ders., Brod und Wasser: Die eucharistischen Elemente bei Justin (TU 7/2), Leipzig 1891, 115-144). In diesem Fall wäre Justin ein Zeuge für die Eucharistiefeier mit Wasser, was durch einen Textzeugen (Codex Ottobianus) tatsächlich belegt ist und wofür Harnack noch weitere Argumente anführt. Vgl. auch A. McGowan, Ascetic Eucharists. Food and Drink in Early Christian Ritual Meals, Oxford 1999, 151-155. Deutlichen Widerspruch erfuhr Harnack dagegen z.B. von F.X. Funk, Die Abendmahlselemente bei Justin, in: Ders., Kirchengeschichtliche Abhandlungen und Untersuchungen I, Paderborn 1897, 278-292.

52 Dieser Begriff taucht bei Justin zum ersten Mal in der christlichen Literatur im Plural auf.

53 Ausdrücklich hingewiesen sei auf die Analyse dieses Satzes durch O. PERLER, Logos und Eucharistie nach Justinus I Apol. 66, in: DERS., Sapientia et Caritas. Gesammelte Aufsätze zum 90. Geburtstag, hg. von D. van Damme und O. Wermelinger, Fribourg 1990, 471-491.

54 Die Wendung „durch ein Wort des Gebetes (ein Gebetswort)" könnte grammatisch auch als „durch ein Gebet des Logos" (oder „um den Logos") aufgefasst werden, was aber unwahrscheinlich ist.

55 Vielleicht gehört das Possessivpronomen „unser" auch zum Begriff „Wandlung". Dann wäre „unserer Umwandlung entsprechend" zu übersetzen. Näher liegt aber wohl der Bezug auf „Fleisch und Blut".

Wie Justin verstehen übrigens auch Irenäus (vgl. Teil II.8) und Gregor von Nyssa (vgl. Anhang, Text 1.1.4) die durch die Eucharistie bewirkte Umwandlung.

[56] In den Einsetzungsworten steht „Leib und Blut", was Justin auch so anführt. Aus dem Vorangegangenen geht jedoch hervor, dass er sie von der Menschwerdung Jesu als des Fleisch und Blut gewordenen Wortes Gottes her versteht.

[57] Origenes, Cels VIII 33 (vgl. Anhang, Text 1.1.2); ders., Comm. in Matth. 11,14.

[58] Der Name „Mithra" bedeutet „Vertrag" oder auch „Mittler des Vertrags". Mithras konnte auch als Mittler zwischen Licht und Finsternis verstanden werden.

[59] Dass die Mysterienkulte allgemein als eine Konkurrenz empfunden wurden, zeigen auch die polemischen Äußerungen bei Klemens von Alexandrien und Firmicus Maternus, vgl. Tertullian, Praescr Haer 40,2-4; Klemens Al., Protr II 23,1f.; Firmicus Maternus, Err 18,1-8.

[60] Vgl. M. Wallraff, Christus Verus Sol. Sonnenverehrung und Christentum in der Spätantike (JAC.E 32), Münster 2001, 30f. (zu Justin a.a.O., 89f.).

[61] Auf ähnliche Weise wird dieses Argument später von Tertullian vorgebracht: Der Teufel äfft in den Götzenmysterien (u.a. im Mithraskult) die Sakramente nach (Praescr Haer 40,2-4).

[62] Vgl. auch die Texte von Cyrill von Jerusalem und Gregor von Nyssa (Anhang, Texte 1.1.3 und 1.1.4).

[63] Den Mischkelch aus Wein und Wasser setzt Irenäus, ebenso wie (vermutlich) Justin, für die Eucharistiefeier voraus. Daneben gab es seit dem 2. Jahrhundert verschiedentlich den Brauch, die Eucharistie nur mit Wasser zu feiern. Für diese Gruppen ist auch die Bezeichnung „Aquarier" belegt. Gegen eine solche Praxis wendet sich Irenäus kurz zuvor in V 1,3 in seiner Kritik an den Ebioniten. Auch andere altkirchliche Theologen wie Klemens von Alexandrien und Epiphanius lehnen eine solche Praxis als häretisch ab.

[64] Ausdrücklich festzuhalten ist, dass sich weder Justin noch Irenäus für die spätere Lehre von Messopfer und Transsubstantiation in Anspruch nehmen lassen. Für beide ist die Feier der Eucharistie nur als Feier der Gemeinde denkbar, die Umwandlung der gewöhnlichen in die besondere Speise erfolgt durch die Anrufung Gottes, also durch

das Gebet. Das Opfer ist bei Irenäus als das von Jesus eingesetzte Opfer des Neuen Bundes gedacht, mit dem die Kirche Gott ihren Dank darbringt.

65 SCHENKE, NHD 1, 187; KLAUCK, Apokryphe Evangelien, 163. Auf die Möglichkeit, dass sich im Philippusevangelium größere zusammenhängende Argumentationen entdecken lassen (so die These von H. SCHMID, „Die Eucharistie ist Jesus". Anfänge einer Theorie des Sakraments im koptischen Philippusevangelium (NHC II 3), Leiden 2007 (VigChr Suppl. 88)), der hier nicht näher nachgegangen werden kann, sei zumindest hingewiesen.

66 Ausdrücklich hingewiesen sei auf die Untersuchung von SCHMID zu den Sakramenten im Philippusevangelium (s. Anm. 65). Verwiesen sei auch auf H.-J. KLAUCK, Herrenmahl und hellenistischer Kult. Eine religionsgeschichtliche Untersuchung zum ersten Korintherbrief (NTA.NF 15), Münster ²1982, 216-219, sowie auf L. WEHR, LOTHAR, Arznei der Unsterblichkeit. Die Eucharistie bei Ignatius von Antiochien und im Johannesevangelium (NTA.NF 18), Münster 1987, 280-314.

67 Der Ausdruck begegnet auch in den Thomasakten sowie bei Cyrill von Jerusalem in der 4. Mystagogischen Katechese (vgl. Anhang, Text 1.1.3).

68 Diese Deutung wird auch vertreten von SCHMID sowie von KLAUCK, Apokryphe Evangelien, 175f. Die Deutung der Salbung als Erlösung wird von Irenäus, Haer I 21,4, gnostischen Gruppen zugeschrieben.

69 Diese Abfolge korrespondiert derjenigen von Taufe und Ersteucharistie in anderen frühchristlichen Texten (z.B. bei Justin). Die hier zusätzlich genannte Salbung ist auch bei Tertullian, Bapt 7, als der Taufe folgender Ritus belegt.

70 Wir zitieren dabei die Übersetzungen von SCHENKE, Evangelium nach Philippus (NHD 1).

71 Vgl. die Deutung bei SCHENKE, Philippus-Evangelium, 237.

72 SCHENKE übersetzt hier mit „Danksagung". Wir lassen den Terminus „Eucharistie" aber bewusst unübersetzt, um anzuzeigen, dass es sich um den *terminus technicus* für das Mahl bzw. das dabei gesprochene Gebet handelt (was auch Schenke vertritt).

73 Vgl. auch § 53; 68.

74 Letzteres wird von SCHENKE favorisiert (Philippus-Evangelium, 251f.).

[75] Eine Analogie zu dieser Deutung der Kreuzigung findet sich im Eucharistiegebet der Traditio Apostolica: „Der deinen Willen erfüllen und dir ein heiliges Volk erwerben wollte, hat in seinem Leiden die Hände ausgebreitet, um die von Leiden zu befreien, die an dich geglaubt haben" (TA 4, Übers. GEERLINGS).

[76] Von der Übersetzung Schenkes wird hier – mit einem Dank an U.-K. Plisch – etwas abgewichen. Schenke nimmt unter Verweis auf 1 Kor 10,16 bei den beiden ersten Sätzen eine Umstellung vor und zieht die Wendung „über dem gedankt wird" zum ersten Satz (anders noch seine Übersetzung in Hennecke/Schneemelcher, wo er „über dem gedankt wird" auf das Blut bezogen hatte). Die Bezüge innerhalb des koptischen Satzes sind nicht eindeutig. Mit der oben gegebenen syntaktischen Anordnung wird versucht, dem koptischen Satzgefüge und dem intendierten Sinn gleichermaßen gerecht zu werden.

[77] Eine neue Einleitung zu diesen Schriften hat kürzlich KLAUCK, Apokryphe Apostelakten, vorgelegt.

[78] Einen Überblick gibt McGOWAN, Ascetic Eucharists (s. Anm. 51), 183-198.

[79] Im Westen ist diese Ablehnung in einem Brief Leos des Großen nachweisbar aus dem Jahr 447, im Osten durch die Synode von Nizäa von 787.

[80] Vgl. H. ROLDANUS, Die Eucharistie in den Johannesakten, in: Bremmer, J.N. (Hg.), The Apocryphal Acts of John, Kampen 1995, 72-96, hier 76f.

[81] Neben der Einführung von KLAUCK, Apokryphe Apostelakten, sei verwiesen auf diejenigen von KLIJN, Acts of Thomas, und DRIJVERS, in: Hennecke/Schneemelcher, Neutestamentliche Apokryphen II, 289-303. Speziell zur Eucharistie in den Thomasakten vgl. auch WEHR, Arznei (s. Anm. 66), 314-332.

[82] Vgl. z.B. ActThom 36f.88; EvPhil 44a.99.106.

[83] Zu den komplizierten Einleitungsfragen sowie zu einem Überblick über die Forschungsgeschichte vgl. B. STEIMER, Vertex Traditionis. Die Gattung der altchristlichen Kirchenordnungen (BZNW 63), Berlin/New York 1992, 28-48.

[84] C. Markschies formulierte deshalb in seinem instruktiven Aufsatz zu den mit der Traditio Apostolica verbundenen Problemen sogar: „Die sogenannte *Traditio Apostolica* scheidet als selbständige Quelle für historische und theologische Argumentationen aus." Vgl. ders., Wer

schrieb die sogenannte Traditio Apostolica? Neue Beobachtungen und Hypothesen zu einer kaum lösbaren Frage aus der altkirchlichen Literaturgeschichte, in: W. Kinzig/C. Markschies/M. Vinzent, Tauffragen und Bekenntnis. Studien zur sogenannten „Traditio Apostolica", zu den „Interrogationes de fide" und zum „Römischen Glaubensbekenntnis" (AKG 74), Berlin/New York 1999, 1-74, 56. Orientiert man sich an einem „Ur-" oder „Ausgangstext" der Traditio Apostolica als Grundlage der Interpretation, trifft dieses Urteil zweifellos zu, da sich ein solcher Text kaum sinnvoll erstellen lässt. Macht man dagegen die verschiedenen Versionen des Textes selbst zum Gegenstand der Auslegung, können die Fassungen, in denen die Traditio Apostolica überliefert ist, durchaus etwas über die Eucharistie (und andere Fragen der Gemeindeverfassung) zu erkennen geben.

[85] Verwiesen sei hierzu auf die Einführungen von GEERLINGS, Traditio Apostolica, 143-208, sowie auf den Kommentar von BRADSHAW/JOHNSON/PHILLIPS, The Apostolic Tradition, 1-17. Hingewiesen sei des Weiteren auf den in Anm. 84 genannten Aufsatz von Markschies.

[86] Markschies fordert deshalb völlig zu Recht eine „synoptische Edition der verschiedenen Übersetzungen, Bearbeitungen und Versionen ... in jeweiliger Originalsprache und neuer deutscher Übersetzung" (a.a.O., 1). Der Kommentar von BRADSHAW/JOHNSON/PHILLIPS hat diese Forderung inzwischen soweit eingelöst, dass er in einer Synopse englische Übersetzungen der verschiedenen Versionen, in denen die Traditio Apostolica überliefert ist (lateinische, sahidische, arabische, äthiopische Übersetzung, Apostolische Konstitutionen, Canones des Hippolyt, Testamentum Domini), bietet.

[87] Botte hatte dagegen mithilfe einer synoptischen Gegenüberstellung zweier Überlieferungsstränge einen Originaltext rekonstruiert. Diesem folgt Geerlings in seiner Ausgabe und bietet auf dieser Grundlage auch eine deutsche Übersetzung (a.a.O., 210-313).

[88] Er wird z.B. auch von Tertullian, Cor 3,3, als zwischen Taufe und Eucharistie genossener Kelch erwähnt (vgl. Anhang, Text 1.1.1).

[89] In den Canones des Hippolyt aus dem 4. Jahrhundert ist vom Sonntag die Rede. Vielleicht handelt es sich dabei um eine alte Fassung, die in der äthiopischen Version aufgrund einer anderen Praxis (Eucharistiefeier am Sabbat) geändert wurde.

[90] Die Platzierung zwischen Kapitel 23 und 26 geht auf Botte zurück, der hierfür auf die Canones des Hippolyt und das Testamentum Domini verwies. In der sahidischen und arabischen Version seien sie bewusst ausgelassen worden.
[91] Dieser Brauch wird auch von Tertullian, Apol 39,15, erwähnt.
[92] Vgl. auch Tertullian, Uxor 2,4: *dominicum convivium*.
[93] Vgl. hierzu auch Tertullian, Cor 3,4 (Anhang, Text 1.1.1). Auch Tertullian erwähnt dort, dass es bei den Christen Angst erzeugt, wenn etwas vom Kelch oder vom Brot zu Boden fällt.
[94] Die lateinische Version hat hier das Äquivalent zu „Knecht". In diesem Fall würde es sich um eine alte Bezeichnung für Jesus Christus handeln, die auch in den Mahlgebeten der Didache begegnet.
[95] Letzteres ist eine Anspielung auf Jes 9,5 in der Septuaginta. Der Name des verheißenen Kindes lautet dort „Bote des großen Willens".
[96] Vgl. J. ASSMANN, Das kulturelle Gedächtnis. Schrift, Erinnerung und politische Identität in frühen Hochkulturen, München 1992, 75f.
[97] Bei Vereinsmählern konnten auch Ehrungen sowie die Durchführung der Disziplinargerichtsbarkeit hinzutreten.
[98] So lautet auch die grundlegende These der Untersuchung von KLINGHARDT, Gemeinschaftsmahl.
[99] Vgl. KLAUCK, Herrenmahl (s. Anm. 66), 69f., sowie E. EBEL, Die Attraktivität früher christlicher Gemeinden. Die Gemeinde von Korinth im Spiegel griechisch-römischer Vereine (WUNT II/178), Tübingen 2004. Vgl. auch die Besprechungen bei G. SCHEUERMANN, Gemeinde im Umbruch. Eine sozialgeschichtliche Studie zum Matthäusevangelium (fzb 77), Würzburg 1996.
[100] Text und Übersetzung bei T. SCHMELLER, Hierarchie und Egalität. Eine sozialgeschichtliche Untersuchung paulinischer Gemeinden und griechisch-römischer Vereine (SBS 162), Stuttgart 1995, 110-115.
[101] Text und Übersetzung bei SCHMELLER, Hierarchie und Egalität (s. Anm. 100), 99-105.
[102] Als Aufnahmegebühr waren 100 Sesterzen und eine Amphore guten Weins zu entrichten, als monatliche Gebühr 5 Asse (Zeilen I,20-22).
[103] Tertullian, Apol 39,15.
[104] Übersetzung von R. MERKELBACH, Isis Regina – Zeus Sarapis, Leipzig ²2001, 165 (Text ebd., Anm. 6).
[105] Text u.a. bei M. TOTTI, Ausgewählte Texte der Isis- und Sarapisreligion (SubEpi 21), Hildesheim 1985, 124 (Nr. 48).

106 Zugrunde liegt die Ausgabe von R. HELM, Apuleius, Metamorphosen oder Der Goldene Esel, Lateinisch und Deutsch (SQAW 1), Berlin ²1956.
107 Tertullian, Praescr Haer 40,2-4.
108 M. WEINFELD, The Organizational Pattern and the Penal Code of the Qumran Sect. A Comparison with Guilds and Religious Associations of the Hellenistic-Roman Period (NTOA 2), Fribourg/Göttingen 1986; SCHEUERMANN, Gemeinde, (s. Anm. 99), 59-93.
109 Vgl. KLAUCK, Herrenmahl (s. Anm. 66), 177-184; KLINGHARDT, Gemeinschaftsmahl, 217-249.
110 Zitiert wird die Übersetzung von J. MAIER, Die Qumran-Essener: Die Texte vom Toten Meer. Band I: Die Texte der Höhlen 1-3 und 5-11, München 1995, 181f.
111 Evtl. handelt es sich bei Zeile 5f. um eine versehentliche Doppelung zu Zeile 4f.
112 Diese Sitzordnung wird im Folgenden genauer ausgeführt: Die Priester sitzen an erster Stelle, gefolgt von den Ältesten und dem Rest des ganzen Volkes (1 QS VI,8f.).
113 Diese Ordnung wird auch durch die Tempelrolle aus Höhle 11 bestätigt. Vgl. auch die Beschreibung des Essenermahls bei Josephus, Bell. 2,131-133.
114 Vgl. MAIER, Die Qumran-Essener (s. Anm. 110), 244.
115 Für den endzeitlich-utopischen Gehalt paganer Mahlgemeinschaften vgl. KLINGHARDT, Gemeinschaftsmahl, 163-174.
116 Zugrunde liegt die Ausgabe von L. COHN/P. WENDLAND /S. REITER (Hgg.), Philonis Alexandrini Opera Quae Supersunt, Vol. VI, Berlin 1962 (Nachdruck). Deutsche Übersetzung: L. COHN U.A., Philo von Alexandrien. Die Werke in deutscher Übersetzung, Band VII, Berlin 1964.
117 Darauf weist KLINGHARDT, Gemeinschaftsmahl, häufig hin. Zum Therapeutenmahl vgl. a.a.O., 187.
118 Wir folgen der Textausgabe von C. BURCHARD/C. BURFEIND/U.B. FINK, Joseph und Aseneth (PVTG 5), Leiden/Boston 2003, der bereits zuvor eine Übersetzung vorgelegt hatte (ders., Joseph und Aseneth [JSHRZ II/4], Gütersloh 1983, zur Datierung a.a.O., 613f.). Zu den Beziehungen zwischen JosAs und dem Abendmahl vgl. C. BURCHARD, The Importance of Joseph and Aseneth for the Study of the New Testament: A General Survey and a Fresh Look at the Lord's

Supper, NTS 33 (1987), 102-134, sowie KLAUCK, Herrenmahl (s. Anm. 66), 187-196.
[119] Gen 41,45.50; 46,20.
[120] Vgl. BURCHARD, Importance (s. Anm. 118), 117.
[121] Vgl. auch JosAs 8,9; 15,5; 16,16 und 19,5.
[122] Vgl. U. LUZ, Das Evangelium nach Matthäus. Mt 26-28 (EKK I/4), Zürich/Neukirchen-Vluyn 2002, 118f.
[123] Vgl. das von H. SCHÜRMANN durch „Jesu ureigene Taten" (*ipsissima facta*) ausgedrückte Verständnis der Mahlhandlungen des irdischen Jesus, in: Ders., Jesus – Gestalt und Geheimnis. Gesammelte Beiträge, hg. von K. Scholtissek, Paderborn 1994, besonders 242-265.
[124] Tertullian, Cor 3,3. Vgl. Anhang, Text 1.1.1.
[125] Tertullian, Cor 3,3 (Anhang, Text 1.1.1).
[126] Vgl. KLINGHARDT, Gemeinschaftsmahl, 514f.
[127] Vgl. oben Anm. 34.
[128] Cyprian, Ep 63,10.13; Klemens Al., Strom I 96,1.
[129] Dies wird auch in den Beiträgen von K.C. FELMY, „Was unterscheidet diese Nacht von allen anderen Nächten?". Die Funktion des Stiftungsberichtes in der urchristlichen Eucharistiefeier nach Didache 9f. und dem Zeugnis Justins, JLH 27 (1983), 1-15, sowie von HAINZ, Christus – „Brot für das Leben der Welt", betont.
[130] Vgl. hierzu auch LEHRVERURTEILUNGEN – KIRCHENTRENNEND?, I, 97-108.
[131] Dies wird von WELKER in seiner wichtigen Studie zu Recht betont. Vgl. DERS., Was geht vor beim Abendmahl?

Sollten, trotz gründlicher Recherche zur Ermittlung von Fremdtexten, im Einzelfall Nachweise nicht korrekt sein oder die Erlaubnis des Abdrucks fehlen, sind wir für entsprechende Hinweise dankbar.
Verlag Katholisches Bibelwerk GmbH

4. Stellenregister

Kursiv gedruckte Seitenzahlen beziehen sich auf ausführlichere Behandlungen der entsprechenden Stellen, fett gedruckte auf die Texte aus der Geschichte des Abendmahls (Kapitel VII.1).

1. Altes Testament

Genesis/1 Mose
41,26f.: **188**

Exodus/2 Mose
12: 44
16-17: 254
24: 123
24,8: 121
32: 27, 254
34: 254

Leviticus/3 Mose
14: 86

Jesaja
9,5LXX: 238
52,13-53,12: **210**

Jeremia
31: 124
31,31-34 (38,31-34LXX): 121, **209**

2. Frühjüdische Schriften

Jubiläenbuch
49: 44

Qumran
1 QS VI,3b-7a: *142-144*
1 QSa II,17-22: *143f.*

Philo
Vit Cont 40-89: *144-146*

Joseph und Aseneth
8,5-7: *146-149*
8,9; 15,5; 16,16; 19,5: 240
16,14: 149

3. Neues Testament

Matthäus
1,21: 46
5,23f.: **217**
6,12: 46
6,14f.: 46
9,8: 46
14,16: **216**
18,23-35: 46
20,34: **216**
26,17-35: *40-47*, 153-157
26,26-29: *118-130*
26,26: 62, **181**
26,27: 62
26,28: **182**, **198**, **208**
26,29: *46*, 155
28,19f.: **211**, **214**

Markus
2,18-20: 155
6,34: **216**
6,41: 45
14,1-31: 42

14,12-31: *40-47*, 159-161
14,22-25: 62, *118-129*, 155
14,36: **210**

Lukas
7,34: 155
7,36-50: 231
11,37-54: 231
13,28f.: 155
14,1-24: 231
14,16-24: 155
15,11-32: 155
19,41: **216**
22,3-6: 55
22,7-20: *47-51*, 62, *118-130*, 155-157, **212**
22,21-23: **208**
22,24-38: 49
22,26f.: 55
22,31-34: 55
24,30-35: 50, 52, 63

Johannes
1,36: **181**
6,31-35: 72
6,51-58: *54-59*, 69, 75, 93-95, 126, **178f., 188, 193, 198, 216**
11,52: 69
13,1: **216**
13,2.6-10.14-16.36-38: 55
15,1-8: 55
17,21: **215**

Apostelgeschichte
2,42.46: 50, *52-54*, 85, 146; 160f., **188, 212**
4,25.27.30: 232
20,7-12: 50, *52-54*, 70, 160
27,35: 231

Römer
3,4: **209**
3,25: **210**
8,34: **199**
12,1: **200**
16,23: 231

1 Korinther
1,26: 33
5,7: 43
8,4: 26
8,7-13: 27
10,1-6: *26-28*, 38, 65
10,7f.: 27
10,14-22: *29-32*, 38, 148
10,16f.: 39, 65f., 73, 89, 104, 143, 167, **183, 187f., 215**, 236
10,25-29: 26f.
11,17-34: 11, 24, *32-40*, 45, 70, 85, 112, 145
11,23-26: 43, 48f., 51, 62, 107, *120-130*, 162, **182f.**, 230
11,27-32: 36f., 39
15,35-55: 89, 93-95, 168
16,2: 231

2 Korinther
3: 255
5,1-4: 93
5,19: 211

Galater
6,14: 96

Epheser
2,14: **217**
2,20: **181**

Hebräer
7,25: **199**

1 Petrus
2,5: **200**

1 Johannes
2,2: **210**
4,1-3: 231
4,10: **210**

Offenbarung
1,10: 231

4. Frühchristliche Schriften

Didache
8,2: 64
9-10: *59-70*
9,4: 31, 73
10,2f.: 75
10,8: 148
14: *59-70*, 86, 102, 162, 231

Ignatius
Eph 5,2f.: *71-76*
Eph 13,1: 70, *71-76*
Eph 20,2: *71-76*, 232
Phld 4: *71-76*, 232f.
Röm 7,3: *71-76*, 233
Sm 7,1: *71-76*, 81, 232f.
Sm 8,1f.: *71-76*
Magn 9,1: 231

Justin
1 Apol 65-67: *77-86*
Dial 41,1-3: 86
Dial 117,3: 86

Irenäus
Haer I 21,4: 235
Haer IV 17,5: *87f.*
Haer IV 18,5: *88-91*
Haer V 1,3: 234
Haer V 2,2f.: *89-91*

Philippusevangelium
§ 23: *93-98*
§ 26b: *95-98*
§ 44a: 236
§ 53: *96-98*, 235
§ 68: *92-98*, 235
§ 74: 92f.
§ 76a: 92
§ 82: 92
§ 95a: 92
§ 99: 236
§ 100: *97f.*
§ 106: 236

Johannesakten
37-45: 99
84-86: *99-103*
106-110: *99-103*

Thomasakten
36f.88: 236
49 (20.29.50f.121.124.133.158): *103-105*

Klemens von Alexandrien
Protr II 23,1f.: 234
Strom I 96,1: 240

Origenes
Cels VIII 33: **174**, 236
Cels VIII 57: **174f.**
Comm in Matth 11,14: 234

Tertullian
Apol 39,14-21: 158, 161, 230, 233, 238f.
Bapt 7: 235
Cor 3,3f.: **174**, 229, 231, 237, 240
Praescr Haer 40,2-4: 234, 239
Uxor 2,4: 157f., 238

Cyprian
Ep 63: *105-109*, 240

Traditio Apostolica
4.15-17.18-21.22.25f.27.36.37f.: *109-117*, 236
27: 157f.

Firmicus Maternus
Err 18,1-8: 234

5. Pagane griechische und römische Autoren

Aristides
Or 45,27: *137-139*

Apuleius
Metamorphosen 11,23-25: *139f.*

6. Inschriften/Papyri

Vereinsinschrift der Iobakchen:
135f.

Vereinsinschrift von Lanuvium:
135f.

Pap. Köln I Nr. 57: 137-139

5. Personen- und Sachregister

Kursiv gedruckte Seitenzahlen beziehen sich auf ausführlichere Ausführungen, fett gedruckte auf den Anhang.

Abendmahl (Begriff): 11f.
Abendmahlsgemeinschaft:
 14-16, **195-197, 213f.**
Abschiedsmahl: 48-50
Ambrosius von Mailand: **177f.**
Anamnesis ⇒ Vergegenwärtigung
Anrufung des Hl. Geistes/Epiklese: 103f., 172, **201f.**
Anteilhabe
– an Christus: 55, 57f., 81-84, 105, 155f.
– am Tisch des Herrn/der Dämonen: 29-32, 36, 119
– am Geist Gottes: 115
– am göttlichen Logos: 119
– an Heilsgütern: 69, 89f., 97, 123, 164
– am Sühnopfer Christi: **207**
Anwesenheit (Gegenwart, Präsenz) Christi:
 13, 15f., 28, 155, 167-169, 170, **189-191, 197, 199**
– Realpräsenz: 15f., **200f., 205f., 208, 214f**, s. auch ⇒ Vergegenwärtigung
Aquarier: 234, s. auch ⇒ Wassereucharistie
Assmann, Jan: 118
Auferstehung
– Jesu: 107, 109, 114f., 156, 161, 167-169, **177, 193f., 199, 204, 213**

– der Gläubigen (als Wirkung des Abendmahls): 53, 56, 68f., 71f., 75, 82, 88-91, 93-95, 97, 99f., 102f., 104, 114f., 143, 156, 160, 168, **204**
– pagan: 141
Augustinus: **178**

Benedikt XVI.: 15, **216f.**
Berengar: **180f.**
Blut Christi:
 15, 29f., 106, 111, 125, **179-183, 185, 189-192, 194, 197f., 200f.**
Botte, Bernard: 239
Bradshaw, Paul F.: 110, 237
Brotbrechen
– als Bezeichnung für die Mahlfeier: 20, 49f., 52-54, 63, 70, 71, 73, 85, 119, 122, 138, 146, 154, 157, 162, **188**
– als Handlung: 19f., 30f., 49, 54, 73, 96, 99, 103, 104f., 123, 125f., 128, 157, 169
Brotwort:
 36, 45, 48f., 82, 121, *123*, 147f.
Bund, Alter:
 88, 91, 107, 119, 121, 123
Bund, Neuer:
 20, 30, 32, 36, 41, 45f., 48f., 51, 87f., 118f., 121-125, 127f., 154, 156, 160, 170, **200, 202, 208f.,** 235

Burchard, Christoph: 239f.
Buße: 62, 66, 165 ⇒ Würdigkeit

Calvin, Johannes: 16, **190f.**
Cohn, Leopold: 239
Communio sub una/sub utraque: **193f., 206f.**
Confessio Augustana: **189**
Cyrill von Jerusalem: **175**

Dankgebet(e):
12, 30f., 32, 36f., 41, 45, 48, 54, 62f., 64f., 67-69, 78, 80f., 100f., 110f., 114, 139f., 157
Danksagung:
12, 16, 61-64, 66, 70, 72, 76, 77f., 80-82, 85f., 87, 91, 100-102, 123, 132f., 148, 157f., 172f., **174f., 187, 188f., 198f., 199f., 203f., 207,** 235, 236
Deutung (des Gesamtwirkens Jesu/des Todes Jesu):
13, 36f., 42-44, 45, 51, 57f., 65, 69, 96f., 115f., 121, *122-126,* 169, **188f., 197, 199f., 207f., 209-211, 212f., 216,** s. auch ⇒ Auferstehung, ⇒ Passion Christi, ⇒ Kreuzigung, ⇒ Blut Christi
Drijvers, Hendrik J.W.: 236

Ebel, Eva: 238
Einsetzungsworte:
13, 18, 20, 23f., 30f., 34-39, 45f., 48f., 51, 53f., 55f., 58f., 61, 64-67, 81, 85, 88, 110f., 115-117, *118-130,* 138, 148, 152-154, 156, 159, 162f., 166-170, 173, **184, 200f., 208f., 211f.**

EKD-Orientierungshilfe:
173, **208-212,** 229
Emmausepisode/Emmausjünger:
49-52
Endzeitliches Mahl:
48, 121, 143, 150, 154
Enzyklika Ecclesia de Eucharistia:
212-214, 229
Ethik:
59, 70, 72f., 75f., 78, 82f., 84, 86, 91, 104, 124, 132, 154, 158f., 162, 165f., **216f.**
Eucharistie (Begriff): 11f.

Felmy, Karl C.: 240
Fleisch Jesu:
54-59, 71-76, 77, 79-81, 85, 93-95, 111, 122, 125, 168, 170, **175-180, 185, 188, 190f., 216,** 231f., 233f.
Fleisch (der Menschen):
77, 80f., 88-90, 93-95, 97f.
Fleischwerdung Jesu:
57, 75f., 77, 80-82, 89f., 101
Flusser, David: 232
Funk, Franz Xaver: 233
Formula Concordiae: **192**

Gedächtnismahl:
13, **177, 187, 194,** 199-201, **204, 212f., 215,** 251
Geerlings, Wilhelm: 236f.
Gegengift: 71, 74f., **175**
Gegenwart Christi ⇒ Anwesenheit
Geistliche (besondere) Speise/Trank:
27f., 38, 56, 61, 65, 67-69, 71-73, 75, 77, 79-82, 85, 89f., 94, 113,

119, 125, 147-149, 152, 159, 165, 168, 172, 254
Gemeinschaft der Feiernden:
11f., 29-32, 34, 36-38, 44, 51, 69f., 83, 125, 134, 150, 162, 164f., 169, **178, 183, 187, 198, 200f., 202f., 212f., 215, 217**
Gemeinschaft mit/bezogen auf Christus/andere Gottheiten:
11, *29-32*, 34, 36-38, 50, 58, 83, 104, 125f., 138, 143, 147f., 152f., 164f., 167-169, **176, 197-200, 215, 217**
Gemeinschaft der universalen Kirche (mit den Heiligen usw.): **200, 202f., 216f.**
Gemeinschaftsmahl (vs. ⇒ Kultmahl):
17f., 21, 23f., 33f., 36-39, 83, *131-151*, 158, 164f., 251, s. auch ⇒ Sättigungsmahl
Gericht Gottes:
32f., 36-39, 71, **178, 192, 197**
Gewandmetaphorik:
93f., 97, 100
Gnosis:
89, 92, 93f., 96, 99, 235, 253
Gregor von Nyssa: **175f.**

Hainz, Josef: 240
Harnack, Adolf von: 233
Häufigkeit der Mahlfeier:
70f., 73f., *160f.*
Helm, Rudolf: 239
Hengel, Martin: 22
Herrenmahl
– versus „Dämonenmahl" bzw. ⇒ Individualmahl:

27, 29-32, 32-38, 112, 138f., 145f.
– Begriff: 26, 54, 113, 157
Historizität der Abendmahlsberichte: 42f., 118

Individualmahl: *34-36*
Interkommunion ⇒ Abendmahlsgemeinschaft
Isiskult: *139f.*, 150
Israel:
27-29, 38f., 43f., 68, 85f., 119, 121, 123, 134, 143, 145

Jefford, Clayton N.: 232
Jeremias, Joachim: 22
Johannes Paul II.: 14f., **212-216**
Johnson, Maxwell E.: 110
Judasverrat: 44, 55
Jüdische Traditionen (Mähler, Gebete, Feste):
17, 22-25, 37f., 43f., 47, 51f., 60, 62, 65f., 68, 112, 114, 123, 131-134, *141-149*, 150, 155-157, 161, 171, **209**, 254f., s. auch ⇒ Passah

Kelchhandlung, -wort:
18, 20, 29-31, 35-39, 44-46, 48f., 51, 61-65, 67-69, 72, 74, 76, 77, 79-82, 84, 87, 89, 97, 106-108, 111, 114f., 121-128, *123f.*, 133f., 143, 147-150, 169, **174, 177, 182, 192, 202, 204,** 231, 237f.
Kirche (in Analogie zum Brot/ zum Leib Christi; Sammlung):
29-31, 38, 61, 68, 73, 74, 107, 114f., 169, **202, 215f.**

Klauck, Hans-Josef:
 91, 231, 235f, 238-240
Klijn, Albertus F.: 236
Klinghardt, Matthias:
 23, 230, 232, 238f.
Kollmann, Bernd: 24, 230
Korinth: 11, *26-39*, 51, 119, 138f.
Korsch, Dietrich: 230
Kreuz(igung):
 78, *96-98*, 104, 115f., 169, **180, 194, 199f., 209f., 212, 216,** 236
Kultmahl (versus Sättigungs- bzw. ⇒ Gemeinschaftsmahl):
 21-23, 26, 29-31, 34, 38f., 129, 134, 152-154, 165

Lampe, Peter: 230f.
Lanfranc: **180**
Leib Christi:
 29-32, 36-39, 123, s. auch ⇒ Blut Christi, ⇒ Kirche
Letztes Mahl Jesu:
 11, 18-20, 22-24, 31, 35-37, *40-51*, 53-55, 65f., 80, 84, 108, 118f., 122f., 126-128, 133f., 143, 146, 153, *153-157*, 162, 167-169, **194, 208f., 212,** 251
Leuenberger Konkordie: 14, **197**
Lietzmann, Hans: 23f., 230, 232
Lima-Dokument:
 16,172, **198-204,** 229
Lindemann, Andreas: 229
Liturgischer Ablauf:
 36-38, 64, 115, 128, 134, 153, 161f., 164f., 167, 169f., 173
Lukanischer Kurz- und Langtext:
 48, 231
Luther, Martin:
 11, 15, 128, 172f., **182-187**

Luz, Ulrich: 240

Mähler während der Wirksamkeit Jesu:
 23f., 51, 53, 153f., 169
Mahlverlauf:
 18, 36-38, 64-67, 128, 131, 140, 163
Maier, Johann: 239
Malta-Bericht: **195f.**
Markschies, Christoph: 236f.
McGowan, Andrew B.: 233, 236
Merkelbach, Reinhold: 238
Merz, Annette: 230
Mischkelch:
 79, 89f., 97, 107f., 112, 153, 168, 233f.
Mithraskult:
 22, 78f., 83f., 86, 134, 137, *140f.*, 150
Mysterienkulte:
 21, *136-141*, 234, s. auch ⇒ Mithraskult, ⇒ Sarapiskult, ⇒ Isiskult
Mythos: 118, 253

Natur Jesu (göttliche und menschliche):
 16, 58f., 76, **183, 191**
Niederwimmer, Kurt: 232

Ökumenischer Dialog:
 12-16, 168, **196, 198-204, 211f., 213f.,** 229
Opfer (Tod Jesu, Dank der Gemeinde u.a.):
 12f., 21, 62f., 70, 86-91, 102, 106-108, 113f., 119, 125, *158*, 170, 173, **174f., 177f., 190, 194,**

198-200, 205, 207f., 209f., 212-214, 216f.
– pagan: 132, 134f., 137f.
Origenes: 18f., 82, 172, **174f.**, 234

Paschasius Radbertus: **179**
Passahlamm: 43
Passah(mahl):
 22f., 40-51, 119, 122, 134, 143, 154, **189**
Passion Christi:
 19, 42f., 45, 47, 51, 59, 128, 154
Passionschronologie: 42f.
Paulsen, Henning: 231
Phillips, L. Edward: 110, 237
Präsenz Christi ⇒ Anwesenheit

Qumran:
 23, 132, *142-144*, 146, 149, 151, 239f., 255

Rahner, Karl: 229
Ratramnus: **179f.**
Ratzinger, Joseph Kardinal ⇒ Benedikt XVI.
Realpräsenz ⇒ Anwesenheit
Reihenfolge (Brot-Kelch):
 61, 64, 231
Rohls, Jan: 230
Roldanus, Hans: 236

Salbung: 92f., 103, 111, 147f., 150
Sakrament/sakramentales Mahl:
 11f., 16, 33, 38, 55, 92f., 103f., 106-108, 116, 118, 152f., 158-160, 169, **174, 177-181, 183, 186f., 190-192, 198-201, 229**
– versus Agapemahl/Eulogie/Gemeinschaftsmahl:
 20f., 23f., 67, 73, 112, 152, 159, 164
Sakramentalismus: 74f., 113
Sandt, Huub van de: 232
Sarapiskult: *137-139*, 150
Sättigungsmahl (versus ⇒ sakramentales Mahl):
 23, 34, 61, 64, 66, 73, 129, s. auch ⇒ Gemeinschaftsmahl
Schenke, Hans-Martin:
 91, 235f.
Scheuermann, Georg: 238
Schmeller, Thomas: 238
Schöllgen, Georg: 232
Schrage, Wolfgang: 231
Segensgebet(e):
 30f., 44, 50, 65f., 103f., 143, 147f., s. auch ⇒ Dankgebet, ⇒ Danksagung
Steimer, Bruno: 236
Sündenbekenntnis: 70, **209**
Sündenvergebung:
 20, 45f., 72, 77, 86, 104f., 107, 122-124, 160, 169f., **184f., 193, 197f., 200, 203f., 207, 208-211**
Symbol(handlung):
 11, 16, 168, 229
Symposium:
 33, 51, 131, 144-146, 150

Taufe:
 27, 61, 65, 66f., 69f., 77, 79, 83f., 92, 100, 103f., 105f., 111, 113, 116f., 140f., 164f., 170, **174, 186, 190, 195f., 198, 202f., 211,** 235, 237, 253
Termin der Mahlfeier:
 70, 107-109, 117, *160-163*
Theißen, Gerd: 230

Tod Jesu ⇒ Deutung
Totti, Maria: 238
Transsubstantiation:
 15, 126, 168, **182f.**, **205**, **208**, 234, *256*
Tridentinum/Konzil von Trient:
 193-195, **205f.**, **210**, 256

Unsterblichkeit:
 61, 68f., 71, 74-76, 82, 85, 89, 91, 102, 104f., 113, 115, 147-150, 156, 160, **176**, **190**
Urbild-Abbild-Schema:
 95f., 98, 160
Ursprünge des Abendmahls:
 20-24, 127, 133, *152-157*

Vatikanum, II.: 14f., **194**
Vergegenwärtigung:
 13, 31f., 35-38, 43f., 48f., 59, 63, 69f., 76, 107f., 121, 127, 152, 154, 157, 159, 162f., 167-170, 172, **199-201**, 251, s. auch ⇒ Anwesenheit
Verkündigung (des Todes) Christi:
 36f., 122, **187**, **197-200**
Verkündigung (Botschaft) Jesu:
 46, 127, 155f.
Verzichtswort Jesu: 46, 48, 127f.
Vorgrimler, Herbert: 230

Wallraff, Martin: 234
Wandlung (Elemente, Mensch):
 13, 15, 21, 77, 80-82, 85, 90, 93-95, 98, 119, 126, 159f., 168f., **175f.**, **179-181**, **183**, **204**,
 s. auch ⇒ Transsubstantiation
Wassereucharistie:
 99, 104-108, 145f., 153, 162, 233f., s. auch ⇒ Aquarier
Wehr, Lothar: 235f.
Weinfeld, Moshe: 239
Welker, Michael: 229, 240
Wendland, Paul: 239
Wengst, Klaus: 232
Wenz, Gunther: 230
Wiederholungsbefehl:
 20, 35, 44, 48-50, 53, 82, 107, 121f., 127
Wiederkunft Christi:
 36-38, 46, 143, **194**, **213**, s. auch ⇒ Endzeitliches Mahl
Würdigkeit:
 32, 36, 38, 77, 100, 102-105, 114, 116, 164f., **203**, **216f.**

Zulassung ⇒ Würdigkeit, ⇒ Taufe, ⇒ Buße
Zwingli, Huldrych:
 15, 128, 172f., **187-189**, 231, 233

6. Glossar

Agape
(griechisch für „Liebe") war im antiken Christentum eine Bezeichnung für das Mahl der Gemeinde. Mit ihr wurden sowohl der sakramentale als auch der karitative Aspekt dieses Mahles zum Ausdruck gebracht. Seit dem 3. Jahrhundert (zuerst greifbar in der Traditio Apostolica) wurde dann zwischen Agapemählern und Eucharistiefeiern unterschieden, vermutlich aufgrund der größer werdenden Zahl der Gottesdienstteilnehmer. Anders als die Eucharistiefeiern hatten die hiervon getrennten Agapemähler keinen sakramentalen Charakter und wurden ohne Zitierung der Einsetzungsworte durchgeführt. Die Verwendung der Einsetzungsworte innerhalb der Eucharistiefeier ist ebenfalls zuerst in der Traditio Apostolica bezeugt.

Anamnese
(griechisch für „ Gedenken") wird in der theologischen Literatur – so auch im vorliegenden Band – verwendet, um die Bedeutung vergangener Ereignisse für das Verständnis der je eigenen Gegenwart herauszustellen. Eine solche „Vergegenwärtigung", wie man „Anamnese" auch wiedergeben kann, geschieht häufig – so auch bei der Feier des Abendmahls – in rituellen Vollzügen mit fester Liturgie. „Anamnese" meint demnach nicht einfach die Erinnerung an ein vergangenes Ereignis, sondern die gemeinschaftliche und individuelle Teilhabe daran. Im Blick auf die Abendmahlsfeier wird mit dem Begriff die symbolische Teilnahme der Gemeinde am letzten Mahl Jesu mit seinen Jüngern bezeichnet.

Apokryphen, neutestamentliche
Neutestamentliche Apokryphen („apokryph" = griechisch für „verborgen") sind Texte, die im Umfeld der neutestamentlichen Schriften entstanden sind, aber aus unterschiedlichen Gründen nicht in das Neue Testament aufgenommen wurden. Sie beziehen sich oft auf Personen und Ereignisse des Neuen Testaments (etwa auf die Geschichte Jesu oder der Apostel) und lehnen sich in ihrer literarischen Form mitunter an die Gattungen der neutestamentlichen Schriften an. Dementsprechend gibt es apokryphe Evangelien, Apostelgeschichten, Briefe und Offenbarungsschriften. Einige dieser Texte wurden von Gruppen am Rand der Großkirche oder außerhalb des Christentums gelesen, andere erfreuten sich innerhalb der Kirche großer Beliebtheit

und spielten bei der Entstehung christlicher Volksfrömmigkeit eine wichtige Rolle.

Apostolische Kirchenordnung
ist die Bezeichnung für ein Sammelwerk zu Fragen der Kirchenverfassung in griechischer Sprache, das am Beginn des 4. Jahrhunderts in Ägypten oder Syrien entstanden ist. Es gibt sich als Schrift der Apostel aus und beinhaltet eine Apostelliste, die sogenannte Zwei-Wege-Lehre sowie verschiedene Regelungen für kirchliche Ämter.

Apostolische Konstitutionen
Als „Apostolische Konstitutionen" wird eine im späten 4. Jahrhundert entstandene Kirchenordnung in 8 Büchern aus dem syrischen Raum bezeichnet. Es handelt sich um die Zusammenstellung und Überarbeitung älterer Kirchenordnungen (Didache, Traditio Apostolica, syrische Didaskalia) sowie weiterer frei umlaufender Traditionen. Die Schrift ist für die Kenntnis von Liturgie sowie Kirchen- und Amtsverständnis des antiken Christentums von herausragender Bedeutung.

Canones des Hippolyt
Die sogenannten „Canones des Hippolyt" sind eine Sammlung von 38 Regelungen für die Ordnung der Kirche sowie einem abschließenden Aufruf zur Liebe und zum gegenseitigen Dienst. Die „Canones" sind vermutlich in der Mitte des 4. Jahrhunderts auf griechisch abgefasst worden, aber nur in einer arabischen Übersetzung erhalten. Sie wurden vermutlich nicht von Hippolyt selbst verfasst, sondern stellen eine paraphrasierende und ergänzende Zusammenstellung von Anordnungen aus der ebenfalls Hippolyt zugeschriebenen Traditio Apostolica dar. Anders als andere Kirchenordnungen des antiken Christentums sind sie selbstständig überliefert worden und wurden nicht in größere Sammlungen integriert.

Epitome
Die Bezeichnung Epitome (griechisch für „Auszug", „Kurzfassung") wurde vor allem in der Spätantike häufiger für solche Schriften verwendet, die umfangreichere Werke zusammenfassen. Die im vorliegenden Band als „Epitome" bezeichnete Schrift stellt eine Zusammenfassung des 8. Buchs der → *Apostolischen Konstitutionen* dar. Die vollständige

Bezeichnung für die Schrift lautet „Epitome Libri VIII Constitutionum Apostolorum".

Gnosis

Mit dem Begriff Gnosis (griechisch für „Erkenntnis") wird ein Spektrum religiöser Strömungen bezeichnet, die in Aufnahme christlicher, philosophischer und mythologischer Vorstellungen die Überzeugung von der Erlösung durch Erkenntnis vertreten. Der philosophische und theologische Grundansatz ist dualistisch geprägt, was sich in Gegensatzpaaren wie „Geist – Fleisch"; „himmlisch – irdisch"; „Licht – Finsternis"; „gut – böse" usw. niedergeschlagen hat. Dem entspricht die Sicht von der Weltentstehung sowie von Herkunft und Ziel des Menschen. Im gnostischen Mythos wird die Schöpfung einem unwissenden, dem höchsten Wesen untergeordneten Gott zugeschrieben, der häufig „Demiurg" genannt wird und mit dem Gott des Alten Testaments identifiziert werden kann. Die materielle Welt (so auch der menschliche Körper) gilt der Gnosis als negativer Bereich, in den die aus der oberen göttlichen Sphäre stammenden Lichtfunken (die Seelen der Menschen) einst gefallen sind und nun dort festgehalten werden. Um wieder zurück in die himmlische Sphäre zu gelangen, müssen sie durch Erkenntnis befreit werden. Dazu bedarf es einer Erlösergestalt, die selbst aus dem göttlichen Bereich stammt und den Menschen die für ihre Erlösung notwendige Erkenntnis vermittelt. Für die Rekonstruktion der gnostischen Auffassungen und Systeme sind neben den Texten der Kirchenväter vor allem die in → *Nag Hammadi* gefundenen Schriften wichtige Zeugnisse.

Katechumene

Ein Katechumene (griechisch für „Unterwiesener") ist ein „Anwärter" auf die vollständige Aufnahme in die christliche Gemeinde. Diese geschieht durch die Taufe auf den Namen des dreieinigen Gottes. Zur Vorbereitung darauf findet eine Unterweisung im christlichen Glauben statt. Diese Hinführung wird bereits in der Alten Kirche als „Katechumenat" bezeichnet. Nach der Traditio Apostolica dauert das Katechumenat drei Jahre und wird mit der Taufe am Ostertag abgeschlossen.

Logos

Der griechische Begriff „Logos" wird im Deutschen häufig mit „Wort" wiedergegeben (so etwa in gängigen Übersetzungen des Anfangs des Johannesevangeliums: „Am Anfang war das Wort"). Das

Bedeutungsspektrum ist aber deutlich umfangreicher und umfasst Bedeutungen wie etwa „Lehre", „Buch" und „Vernunft", aber auch „Rechnung".

In jüdischer wie christlicher Theologie kann mit „Logos" das wirkmächtige Wort oder Handeln bezeichnet werden, durch das sich Gott den Menschen mitteilt. So wird bei dem jüdischen Religionsphilosophen Philo von Alexandria der Logos als „Bild Gottes" bezeichnet, durch das er die Welt erschaffen hat. Im Prolog des Johannesevangeliums wird der göttliche Logos mit Jesus Christus identifiziert. In Anknüpfung hieran versteht der christliche Platonismus der Antike den Logos als die in Jesus Christus zur Vollendung gekommene Selbstmitteilung Gottes an die Welt, die zugleich Voraussetzung für die Erkenntnis Gottes ist. In der Abendmahlstheologie von Justin und Irenäus wird der göttliche Logos durch Gebete auf die Mahlelemente herabgerufen, die dadurch zu besonderen, „geistlichen" Elementen werden.

Midrasch

Ein „Midrasch" (hebräisch für „Auslegung") ist die mündliche oder schriftliche Auslegung eines biblischen (alttestamentlichen) Textes. Die Midraschim (Plural) entstehen in dem sich nach der Tempelzerstörung (70 n. Chr.) konsolidierenden rabbinischen Judentum. Vor allem ab dem späten 2. Jahrhundert n. Chr. entstanden viele wichtige Midraschim. Am bekanntesten wurden die Auslegungen des 2. bis 5. Buch Mose.

Auch im Neuen Testament finden sich midraschartige Auslegungen alttestamentlich-biblischer Traditionen. Dazu gehört etwa die Auslegung der Erzählungen von Israel in der Wüste aus Exodus/2. Mose 16; 17; und 32 in 1 Kor 10,1-13 und die Interpretation der Begegnung Moses mit Gott aus Exodus/2. Mose 34 in 2 Kor 3.

Nag Hammadi

ist ein Ort in Oberägypten, etwa 100 km nördlich von Luxor. Er wurde durch die 13 in koptischer Sprache verfassten Codices bekannt, die dort im Jahr 1945 entdeckt wurden. Die Abfassung dieser Schriften erfolgte etwa im 4. Jahrhundert n. Chr., sie enthalten aber oft ältere Überlieferungen. In Codex II aus Hag Hammadi befinden sich das Thomasevangelium sowie das in vorliegendem Band besprochene Philippusevangelium. Da die Nag-Hammadi-Codices zu den wenigen gnostischen Originalzeugnissen gehören, sind sie für die Rekonstruktion der antiken Gnosis von großer Bedeutung.

Qumran

ist der Name einer Siedlung, die sich auf einer Mergelterrasse in der judäischen Wüste nahe dem Nordwestufer des Toten Meeres befindet. In der Nähe der Siedlung wurden seit 1947 in 11 Höhlen zahlreiche Papyrusrollen und Fragmente entdeckt, die alttestamentliche und frühjüdische Texte in hebräischer, aramäischer sowie in wenigen Fällen auch in griechischer Sprache enthalten. Der Fund dieser Texte ist von überaus großer Bedeutung für die Erforschung des antiken Judentums und damit auch für den jüdischen Kontext des Urchristentums. Zum Fund von Qumran gehören die ältesten erhaltenen Manuskripte alttestamentlicher Texte, darunter die bekannte Jesajarolle aus dem 2. Jahrhundert v. Chr., die heute im „Schrein des Buches" im Israel-Museum in Jerusalem aufbewahrt wird. Daneben wurden in Qumran auch solche Schriften gefunden, die Struktur und religiöses Leben (einschließlich kultischer Mähler) einer Gemeinschaft regeln. Ob sich dahinter diejenige Gemeinschaft verbirgt, die in der Siedlung von Qumran gelebt hat, wird in der Forschung diskutiert. Insgesamt legen die in Qumran entdeckten Texte ein eindrucksvolles Zeugnis für die Vielfalt des Judentums zur Zeit des Zweiten Tempels ab.

Religionsgeschichtliche Schule

Als „Religionsgeschichtliche Schule" wird eine Gruppe deutscher protestantischer Theologen bezeichnet, die sich am Ende des 19. und zu Beginn des 20. Jahrhunderts, vornehmlich an der Universität Göttingen, der Erforschung der religiösen Umwelt der biblischen Texte widmeten. Durch diese Forschungen wurde das Verständnis der historischen und religiösen Entstehungsbedingungen dieser Texte maßgeblich befördert. Zu den bekanntesten Vertretern der Schule gehören Hermann Gunkel, Albert Eichhorn, Wilhelm Bousset, Johannes Weiß, Wilhelm Heitmüller und William Wrede. Für die Rekonstruktion des religionsgeschichtlichen Kontextes des Abendmahls wurden vor allem Analogien in kultischen Mählern paganer Religionen (so etwa im Mithraskult) herangezogen.

Testamentum Domini Nostri

Das ursprünglich griechisch verfasste „Testamentum Domini Nostri" („Testament unseres Herrn") stellt die vermutlich jüngste der erhaltenen Kirchenordnungen des antiken Christentums dar. Es ist im 5. Jahrhundert n. Chr., evtl. in Syrien, entstanden. Inhaltlich stellt sich das „Testamentum Domini" als Belehrung des auferstandenen Jesus Christus an seine Jünger sowie drei Frauen dar. Es handelt sich um eine Aufnahme und Erweiterung des Stoffes der Traditio Apostolica.

Transsubstantiation
Unter „Transsubstantiation" (lateinisch für „Wesensumwandlung") versteht man die unter Rückgriff auf die Kategorienlehre des Aristoteles entwickelte Auffassung, der zufolge während der Eucharistiefeier durch den Priester eine Verwandlung der Substanzen Brot und Wein in die Substanzen Leib und Blut Christi vorgenommen wird, die sinnlich wahrnehmbaren äußeren Beschaffenheiten (Akzidenzien) von Brot und Wein dagegen erhalten bleiben. Diese für die römisch-katholische Abendmahlsdeutung grundlegende Lehre wurde auf dem 4. Laterankonzil (1215) festgeschrieben und auf dem Konzil von Trient 1551 zum Dogma in der römisch-katholischen Kirche erklärt. Obgleich sie inzwischen weiterentwickelt und differenziert wurde, stellt diese Auffassung bis heute einen der entscheidenden Kontroverspunkte zwischen römisch-katholischer und reformatorischer Abendmahlstheologie dar. Die Orthodoxe Kirche bekennt sich zwar auch zu einer Verwandlung der Elemente in der Eucharistiefeier, lehnt den Begriff der Transsubstantiation jedoch ab.